世界学术名著·经济学系列

稳态经济新论

FROM UNECONOMIC GROWTH TO A STEADY-STATE ECONOMY

赫尔曼·E·戴利
（Herman E. Daly） —— 著

季曦　骆臻 —— 译

中国人民大学出版社
·北京·

当代世界学术名著·经济学系列

主　编

陈志俊　何　帆　周业安

编委会

陈利平　陈彦斌　陈　钊　陈志俊　丁　利　何　帆　贾毓玲

柯荣柱　寇宗来　李辉文　李军林　刘元春　陆　铭　王永钦

王忠玉　夏业良　杨其静　张晓晶　郑江淮　周业安　朱　勇

策划人语

经济学到了 20 世纪才真正进入一个群星璀璨的时代。在 20 世纪，经济学第一次有了一个相对完整的体系。这个体系包容了微观经济学和宏观经济学这两个主要的领域。经济学家们在这两个主要的领域不断地深耕密植，使得经济学的分析方法日益精细完美。经济学家们还在微观和宏观这两个主干之上发展出了许多经济学的分支，比如国际经济学、公共财政、劳动经济学等等。体系的确立奠定了经济学的范式，细致的分工带来了专业化的收益。这正是经济学能够以加速度迅猛发展的原因。

走进经济学的神殿，人们不禁生出高山仰止的感慨。年轻的学子顿时会感到，在这个美轮美奂的殿堂里做一名工匠，付出自己一生的辛勤努力，哪怕只是为了完成窗棂上的雕花都是值得的。

然而，新时期已经到来。经济学工匠向窗外望去，发现在更高的山冈上，已经矗立起一座更加富丽堂皇的神殿的脚手架。我们的选择在于：是继续在旧有的经济学殿堂里雕梁画栋，还是到革新的经济学的工地上添砖加瓦。

斯蒂格利茨教授，这位诺贝尔经济学奖得主曾经发表过一篇文章，题为《经济学的又一个世纪》。在这篇文章中他谈到，20 世纪的经济学患了"精神分裂症"，即微观经济学和宏观经济学的脱节，这种脱节既表现为研究方法上的难以沟通,又反映出二者在意识形态上的分歧和对立。21世纪是经济学分久必合的时代。一方面,宏观经济学正在寻找微观基础;另一方面,微观经济学也正在试图从微观个体的行为推演出总量上的含义。这背后的意识形态的风气转变也值得我们注意。斯蒂格利茨教授曾经讲到,以下两种主张都无法正确估计市场经济的长期活力:一种是凯恩斯式的认为资本主义正在没落的悲观思想;另一种是里根经济学的社会达尔文主义,表达了对资本主义的盲目乐观。我们已经接近一种处于两者之间的哲学,它将为我们的时代指引方向。

当代经济学从纸上谈兵转变为研究真实世界中的现象。炉火纯青的分析方法和对现实世界的敏锐感觉将成为经济学研究的核心所在。

"当代世界学术名著·经济学系列"所翻译的这些著作在学术的演进过程中起到的更多是传承的作用,它们是当代经济学的开路先锋。这些著作的作者大多有一个共同的特征。他们不仅是当代最优秀的经济学家,而且是最好的导师。他们善于传授知识,善于开拓新的前沿,更善于指引遥远的旷野中的方向。如果不惮"以偏概全"的指责,我们可以大致举出新时代经济学的若干演进方向:博弈论将几乎全面地改写经济学;宏观经济学将日益动态化;政治经济分析尝试用经济学的逻辑对复杂的政策决策过程有一个清晰的把握;经济学的各个分支将"枝枝相覆盖,叶叶相交通";平等、道德等伦理学的讨论也将重新进入经济学。

介绍这些著作并不仅仅是为了追踪国外经济学的前沿。追赶者易于蜕变成追随者,盲目的追随易于失去自己的方向。经济学是济世之学,它必将回归于现实。重大现实问题的研究更有可能做出突破性的创新,坚持终极关怀的学者更有可能成长为一代宗师。中国正在全方位地融入世界经济,中国的国内经济发展也到了关键的阶段。我们推出这套丛书,并不是出于赶超的豪言或是追星的时髦。我们的立足点是,经济学的发展正处于一个新的阶段,这个阶段的思想最为活跃,最为开放。这恰恰契合了中国的当前境况。我们借鉴的不仅仅是别人已经成型的理论,我们想要从中体会的正是这种思想的活跃和开放。

这套丛书的出版是一项长期的工作,中国社会科学院、中国人民大学、北京大学、南京大学、南开大学、复旦大学、中山大学以及留学海外的许多专家、学者参与了这套译丛的推荐、翻译工作，这套译丛的选题是开放式的，我们真诚地欢迎经济学界的专家、学者在关注这套丛书的同时，能给予它更多的支持，把优秀的经济学学术著作推荐给我们。

译者前言

我应该是在十年前第一次接触到戴利先生的"稳态经济"这个概念的。当时有两点很深刻的感受：第一，经济学向来视经济增长为解决发展问题的万能良方，像戴利先生这样如此立场坚定、旗帜鲜明地反对经济增长狂热的经济学家实属鲜见；第二，在全球追求经济增长的狂热浪潮中，虽不乏反对盲目追求经济增长的声音，但像"稳态经济"这样从"破"到"立"——从批判到提出解决方案的成体系的思想却乏善可陈。从 2010 年至今，我一直在北京大学经济学院教授"生态经济学"这门课程，领着学生们读了很多戴利先生的文章，在从事生态经济学的研究过程中也与戴利先生有过多次深入交流。我常和学生们说，稳态经济算是生态经济学的一个灵魂理论。2016 年，戴利先生把他的著作 *"From Uneconomic Growth to a Steady-State Economy"* 给了我，之后我们不约而同地产生了将这本书译为中文的想法。

稳态经济（steady-state economy）理论脱胎于古典经济学的"静态"（static state）思想，从这个意义上来说，"稳态"算不上戴利先生的原创思想。但不可否认，若没有戴利先生的发掘，这个古典思想可能还蒙尘于历史之中。戴利先生不仅使其复活于现世，而且充分发展了这个思想，并形成了一套逻辑严密的理论体系。又因为恰逢时宜，稳态经济理论在现世比在历史上任何时候都更具有思想的光芒。虽然这本书是由戴利先生在过去 40 多年间所完成的部分文章集结而成，但全书脉络清晰，逻辑流畅，就好像是作者一气呵成。

戴利先生的文章极具感染力：首先是因为他源源不断的思想，他既像是一台思想永动机，一生都在不停地生产新观点，又像是一台思想粉碎机，半生都在与陈旧、落后或者错误的思想作斗争；其次是因为他清奇的文风，"清"是指清新，他的文风与寻常学术文章的套路迥异，可谓学术界的一股清流，而"奇"则指的是奇特，在他的文章中经常会出现许多活灵活现的比喻、恰到好处的引经据典，很多时候读者需要有一些背景知识才能理解透彻，而当你理解透彻了，你必将会心一笑；然后便是他文章中涌动着如他思想一般丰富的情绪，或理性、或感性、或忧思、或宽慰、或笑谈、或愤慨，相信等你翻开这本书时也能感受到一个情绪饱满的、鲜活可爱的学者形象。

尽管我对这些文章中的绝大多数都已熟悉，但再次阅读时仍旧感概于戴利先生的严谨思辨、悲悯情怀与耿直性情。

首先，让我们来感受一下他的严谨思辨吧。

整本书围绕"发展之癌"——不经济的增长和"治癌药方"——稳态经济这两个至高的话题层层推进。稳态经济理论以这样一种世界观为基本图景：经济系统是有限的生态系统的子系统，从生态系统中攫取物质和能量，并向生态系统排放废弃物。因此，一方面，经济系统不可能超越母系统故而存在规模边界；另一方面，经济增长会侵占生态系统而存在机会成本。理性的人们会选择先得到最希望得到的，先放弃最舍得放弃的，因此经济增长也遵循边际成本递增和边际收益递减法则，所以理论上宏观经济也存在一个最优规模，当经济超越这个最优规模之后，就会出现不经济的增长，经济增长就不再是提高福祉、"医治"贫困和失业等问题的良药。我们在失去这一良药时也不必恐慌，戴利先生随即给出了专治"不经济增长之癌"的独门药方——"稳态经济"。用戴利常说的话来描述这一药方的"药理"便是"Better is still possible, but more is not（可以更好，但不能更多）"——更多的增长已经不太可能，但通过教育、制度、技术和道德进步实现更好的发展却有极大可能。而如何从"不经济的增长"过渡到"稳态经济"呢？戴利先生在书中也给出了具体的执行方案——通过配额制等总量控制的方式降低经济的吞吐量（throughput），并基于一定的社会再分配机制合理分享发展的成果。

全书充满了浓浓的生态和人文关怀，这种感觉应该也会在翻开书页时扑面而来。

二战以后，全球陷入了经济竞争的冷战之中。经济体量的扩张，人口规模的激增，消费欲望的膨胀，都给我们赖以生存的地球家园带来了不可逆转的破坏，资源耗竭、环境恶化、气候变暖……而这些都没有阻止全球追求经济增长的狂热。更重要的是，经济增长所带来的成果并没有在全人类中实现公平的共享，而伴随经济增长的"副成果"却由于不合理的再分配机制主要由"弱者"来承担。整本书里饱含了戴利先生对人类因为追求经济增长狂热而导致生态、经济、社会、政治、和平不可持久的忧思，以及对现代经济增长的成果在发达国家与发展中以及落后国家之间、社会精英阶层和社会底层人民之间、当代人和后代人之间不公平分配的遗憾。戴利先生不畏得罪既得利益者，观点鲜明地提出发达国家要率先践行稳态经济，为落后国家和发展中国家腾让出生存和发展的空间，同时要放弃"增长使人们互利共赢、共同富裕，增长让再分配多余"的幻想，必须优化社会再分配机制，使贫困阶层和落后人群受益，或至少不使他们受害。

不用多说，你在阅读这本书时也一定能感受到作者的耿直。

稳态经济理论自带批判的属性，这与戴利先生耿直的性情是分不开的。在政策制定者普遍认为增长才是解决一切问题的基础的大政治背景下，戴利先生却逆主流而行之，对盲目追求经济增长的理论和学者展开了批判。其中，有对凯恩斯主义新古典综合派的增长理论的反思，有对发达国家不担当胡作为的指责，有对一些社会精英的精英利己主义的批评，有对不顾自然规律而妄议永恒增长的笑谈，有对技术盲目迷信者的指点，还有对道德和伦理的拷问。从他的文章中能够感觉到，因为他的"前瞻性"，他的"不迎合"，他的"批判性"，他似乎也一直在遭受批判、质疑与否定，而他却始终像个斗士一样在等待迎接挑战。在我们的私人信件中，戴利先生曾经用"勇敢"一次来形容我，令我无地自容，因为相比于他像捍卫信仰一样地捍卫"稳态经济"，我对生态经济学的确信与坚守实在算不上什么。

将这本书引入中国，我认为是非常必要的，也是恰逢时宜的。

首先，中国需要这样的理论。基于历史机缘，在过去的 40 年里我国在全球经济增长的比赛中增长速度一直领跑于世界各国，但和之前很多工业化国家一样，我国的经济增长同样伴随着巨大的生态和社会成本，而这些不仅没有计入经济增长的成本，反倒可能算做了经济增长的成就。我们最近在 "*Ecological Economics*" 上发表的研究表明，中国经济增长的速度多年来都快于福利增长的速度，部分省市区甚至已经出现了不经济的增长。我国用短短几十年走完了发达国家几百年才走完的路。发达国家意识到经济增长的成本时，通过产业转移很轻松地将成本转嫁给了发展中国家和落后国家，而中国不能如此作为，也不可能如此行事。传统的经济学理论没能把经济增长的生态成本纳入经济增长模型是因为这些理论诞生于"空"的世界，经济增长的成本不明显。早先的工业化国家能够实现成本的境外转嫁也是因为那时世界是相对"空"的："空"的世界里有大量的没有被工业污染过的发展中国家和落后国家，这些世界里不仅经济体量"空"、环境污染"空"，而且环保意识也"空"。而现在，全球都是"满"的了，随着近一二十年大气污染、气候变化、生物多样性减少等环境破坏的恶果逐渐全球化，随着经济增长的全球性生态、社会，甚至是政治成本越来越高，现在再对经济增长的成本视而不见就是掩耳盗铃、自欺欺人了。那么，当经济增长已经不经济了，我们该怎么办？戴利先生的稳态经济告诉我们，量的增长必须停止的时候，并不意味着经济的停滞，通过发展教育、优化制度、提升技术和道德水平，可以继续提高人们的福祉。而稳态经济理论所倡导的总量控制、配额交易、生态税收、社会再分配等政策建议对于我国在"新常态"下如何调整制度与政策以适应不断放缓的经济增长有诸多启示。此外，在本书中，戴利基于稳态经济理论的基本框架还探讨了国际贸易、移民政策、货币政策、产业政策等一系列热点问题，这些也都将对我国未来的政策制定产生启发。

当然，我认为稳态经济理论也需要中国。21 世纪前十年，中国经济发展的主要目标是促增长，然而进入 21 世纪第二个十年后，随着能源、水资源等重要战略性资源的枯竭、水污染、大气污染等生活环境恶化问题的凸显，中国政府开始逐渐意识到盲目追求经济增长所带来的诸多负面效应。2012 年通过的《政府工作报告》将中国经济增长目标调低至 7.5%，是 2006 年以来首次下调至低于 8%。此后对于调节经济增长预期的讨论越来越多，我国政府开始转向重视经济增长的质量。此外，自 2007 年我国首次提出"建设生态文明"的伟大宏愿以来，我国已经率全球之先在生态文明建设的艰苦旅程中摸索了十余年。我国的生态文明实践既为稳态经济理论提供了广阔的试验基地，同时我国建设生态文明实践中凝练出来的诸如自然资本、生态红线、共同体理论等都将成为稳态经济理论乃至生态经济学的理论框架进一步发展壮大的养分，使稳态经济理论和生态经济学在发展中国家具有更强劲的根基。

希望本书的付梓能够为推动我国实现生态持久、经济繁荣、社会公正与政治和平尽绵薄之力。

北京大学经济学院季曦

2019 年冬月于燕园

前　言

　　经济增长是所有国家的首要目标，无论是资本主义、共产主义还是介乎二者之间其他什么类型的国家。它们都不屑于停下来考虑一下经济增长有可能不经济，更不会觉得事实可能已经如此。学界里的经济学家更积极地鼓吹增长。但是，还有一小部分人，包括我，在过去四十年间一直在呼吁，发达国家资源及与之紧密相关的国内生产总值的代谢吞吐量（metabolic throughput）① 的增长已经是不经济的，并且正在变得越来越不经济。无疑，多数同胞尚未被说服，甚至少部分与之相关的重要人士也不尽然接受我们的观点。因此，亲爱的读者，你完全有理由带着怀疑翻开这本书。我也知道你们会有疑问。我尽力把论证做得清晰、有说服力。从头开始，重复重要的点，试图回应所有已有的和我可以预见的批评。

　　我可以预见到，有三个点可能存在混淆，必须现在澄清，以免影响我们进一步的思考。

----

　　① 在本书中，throughput 这个概念频繁出现，它表示的是流经某一系统的流量的总和，大致相当于投入（input）加上产出（output）。在戴利的其他著作中，这个概念也多有提及。之前有学者译作"通量"。我们认为，throughput 并非一个静态的值，而是一个动态的物质运动过程的结果。因此，"吞吐量"可能能够更直观地反映这个词的本义。所以，译者根据语境，将 throughput 译为"吞吐量"或"吞吐"。（本书脚注均为译者所加。）

　　首先要澄清的，是增长与发展的混淆。增长是物质的积累与转化所造成的物理规模上的数量增加，而发展是规划、技术和道德进步所带来的质的提高。稳态经济所要停止的是增长，而不是发展；稳态是指物质存量与流量的稳态，而不是福利或国内生产总值（GDP）的稳态。当然，稳态确实对国内生产总值有影响，我们将在书中讨论。稳态不是静止，财富存量不断地新陈代谢，正如老人死去时会有新人出生。即使财富物质存量以及维持它的吞吐流量不再增长，新东西也在质上胜过旧的。这一点在一开始就得做出澄清，因为许多人都认为稳态就意味着进步的终结，这样理解是不对的。稳态是"没有增长的发展"。必须认清这样一个事实：一个东西增长，它就会变大！经济增长了，经济体就会变大。因此，经济学家不能再回避这个问题了：经济系统，作为包纳经济的生态系统的一个物质子系统，到底应该多大才合适？经济发展到何节点上时，其在生命支撑服务上的成本会超过其在自然生态系统额外产生的价值？这当然是一个经济学的问题，本书的后续章节将对此展开讨论。

　　其次，需要澄清的是，我们需要清楚地认识到，在一些国家，贫困依然是首要难题，因此增长和发展都是需要的。要消灭贫困，当务之急是富国要向稳态经济转化，为穷国腾出资源与生态空间。要让穷国也迈向富足，到达转化为稳态经济的门槛，富国需要腾出很大的空间。

　　最后，需要在一开始就澄清的是，稳态并不是永恒的，"可持续性"并不意味着人类可以永远地存在于地球之上。稳态也不等同于有些人所谓的"生态救赎"（ecological salvation）。熵定律把这些可能性都排除了。稳态经济的目标是富足与富足的长存。熵定律意味着，如果没有其他的灾难让我们人类灭绝，我们终将燃尽最后一根资源的"蜡烛"，即使我们保持"蜡烛"以稳态燃烧。当然，我们也可以选择"罗马烟火筒"[①] 的方式，也就是，一次性剧烈而又奢侈地燃尽所有蜡烛——我们看上去正在这么做。依据物理学定律，两种选择都是可行的，如何抉择就是一个价值判断了：是要富足的长存，还是要奢侈的

――――――――――

　　① 罗马烟火筒（Roman candle）是一种起源于中国，并于意大利文艺复兴时期开始在西方流行的烟花，呈长筒状，一旦点燃引线，多发弹药会快速依次喷射而出。

短暂？这些伦理假议，将主要在第四部分讨论。

　　本书的文章是过去四十年间写就的，也就是 1972 年至今。当然，并不是说我在这段时间内写的所有东西都值得复述，我只是选取了我认为值得重复的文章。选取的理由通常是，它们在最初发表时被忽视了，或者它们所探讨的话题在今天显得更加重要。另一个选取的标准关乎我们讨论的主题——经济增长：经济增长的生态成本与生态极限，以及为什么沉迷于增长的主流经济学没能发现经济增长可能是不经济的，并且在有些国家已经是不经济的。覆盖四十年的时长有利有弊，坏处是可能会使本书包含一些过时的材料，好处是可以反映不同时期的论点、概念与讨论主题的演变，增长极限的哪些方面不再被讨论，而哪些主题如今成了热点。当然这是一部从单个参与者视角出发写就的四十年讨论史，这是本书的局限性，但是起码是前后一致的局限性。这也为这本书增添了一致性——如果收录的文章是某个流派多元化的观点，反而会出现前后不一的可能。另外，本书的多数文章还是最近写就的。我在导论"构想一个成功的稳态经济"中阐述了全书的一致性。

　　本书第一部分包含了 20 世纪 70 年代早期写就的两篇文章。它们发表于主流的期刊，那时的主流期刊比今天要更加开放一些。第一篇文章借用了古典经济学家的思路，提出了稳态经济学的基本观点，以代替凯恩斯主义新古典综合派的增长理论。第二篇文章反驳了一些主流经济学家针对增长极限理论的批评观点。《增长的极限》（*The Limits to Grouth*）这本书自 1972 年出版之时起就引发了一场激烈的论战。我自然被卷入其中，因为我的文章被作为支持一方的作品引用，而且我也认为主流经济学家提出的许多批评都是错的。虽然一些参考文献已经过时，特别是在第一部分，但是，正如我在本书第三部分对近期讨论做概述时所说的那样，讨论的主题依旧没有过时。第一部分的两篇文章都是我任教于路易斯安那州立大学（Louisiana State University）经济系时所写的。

　　第二部分收录了 20 世纪八九十年代的两篇反思文章。两篇文章都是我就职于世界银行期间所写的。《迈向环境宏观经济学》（Towards an environmental macroeconomics）同样发表于主流的经济学期刊，但在发表该文的当年（1991 年），初具雏形的环境经济学还是微观经济学的主场，因此该文被期刊归类为"推测"类的文章。"环境宏观经济学"的理念在当时看来确实显得很奇怪，因此被认为只是一种推测。另一篇文章《增长、负债和世界银行》（Growth, debt and the World Bank）虽然写于较晚的 2011 年，却是基于 20 世纪 80 年代末、90 年代初我在世界银行的工作经验写成。回头去看，我对世界银行这个机构又有了新的理解。

　　第三部分则来到了当前。《对增长经济学的进一步批判》（A further critique of growth economics）增补与更新了第一部分所做的批评，回顾了当代支持增长的观点，并在支持增长的论证中找出了 11 处谬误。这些谬误流行于当代，经常被重复。批评是一回事，提出具体的政策建议，为"从失败的增长经济迈向稳态经济"建言献策，是另外一回事，而这也是下一篇文章探讨的内容。第三部分的文章无法为主流经济学期刊所接受，因此只能在别处发表，最终发表于《生态经济学》（*Ecological Economics*）① 一期异端经济学特刊上。该期刊于 1988 年由我与罗伯特·科斯坦萨（Robert Costanza）②、琼·马丁内斯–阿莱尔（Joan Martinez-Alier）③ 和之后加入的安–玛丽·杨森（Ann-Marie Jansson）④ 共同创立。这一部分还包括了一篇我在美国气象学会（American Meteorological Society）的演讲：《气候政策：从知到行》（Climate policy：from "know how" to "do now"）。气候变化是目前不经济增长的主要表现。虽然绝大多数的讨论还聚焦于总体增长语境（背景）下的化石能源替代，但似乎有越来越多的人开始意识到增长本身就是气候变化的主要推手。

---

① 《生态经济学》是生态经济学家最主要的言论阵地。这份期刊近年来发展迅速，也受到了一些主流经济学家的关注与投稿。

② 科斯坦萨（1950– ），美国著名的生态经济学家，生态经济学学科的创始人之一，生态系统服务货币估值（ecosystem services monetary evaluation）理论的提出者。他目前任教于澳大利亚国立大学克劳福德公共政策学院（Crawford School of Public Policy）。

③ 马丁内斯–阿莱尔（1939– ），西班牙经济学家，巴塞罗那自治大学（Autonomous University of Barcelona）荣休教授，在生态经济学、能源经济学、环境经济学等领域都有非凡的建树。

④ 杨森，瑞典生态学家，斯德哥尔摩大学（University of Stockholm）系统生态学教授。

第四部分深入到了增长争论的伦理层面。伦理层面的问题往往就在问题表象之下一点点，而且比公认的要更具影响力。《把价值纳入净收益生态经济学》(Incorporating values in a bottomline ecological economy) 是一篇最初发表于 20 世纪 80 年代中期的演讲稿，并于 2009 年进行了修改。《道德与经济、生态学的关系》(Ethics in relation to economics, ecology) 一文写于 2014 年，是为《牛津伦理学与经济学手册》(*Oxford Handbook on Ethics and Economics*) 撰写的。（我相信，这本牛津手册编纂的初衷是想提升经济学家们较差的道德标准，而正是较差的道德标准导致了 2008 年的金融危机。）

第五部分的风格有所改变，从前几部分的长文转变为短文，但主题还是前几部分所探讨的热点话题。这些文章的创作时间从 2010 年到现在，主题涉及部分银行准备金制度、热力学、人口、全球化、水力压裂法、唯物主义哲学等一系列问题，但是都不偏离增长这个最高主题。这些短文最初发表于博客"戴利新闻"(The Daly News)，该博客由布赖恩·切赫 (Brian Czech) 和罗布·迪茨 (Rob Dietz) 编辑，可以在稳态经济促进中心 (Center for the Advancement of the Steady State Economy，CASSE) 的网站浏览。

许多有识之士把生态破坏视作当今人类面对的两个重大威胁之一，尽管他们并不常把生态破坏与经济增长相联系。本书不讨论战争，仅讨论生态破坏。但是，二者之间却有着很明显的联系。一个持续增长的经济会不可避免地侵入其他国家的生态空间以及剩余的全球公共生态空间，这也就是"全球化"的全部含义。这被美化成一个和平的、协同的过程。但是在一个增长主导的世界中，"全球化"过程可能不会保持和平、协同，甚至有可能早已不再如此？让我们看看这一段来自增长的支持者哈罗德·戈勒 (Harold E. Goeller)[①] 的话吧，虽然有些年头了，但是仍然切题：

> 我们不妨假设，通过合理的管理实践与革新，在未来的一百年内，地球剩余的矿产资源足以保证美国所享有的资源维持在目

[①] 哈罗德·戈勒，环境和生态学家，曾任橡树岭国家实验室 (Oak Ridge National Laboratory) 高级工程师。

前的水平，同时合理地把资源分享给世界其他国家。

——《矿产资源的乐观前景》（*An Optimistic Outlook for Mineral Resources*），1972 年 6 月，递交给明尼苏达大学国家物质资源政策委员会（National Commission on Materials Policy）稀缺性与增长会议（Scarcity and Growth Conference）的论文

换句话说，要想使我们的经济体系维持一百年的时间，我们就得快速高效地转变到以 1972 年为基准的稳态经济，利用世界上的全部资源，并且"合理"地分享给世界上其他 96％的人。如果美国经济资源吞吐量真的能维持在 1972 年的稳态水平，这还是一个"乐观"的估计。但是，考虑到要满足所有这些假设：美国能够利用世界上的全部资源，还要"合理"地将资源与世界上剩余的 96％的人口分享，还要不去考虑一百年以后的事情——这个估计看上去就不那么乐观了。事实上，在 2014 年，他所说的一百年也只剩下不到六十年了，这段话看上去更像是一个预言：争夺石油、水源、农业用地和其他资源，都会导致冲突和战争，日益严峻的生态稀缺性将会导致军事灾难。实在难以想象：在一个有限的世界里，每一个国家的经济都追求增长的最大化，人们将如何和平地生活？在所有被忽视的增长代价中，引发战争是最主要的一条，而降低战争风险也是稳态经济一个非常重要的支持论点。如今，战争的诱因比 1972 年要更加强烈，本书的其他部分暂不讨论这一点，特此在前言中强调。也许，在将来，稳态经济将会被视为和平运动的一部分。

目　录

目　录

1. 导论：构想一个成功的稳态经济

怎么才能构想出一个成功却又连续增长的经济呢？

让我们先来反思一个更优先的问题：怎么才能构想出一个成功的、不连续增长的地球？这很容易，因为它确实存在！地球，作为一个整体，在物理维度上并不增长。但是，它一直在演化、发展，发生质的变化。地球的全部物质始终在循环但并不增加。太阳能进入地球时，是一种低熵的辐射能，离开地球时，就变成了高熵的热量。但是太阳辐射流并不增加。几乎所有生命都由太阳能吞吐的熵过程维持着。地球上有生，有死；有生产，有损耗；新的诞生，旧的消亡。变化生生不息，但地球并没有变大。

经济是地球的子系统。想象一下，经济增大到了包纳整个地球的地步，届时，经济将必须服从地球的运行法则。即它不再增长，只能靠恒定的太阳辐射流来维持，这差不多就是一个稳态了：当然，这是一个极其庞大的稳态，远远超过了最优规模。经济将必须负责管理整个生态系统：每一个单细胞，每一个分子，每一个光子，都必须按照人类的意图进行配置，并相应地定价。所有的"外部性"都必须被内部化，即对于包纳一切的经济来说，没有什么东西是外部的了。要处理难以计数的信息和管理问题，运转负荷是中央计划经济的千万倍！在经济变成一个包罗万象的体系之前，人类经济及其所支撑的文明早就会土崩瓦解。

在构想出一个成功的愿景之前，我们必须抛弃某些空想，其中就包括前边提到的，把生物圈的所有关系都内部化成经济的货币账户。想要保持经济的可控，就必须根据包纳它的生态系统来限制经济的物理规模。实现这一目标的方式，就是先把生态系统的大部分抛在一边，而把我们的注意力集中在生态系统的经济子系统。即顺其自然，把地球生态系统当作输入低熵物质能量的源泉和排出高熵废物的污水槽。**自由放任主义**（laissez faire）在这里有了新的意义：生态系统必须不被干涉，按照自己的规则演化；同时，经济的总规模也必须被严格限制，保持在生态系统所限定的极限之内。当然，环境中的"源泉"和"污水槽"都必须用来支撑生命与生产活动，但是消耗的速度不能超过生态系统的再生与吸收能力。经济系统的自然资源代谢吞吐量①（metabolic throughput）不能持续增长。为把经济系统的物理吞吐量限制到一个可持续的水平，可以通过限制供给有效地把超过合理规模部分的外部成本内部化。通过提高资源的价格，可以提高微观经济层面的资源配置效率。

经济系统对生态系统的每一寸扩张，都是后者向前者的一种物理实体转化。经济增长意味着其他物种的生存空间更少了，损失的既包括物种对生态系统的工具价值，也包括其自身作为有感官生命的内在价值。很明显，经济除了有相对于生态系统的最大规模，还有相对较小的最优规模。超过了这个最优规模，环境和社会成本的增长会快于收益，增长也就变得完全不经济了。我们没能发现超过这个最优点时增长变得不经济，是因为我们只衡量了生产的收益，却没有衡量社会与环境成本。我们忽略了一个事实：经济富足的负面副产品是资源的贫乏。虽然贫瘠没有被纳入国家账户中，但是它无处不在，包括：大气层中过量的碳所造成的气候变化，放射性废料和核泄漏的风险，生态多样性的丧失，矿产资源的损耗，森林退化，土壤侵蚀，地下水资

---

① 在本书中，throughput 这个概念频繁出现，它表示的是流经某一系统的流量的总和。在戴利的其他著作中，这个概念也多有提及。之前有学者译作"通量"。我们认为，throughput 并非一个静态值，而是一个动态的物质运动过程的结果。因此，"吞吐量"可能能够更直观地反映这个词的本义。所以，译者根据语境，将 throughput 译为"吞吐量"或"吞吐"。

源和河流的枯竭，海平面上升，墨西哥湾的"死亡地带"①，塑料垃圾在海面上形成的漂浮带，臭氧空洞，处在高危与过劳状态下的劳动力，虚拟金融远超实体经济增速的扩张所产生的大量坏账。

经济增长逼近地球的承受极限，还会带来政治成本，这很容易被忽略。多余的承载力是自由与民主的必要条件。在地球承载力的极限下生存，就好像生活在潜水艇或者宇宙飞船上，这需要非常严格的纪律。在潜水艇和宇宙飞船上，都要有一个拥有绝对权威的船长，而不需要民主。如果我们还想要民主，我们就不能放任增长扩张到地球承载力的极限。最好留出一些多余的承载力，为错误留出空间——有自由就必然会犯错。

我们需要一个不增长的经济，它要努力保持在一个近于最优规模的稳态。那么，该怎么做？说白了，这和节制饮食一样简单——当然，有时节食也可以很困难。必须把物质—能量吞吐量降至一个可持续的水平，可行的方法是限量拍卖交易或者征收生态税（对资源的吞吐量征税，特别是化石能源，而不是对劳动和资本的价值增值征税）。我们应该首先从化石能源的限量拍卖或征收生态税做起。然后，可以将拍卖或生态税的收益再分配给所有人，但受益最早和最多的应该是穷人。通过限量拍卖交易来限制资源吞吐量的政策，可以提高资源的价格，并催生出节约资源的技术。资源利用效率的提高必然会导致资源价格大幅下跌，进而诱发更多的资源利用，侵蚀资源存量（即所谓的杰文斯效应②），而限量政策可以遏制这种现象。除此以外，拍卖会增加财政收入，将税基转移至资源吞吐量，从而为价值增值（劳动力与资本）的减税开辟空间。价值增值是好的，应该停止对其征税；资源消耗与环境污染是不好的，应该对其征税。

---

① 2010年4月，美国南部路易斯安那州沿海的一个石油钻井平台起火爆炸，造成原油泄漏事故，直至7月事态方才得到完全控制。在原油泄漏的高峰期，海面上的原油漂浮带长200公里，宽100公里，造成了大量海洋生物死亡和生态环境的严重破坏。这被认为是美国历史上最严重的一次漏油事故。

② 杰文斯效应（Jevons effect），又称杰文斯悖论（Jevons paradox），是英国经济学家威廉·斯坦利·杰文斯（William Stanley Jevons, 1835－1882）于1865年提出的。随着技术的进步，资源的利用效率必然会提升，这就导致了资源价格的下跌，并会因此诱发更多的资源开采。这就形成了一个恶性循环，导致环境保护与经济发展不可得兼。

除了物质上要"节食"，货币体系也需要严格"节食"，因为金融体系已经患上"肥胖症"。尤其是要废弃"部分存款准备金制度"，转而采取"全额存款准备金制度"。这将终结市场化银行炼金术师般的特权，正是通过这种特权，银行凭空创造出货币，并将其贷出，赚取利息。一旦转变制度，每一美元贷款都将是其他人之前的存款，从而恢复储蓄与投资之间的古典平衡。大萧条之后，因为被视为经济增长的拖累，这种平衡被凯恩斯主义新古典综合派①所抛弃。而增长恰恰又被奉为一剂新的灵丹妙药。在我们这个经济增长变得不经济的新时期，这种古典的金融秩序重新变得重要。投资者必须选取最好的项目，从而提高经济增长的质量，减少数量。20世纪30年代，早期芝加哥学派提倡"活期存款"全额存款准备金制度，它也获得了耶鲁大学教授欧文·费雪（Irving Fisher）②的支持。不过，可能是诺贝尔化学奖得主、民间经济学家弗雷德里克·索迪（Frederick Soddy）③在1926年最早提出这一思想。另外，对所有的金融交易征收少量的托宾税（Tobin tax）④，可以减少投机性的破坏稳定的短期交易（也包括基于算法的计算机瞬时价格差交易）并带来可观的收益。

那么，人口增长呢？在我一生的时间中，全球人口增长了两倍，其他"耗散结构"（汽车、房子、牲畜、手机等等）数量的增长远不止

---

① 凯恩斯主义新古典综合派（Keynesian-neoclassical synthesis）是二战后美国兴起的一个经济学派。这一派将凯恩斯主义的基本观点与新古典经济学的分析方法结合在一起，为宏观经济学的模型化、数理化开辟了道路，是现代宏观经济学中最具影响力的学派。代表人物有保罗·萨缪尔森（Paul A. Samuelson）、格里高利·曼昆（N. Gregory Mankiw）等。

② 费雪（1867—1947），美国经济学家，计量经济学的先驱之一，曾长期担任耶鲁大学教授。他在货币理论、资本理论、经济统计等领域建树颇丰。代表作是1930年出版的集大成之作《利息理论》。

③ 索迪（1877—1956），英国化学家，牛津大学教授，1921年诺贝尔化学奖获得者。他在放射性领域研究成果丰硕。除此以外，索迪还利用业余时间研究经济学，出版了多部经济学专著。他的经济学研究主要集中在生产理论、资本理论、货币理论，并试图将物理学的方法应用于经济学。但是，索迪的经济学理论长期没有得到重视与认可，因此戴利称他为"民间经济学家"（underground economist）。

④ 托宾税是1981年诺贝尔经济学奖得主詹姆斯·托宾（James Tobin, 1918—2002）在1972年提出的。他建议对外汇现汇交易征收全球统一的交易税，以减少投机性国际资金流动，保持汇率稳定。他形象地称之为"往飞速运转的国际金融市场车轮中掷一些沙子"。

两倍。通过限制维持其存在的代谢吞吐量（和食物供给）来限制人工制品数量的增长看上去是个好策略。然而，限制人类的食物供给，是自然的严格限制，也就是马尔萨斯（Malthus）所说的现实性限制。但是除此以外，还有马尔萨斯所提倡的预防性措施，比如不婚、晚婚，当然，新马尔萨斯主义者提倡的措施——避孕——要更加令人愉快。避孕措施要普及到每一个自愿避孕的人都能操作的地步。人多比人少要好，但是这么多人同时生活在地球上就不好了。我们要在保证生活富足的前提下，把人口的累积数目扩大到最大，这也就意味着，同时代的人，每人享有的人均资源要高于富足生活（注意，不是奢侈生活）所要求的水平，并且要在长时间内（而不是永远地）可持续。这个标准指的不是更多的人和更高的消费水平，知道这一点之后就能有一个正确的思考方向。

即使限制了物质吞吐的数量，通过技术进步和道德水平的提高，实现质量的提升（发展），还是可能的。有人说，我们不应该限制增长，而应该只限制坏的增长，好的增长还是应该鼓励。然而，只有限制了增长的总量，才能迫使我们摒弃坏的增长，而选择好的增长。此外，"好的"增长（即"绿色增长"）也可能会过量。我们生产的汽车数量有极限，种植的树木数量也有极限。超过了最优规模的增长就是不经济的增长，我们不应该愚蠢到继续这种增长。

如果你是个乐观派，信赖"软技术"（比如，节能技术、太阳能），你就要有信仰的勇气，提倡上述政策，从而对你心目中目前所能企及的节能技术施以激励。你可能是对的，我也希望如此。我们走着瞧吧。如果最后证明你错了，也没什么坏处，因为限制资源吞吐量，从而约束绝对资源密集型技术（如化石能源、核能）还是非常必要的，而正是这些技术推动了不经济的增长。

目前为止，我们的策略都是追求效率，避免节约，保持资源吞吐量的增长。但是，"效率第一"把我们引入了杰文斯悖论——随着效率的提高，我们消耗了更多的资源，全部或部分地抵消了技术进步带来的资源节约效果。而如果我们执行"节约第一"的原则（对基础的资源吞吐量施加限制），我们就会逐渐转变为"资源第二"，并由此引发向节约型经济的转型，从而避开杰文斯悖论。较之生态税，配额交易的优势是避免杰文斯悖论，尽管征税可能在管理上更加简单。不过这两种方式都会奏效的。

那么，较之极具迷惑性的、基于持续增长的经济愿景，这个对于发展但不增长的经济的愿景，是否是不切实际且没有吸引力的？鉴于生物物理现实，还有谁能继续坚定不移地相信存在一个永远增长的经济呢？很明显，只有负责决策的精英们才会这么想。他们知道如何把增长带来的额外好处据为己有，同时把额外的成本转嫁给穷人、未来和其他物种，虽然好处正在萎缩，而成本却在急剧上升。精英控制的媒体、企业控制的智库、被收买的高等学府的经济学家，以及华尔街、世界银行，极其一致地对增长大唱赞歌，欺骗了普通民众，甚至有可能欺骗了自己。他们并不致力于最大化地球上能够以富足的消费水平生活的人口的累加数目，以及所有人的美好生活，而是致力于最大化这一代人中一小部分人的资源消耗，并把成本转嫁给穷人、未来和其他物种。

有一些精英并没有意识到自己行为的成本，一旦认识到了就会做出改变。我怀疑，其他一些人已经很清楚地意识到了这一成本，但是根本就不在乎。前一类人可以被论证说服，后一类人需要的是悔过自新或者信仰上的皈依，甚至需要革命。或许，这条分界线就存在于我们每个人的内心之中，而不是人与人之间。智力上的困惑是切实存在的，我们需要的是更加明晰的认识，但这还不是事情的全部。精英很可能已经认识到增长已是不经济的，但是他们学会了如何占据日益减少的增长带来的额外收益，并与其他人"分担"日益增加的额外成本，来适应形势。

但是，如果上帝造物仅仅是一个无目的的偶然事件，是把无数的微小可能性叠加在一起得到的随机结果，精英们的这种心态又有什么错呢？我说"上帝造物"，并不是要否定进化论铁的事实，而是要抗议在知识分子中普遍存在的自然主义的形而上学观念：一切都是偶然的。按照这种观念，很难想象精英们会受什么事情启发，去关心上帝的创造——按照自然主义的说法，应该换个名字，称之为"偶然中的偶然"。想象一下吧，呼吁人们仅仅是为了拯救"偶然中的偶然"——原子在虚空中游走所造成的无目的的结果——而努力工作并为之牺牲！

智力上的困惑确实存在，但是，被众多人士不加鉴别就接受的自然主义的科学观，及其所导致的虚无主义的道德观，才是更大的问题。

这篇短文的目的仅仅是解释稳态经济的理念，因此，我无法在这里解答更大的形而上学和形而上学的道德难题。但是，扬言说解释一个观念就能解决其背后的问题，是不诚实的。所以，在本章结尾处，我想提出这个看上去更加深入的形而上学问题，并在本书第四部分继续深入讨论。

第一部分

关于稳态理念的早期论述

2. 稳态的经济学

如果你的理论违背了热力学第二定律，我觉得该理论就没什么希望了。它只会以极其不光彩的方式土崩瓦解，没有其他可能。

——亚瑟·艾丁顿爵士（Sir Arthur Eddington）[1]

我的题目可能有点夸大其词了，因为目前为止（1974 年），这个"新经济学"还只包括稳态经济的定义、对于稳态经济必要性与可取性的论述、对与之匹配的经济制度的审慎推测，以及如何向其转型。这些问题都将在下文中简要讨论。

什么是稳态经济？

稳态经济是指，物质财富（人造物）存量不变，人口不变。通过较低的吞吐率，物质财富存量和人口规模都保持在一个特定的、可行的水平。换言之，通过与死亡率相等的较低出生率和与物质折旧率相

---

① 艾丁顿（1882—1944），英国天文学家、数学家、物理学家。在热力学、量子力学、恒星理论等方面建树颇丰。他是第一位向英语世界介绍爱因斯坦相对论的科学家。在物理学突飞猛进的时代，他一直致力于统一量子理论、重力理论和相对论，并构建一个新的大一统物理理论——基本理论。

等的较低物质产出率，人的寿命和物质存量的耐久性都会较高。吞吐的流量，可以被视为维持存量的成本，它起始于投入端对低熵资源的消耗，终结于产出端的高熵废物。吞吐量是维持人口存量与人造物存量所不可避免的成本，它必须被最小化，以与存量的某个特定水平匹配（Boulding, 1970）。

人造物和人口的存量所生产出的满足需要的服务是经济活动带来的最终收益，而吞吐量就是经济活动的最终成本。物质财富的存量是吞吐流量（其实质也就是成本）的积累。最终的效率就是服务与吞吐量的比例。但是，在提供服务之前，吞吐流量必须首先汇入存量的池子中，即使是仅仅保持一小段时间。提供服务的是物质财富（不管是桌子还是医生）某一时刻的存在，而不是它们损耗的过程，或者它们更新换代的生产过程。存量是提供服务的中间级，需要通过物质吞吐来维持和更新。这组关系可以通过以下公式表达：

$$\text{最终效率} = \underset{(1)}{\frac{\text{服务}}{\text{吞吐量}}} = \underset{(2)}{\frac{\text{服务}}{\text{存量}}} \times \underset{(3)}{\frac{\text{存量}}{\text{吞吐量}}}$$

根据定义，存量是不变的，与某个水平的富足与完备相对应，因此，在稳态条件下，提高最终效率（1）的手段有两个。其一：保持存量，减少吞吐量［提高（3）的比率，亦即"维持效率"（maintenance efficiency）］；其二：从某一单位存量中攫取更多的服务［提高（2）的比率，亦即"服务效率"（service efficiency）］。热力学定律为维持效率的增长设定了理论上的极限。服务效率的增长是否有极限，取决于人类的消化系统与神经系统是否有极限，这个问题目前尚无定论，不过我认为这个极限很可能是存在的。

在短时间内，因为维持效率的提高，维持存量不变的吞吐量的成本可能会下降。但是，从长期来看，该成本肯定会上升，因为高质量的原料来源（低熵）被用尽，必须投入更多的能源和固定设备，加工更多的原料，才能获取同等数量的矿藏。因此，正如此处所定义的，稳态的经济并不意味着不变的吞吐量，更不意味着不变的技术或者经济系统的永生。它是这样一种战略：会带来良好的管理，帮助我们维系地球这艘"宇宙飞船"，让它尽可能长寿、无疾而终，而不是死于增长狂热之癌。这基本上是人口学家稳定人口规模（stationary population）模型的扩展，只是把物质的人造物的数量也囊括其中。它承袭了约翰·斯图亚特·穆勒（John Stuart Mill）① 关于稳态的古典经济学思想。

一般认为，"经济增长"是指"真实国民生产总值"流量的增长，也就是关于物质流吞吐量价值的一个指数。只有当上述公式中（2）和（3）的数值不变或增长时，（可计量的）吞吐量才是（不可计量的）服务的一个指数。这在过去也许成立，在未来却不一定成立，因为持续增长的吞吐量违背了生物物理限制，并导致服务效率的下降（更多的存量需要用来修复生态系统中的生命支撑系统，而之前生命支撑系统的服务是免费的）。同时，由于我们的制度需要适应持续增长的吞吐量，我们会自愿降低维持成本以提高吞吐量（比如，计划报废和时尚更替）。如果有人争辩说，"经济增长"可以是非物质的服务的增长，它可以而且必须永远增长，他当然有权利这么说。但是这并不构成反对稳态经济的理由，因为稳态经济说的是可计量的物理存量的稳态，与不可计量的心理活动无关。

当然，并不是说，人口和人造物的存量需要维持一个一成不变的规模。由于技术和道德的演化，二者规模的增长与衰退既是可能的，也是可取的。但是，不论是增长还是衰退，都应该是迈向下一个稳态的短期转型，而不是判断经济是否健康的准则。技术和道德的演化应该引领经济增长，而不是毫不反抗地被增长的庞大力量推向被动地位。

那么，究竟在什么节点上，存量的增长和产品流的最大化才应该让位于存量的维持不变和产品流的最小化？存量的稳态规模有众多可能的水平供我们选择，但是这种选择是一个生态学和伦理学的难题。然而，我们在选择最优规模时的无能为力，并不意味着我们不会在某天发现我们已经增长得超过这个最优规模。把规模维持在现有水平附

---

① 穆勒（1806—1873），英国哲学家、经济学家和政治理论家。他最负盛名的著作《论自由》完善了功利主义哲学的理论体系。在经济学方面，他在 1848 年出版了《政治经济学原理》（*Principles of Political Economy：with some of their applications to social philosophy*），该书是马歇尔《经济学原理》问世之前西方最为流行的经济学教材。

近要比探究什么是最优规模更加重要。如果只是发现了最优规模，却没能提前控制规模，只会让我们眼睁睁地与最优规模失之交臂。另外，最优规模也可能是一个宽泛的范围，就像一个广阔的高台：只要不太靠近边缘，站在哪里都是一样的。

上文中已经解释了稳态经济所要求的激进改革。依据罗斯托（W. W. Rostow，1960）[①] 的理论，我们的经济目前处在"高额群众消费"阶段，这是所有国家都不顾现实、梦寐以求的，其特点是"复利（compound interest）内置于我们的习惯与制度之中"（p. 7）。这种内置的外生增长及其不良后果正是备受毁谤的小书《增长的极限》（*The Limits to Growth*，D. H. Meadows et al.，1972）的主题。在探讨消除复利的制度基础（至少是隔绝其对物质世界的影响）的激进改革之前，我们需要首先思考，这样的改革是否是必要的、可取的。

稳态的必要性与可取性

我们的经济是地球的一个子系统，而地球很明显是一个稳态的开放系统。子系统的增长不能超出整个系统的边界。如果不想子系统影响整个系统的运转，就必须使其在远未超过边界之时就转化为稳态模式。技术至上论者试图通过改造世界的计划（把生态圈转化为技术圈）保持绝对的经济增长，这个计划显得有些狂妄，他们被贴上了"增长狂热"的标签：这个称呼对他们还是太客气了。

增长狂热概念的根源可以追溯到主流经济学信条中的"相对稀缺性"和"无限的欲望"。相对稀缺性，又称李嘉图稀缺性，是指一种资源相对于另一种资源是稀缺的，或者指质量较高的资源相对于质量较低的同类资源是稀缺的。绝对稀缺性，又称马尔萨斯稀缺性，是指相

---

① 罗斯托（1916—2003），英国经济学家，发展经济学的奠基人之一。他曾任教于哥伦比亚大学、牛津大学、剑桥大学、麻省理工学院等多所名校，主要讲授经济史。在戴利此处所引用的著作《经济增长的阶段》（*The Stages of Economic Growth*，1960）中，罗斯托提出了经济增长的六段论，即：传统社会、起飞准备、自我持续增长、成熟、高额群众消费和追求生活质量六个阶段，这一理论在发展经济学界享有盛誉。

对于人口和人均消费所有资源都是稀缺的。解决相对稀缺性的办法是寻找替代资源；而绝对稀缺性则意味着已经没有更经济的替代资源，以至于绝对稀缺的负荷已经最小化，但是仍然存在，并且会持续增加。即使是以最优方式分担后的负荷也有可能过重。替代就意味着用一种低熵的物质—能量去替代另一种，但是低熵本身是稀缺的、没有替代物，这其中包括地球本身的低熵（化石能源和矿产资源的绝对存量）和来自太阳的低熵（太阳能量流的输入是固定的）（Georgescu-Roegen，1971）。人类经济和生物圈中非人类的部分都依赖于一个有限的低熵预算，并且遵循千万年演化形成的低熵分配规则。生物圈中人类部分的熵减少并维持在低位，是由于其对非人类部分吸收低熵、排出高熵（Daly，1968）。如果太多的低熵被转化为人类部分的经济增长，或者在此过程中太多演化形成的既有的低熵分配模式被干扰，生物圈中复杂的生命支撑系统就会开始瓦解。人口和人均消费的增长导致了绝对稀缺性的加剧，"外部成本"这个概念的日益流行也证明了这一点。换句话说，人口和人造物规模的增长，导致了低熵预算的日益紧张，从而把一个互相联系的网络越拉越薄、越拉越紧，并因此导致该系统对于某些外部干扰更加敏感。

正统经济学理论认为，所有的稀缺性都是相对的，即"自然规律造成了某些特定的稀缺性，而不是不可避免的整体稀缺性"（Barnett and Morse，1963，p. 11）。因此，解决稀缺的方案就永远是寻找替代资源。相对价格的变化能够诱发替代，所以政策建议就是"外部性内部化"，手段通常是征收污染税。下面的话代表了正统经济学的自鸣得意："解决污染问题很简单，无非就是通过对污染收费来校正细微的资源错配……"（Beckerman，1972，p. 327）。但是，价格在面对日益严重的绝对稀缺性时是无能为力的，因为价格是自我操控的，它的运作方式只是诱发替代。但是，对于资源这个整体，低熵有什么替代品吗？怎么可能同时提高所有资源的相对价格呢？这样做的结果，也只会导致通货膨胀，而不是引致替代品。

一个类似的区别存在于绝对欲望和相对欲望之间，这个区别也被主流经济学忽视了。顺着凯恩斯的思路，我们可以把绝对欲望定义为与我们人类同胞的处境无关的欲望。而相对欲望一旦得到满足，就会产生相对于其他人类同胞的优越感。这个区别的重要性在于，相对欲望是无穷的，而且是增长所不能满足的，因为一旦增长提高了人类整体的生活水平，精英们的相对满足感就被抵消了。当然也有办法消除这种效应，即扩大不平等，让过得好的人过得更好。但是，绝对不可能让所有人都过得比其他人更好。主流理论对如此重要的区别视而不见，并认为所有的欲望都是无法满足的，把所有的欲望都视为绝对欲望。这也就意味着，所有欲望都是合情合理的，都应该可以由经济增长加以满足。所有欲望都是合情合理的这个假设本身就是一个价值判断（虽然许多经济学家以该假设为借口回避价值判断），而认为增长可以满足所有欲望的假设则是一个逻辑错误。

把所有稀缺都是相对的和所有欲望都是绝对的应用到实际当中，就产生了增长狂热。如果没有绝对的稀缺性来限制增长的极限（永远可以用相对丰裕的资源代替相对稀缺的资源），没有相对的欲望来限制增长的可取性与效用（所有欲望都是无穷无尽的，都是应该通过增长被满足并可以通过增长加以满足的），那么，"增长是永恒的，而且越多越好"就成了合乎逻辑的结论。**反证法**（reductio ad absurdum）也可以证明主流的增长至上论是一厢情愿，因为这套理论不仅违背了热力学第二定律，也违背了常识。绝对稀缺和相对欲望同时存在是一个非常简单而又残酷的现实，如果增长持续，二者最终会在边际意义上具有决定性的作用。绝对稀缺和相对欲望应用在现实中，就是增长狂热的反面：稳态。

现如今，增长狂热分子往往会乞灵于他们的上帝——科学技术：经济增长可以无限期地持续，因为科技可以像过去一样呈指数增长。这个论点处心积虑地避开了问题的关键。所谓技术的"指数增长"并不能够直接计量，只是从因技术而发生的生产、消耗和污染的物理体量（也就是吞吐量）的可测量的指数增长中推断得出。这种技术进步不是解决问题的方法，更像是问题的一部分。我们需要做的，是乘着技术进步的东风，寻求质的改变，而不是继续追求所谓量的增长。下一部分将要探讨的是制度设计，好的制度能够诱导人们发明节约资源的技术，追求资源节约型生活，并更多地运用太阳能和可再生能源。但是，我们可以肯定，没有什么技术能够违背热力学定律，因此，没有哪项技术能让我们摆脱绝对稀缺性的限制。也不能绝对否认，也许有一天我们真能发明永动机，并且掌握物质与能源生灭的奥秘，但经济学家的理性假设告诉我们这些都是几乎不可能发生的。打个比方吧，技术就像一顶帽子，我们也许能从里边变出小兔子，但是不可能从里边变出大象，更不可能源源不断地变出一大串大象，还要求一头比一头大！

但是，增长的意识形态一直操纵着经济学的基本逻辑。增长是一个国家权力和威望的源泉。增长使人们互利共赢，共同富裕。增长让再分配都显得多余。增长的滚滚洪流将会用富足洗刷贫困与不公平，复利的奇异恩典将会创造奇迹。这种愿景在各国说教中屡见不鲜，但是从来就带有欺骗色彩，在今天则显得愈发荒诞可笑。

构想稳态经济

我们构想稳态经济制度的第一条设计准则就是：对社会施以必要的控制，但是个人自由的牺牲要限制在最小，即保持宏观上的稳定，允许微观上的变化，宏观稳态与微观动态相结合。第二条设计准则是：在环境的实际负荷和环境的最大承载力之间保留一定的富余量。环境的实际负荷越接近最大承载力，我们的控制就要越严格、越精细、越微观。即便是可取的，要对地球这艘宇宙飞船实现中央控制，我们既没有这个知识，也没有这个能力，所以我们要把这项任务交给已有几十亿年驾龄的"自动驾驶员"。但是，这位自动驾驶员也只有实际负荷低于最大承载力时才能从容驾驶。第三条设计准则是推动转型的关键：接受已有的现实条件，不要妄想是在一块白板上做文章。第四条设计准则是，在构造稳态制度时，要逐渐收紧约束。最开始绘制出精确的改造蓝图时，人们对我们的事业可能还满腹狐疑；当地球的基本再生能力恢复、道德水准提高、环境恶化（无限制的增长）的根源被拔除时，人们就会对我们的事业充满信心。

我们需要制度与稳态的定义紧密相连。我们需要：（1）保持人口规模的制度；（2）稳定物质财富规模、将吞吐量维持在生态极限以下的制度；以及，最重要但又最容易被忽略的，（3）在人口规模和物质财富规模保持不变的情况下，控制不平等的程度，因为此时，增长已经不再是化解贫困的方案。

那么，究竟有哪些具体的制度可以满足上述功能要求，并且与上文的设计原则保持一致？在其他地方，我描述过一个模型，在此我想简要地重复一下（Daly，1973a，1974a）。这个模型从根本上说是保守的，因为它保留了现有的私有财产制度和价格体系。但是，对现有制度有所拓展：对总生育量加以控制［博尔丁（Boulding）在1970年首次提出可交易的生育权证］，并且控制基本资源的总消耗（由政府拍卖资源消耗指标）。在控制总量指标的前提下，将市场扩大至这些关键领域，是应对日益紧迫的绝对稀缺性的必要手段，因为正如前文所说，价格控制只能解决相对稀缺的问题。总量的极限已经按照生态和伦理的标准设定好了，价格体系就能够通过拍卖、交易或赠与来有效地配置资源消耗和生育的指标。控制吞吐量是在投入（消耗）一端，而非在产出（污染）一端，因为熵更低时更容易施加物理控制。主流经济学建议在产出端加以控制，即征收污染税，但是稳态经济学主张在投入端加以控制，即使用消耗指标。

生活中越来越多的重要领域都将被正式地纳入价格体系当中，因此，为自由和互利共赢的交易建立起制度上的先决条件就显得日益迫切，比如，要控制收入和财富不平等的程度，规制大企业的市场垄断权力。一个相对均衡的分配制度需要设定最低收入和最高收入的标准，而财富需要经历很长的再分配过程才能到达人们手中，因此，能够为合理的收入差异和激励机制预留足够的空间；也有可能会有多种分配标准，个人、家庭和企业都要有各自的收入分配标准。而对于自然垄断的行业，需要全民共有、全民共营。

生育指标、消耗指标、分配标准可以根据渐进发展的需要随时调整。三个指标都是价格体系中的参数，对其做出调整并不会影响市场的静态分配效率。生态、人口和分配这些外部性被指标配额外部化了，而不是通过人为操纵的市场价格被内部化。然而，当价格上升时，人们会做出反应，价格体系的效果是相同的，只是纳入了之前未被考虑的稀缺性，价格也因此能够更加合理地指导市场决策。指标配额的好处是控制了总吞吐量，价格则只能改变总吞吐量的构成。因此，价格是指标配额的精密辅助手段，却不能替代指标配额本身。限制了总消耗，资源价格会更高，这就会引导节能技术的兴起，促使人们更多地采用可再生能源和太阳能。资源消耗配额拍卖的凭证可以为最低工资提供资金，可交易的生育权证也能够缩小不平等的程度。

1974 年，这些制度变革显然还没有被提上政治日程。事实上，也不应该出现，因为这些都是推测与构想，还没能受到专业人士的广泛批评，因此很可能存在非常可怕的错误。但是，经济学家们已经吃下了相对稀缺和绝对欲望的安眠药，沉睡在教条主义的美梦当中。除非他们醒来，以学术的态度对待稳态的思想范式，否则我们的错误就不会被发现，更好的主意也难以问世。

参考文献

Barnett, H. J. and C. Morse (1963), *Scarcity and Growth*, Baltimore, MD: Johns Hopkins University Press.

Beckerman, W. (1972), Economists, scientists, and environmental catastrophe, *Oxford Economic Papers*, Nov. 1972, **24**, 327.

Boulding, K. E. (1970), *Economics as a Science*, New York: McGraw-Hill.

Culbertson, J. (1971), *Economic Development: An Ecological Approach*, New York: Knopf.

Daly, H. E. (1968), On economics as a life science, *Journal of Political Economy*, May/June 1968, **76**, 392−406.

Daly, H. E. (1972), In defense of a steady-state economy, *American Journal of Agricultural Economics*, **54**, 945−54.

Daly, H. E., ed. (1973a), *Toward a Steady-state Economy*, San Francisco: W. H. Freeman.

Daly, H. E. (1973b), Long run environmental constraints and trade-offs between human and artifact populations, *International Population Conference*, *IUSSP*, Liege, **3**, 453−60.

Daly, H. E. (1974a), A model for a steady-state economy, in F. H. Bormann, W. R. Burch, and D. L. Meadows, eds., *Beyond Growth: Essays on Alternative Fu-*

tures, New Haven, CT: Yale University Press, pp. 127*ff*.

Daly, H. E. (1974b), Steady-state economics versus growthmania: a critique of the orthodox conceptions of growth, wants, scarcity, and efficiency, *Policy Science*, **5**, 149–67.

Editors (1972), A blueprint for survival, *The Ecologist*, **2**, 1–43.

Georgescu-Roegen, N. (1971), *The Entropy Law and the Economic Process*, Cambridge, MA: Harvard University Press.

Meadows, D. H. , D. L. Meadows, J. Randers, and W. W. Behrens III (1972), *The Limits to Growth*, New York: Universe Books.

Meadows, D. H. and D. L. Meadows, eds. (1973), *Toward Global Equilibrium: Collected Papers*, Cambridge, MA: MIT Press.

Ophuls, W. (1973), *Prologue to a Political Theory of the Steady State*, (unpublished) Ph. D. dissertation in Political Science, Yale University.

Rostow, W. W. (1960), *The Stages of Economic Growth*, New York: Cambridge University Press.

'The No-Growth Society', *Daedalus*, American Academy of Arts and Sciences Proceedings, 102, Fall 1973.

3. 为稳态经济辩护

针对物理维度的持续指数增长的反对意见已经得到阐述（Mill, 1961；Mishan, 1967；Boulding, 1970；Daly, 1971, 1973；Georgescu-Roegen, 1971；Weisskopf, 1971；Barclay and Seclar, 1972；*The Ecologist*, 1972；Ehrlich et al., 1972；Meadows et al., 1972），但是还没有被大多数人所接受。稳态经济的必要性与可取性，早已得到阐述，本部分并不打算重复。在这里，我将批判一系列针对稳态经济的批评与反对观点。这些反对观点都是由主流增长范式的推崇者所提出的。

接下来，我将针对支持增长的理论中存在的谬误、诡辩、混淆、不合逻辑的推论和误解做出一系列反驳。恰当地反驳这些观点，也就间接论证了稳态经济的合理性。

定义模糊所造成的混淆，及用明确定义代替隐喻

有些误解是令人不快的名词"零增长"所造成的。这类误解不胜枚举。"零增长"被解读为技术与道德进步的停滞，这种停滞既是绝对的，也是相对的，更是永恒的。"增长"这个动词，承载了过多正面价值的隐喻，以至于我们都忘记了它在词典中的明确定义："萌生、发展，走向成熟"。所以，增长这个概念，本身就包含着"成熟"的含

义，在某一个节点上，物质的积累就会让位于稳态。因而，"稳态"是一个比"零增长"更准确的名词，虽然二者都表示物质总量积累的停滞。稳态经济是一个物理概念，其定义是：通过保持较低的吞吐量，将人口和物质财富（人造物）的恒定存量维持在某个特定的、可取的水平上。吞吐流量开始于消耗（随之而来的是生产与消费），终结于等量的废物流或污染。吞吐量是维持存量所需的成本，无论给定的存量规模是多少，都需要最小化，维持在某个极限之下，并为创新留出空间。[1] 财富的精神层面，换句话说，它满足需求的能力，可能会因为知识的增加与技术的进步一直增加，但是财富在物理维度上是有极限的。很明显，在一个有限的世界里，任何物质的东西都不可能一直增长。然而，真实国民生产总值是一个用来衡量产量的价值指标，更是一个衡量物质吞吐量的指标。我们当今的政策是让这个指标增长，虽然很明显它是成本而非收益。收益来自财富存量所衍生出的服务。不管是需求的满足，还是精神上的获益，这种服务都是不可计量的，但它很明显与存量而非流量相关。流量仅仅是为保持存量服务的，也就是一种必要的成本。一个人不可能驾驶着汽车的"维持流量"前往目的地，他所驾驶的只能是汽车本身，而汽车本身就是汽车现有存量的一部分。同理，正如杰库洛根① (Georgescu-Roegen, 1971) 所指出的，一个人不可能踩着"一座桥每年的维持流量"过河。把吞吐量本身的最大化当作目的是荒谬的。为了扩大存量，而将吞吐量的投入最大化，是存在限制的，这些限制是具有实体意义的。存量以及与之对应的吞吐量受到以下因素的限制：空间、地球的体量、热扩散，以及一项更加严格的限制——错综复杂的生态关系网络，过大的吞吐量会将这个网络撕裂。道德和社会的限制虽然更难定义，但可能更加严苛。比如，为了防止钚被用于邪恶用途，就要采取相应的保护措施，较之热污染的物理约束，这些保护措施所带来的社会问题更有可能限制核反应堆的使用。早在其物理上的迫切性体现出来之前，稳态在社会层面的可取性就

---

① 杰库洛根 (1906—1994)，美国经济学家、数学家、物理学家，生于罗马尼亚，后移居美国。他于 1971 年发表的著作《熵定律与经济过程》(*The Entropy Law and E-conomic Process*) 首次把热力学系统性地引入经济学，开创了生态经济学的先河，具有划时代意义。本书作者戴利在范德堡大学攻读博士学位时，曾经师从杰库洛根。

已经体现出来了。

不幸的是，很久以前，经济学家们就不再考虑物理维度的事情，却把注意力集中在价值上[2]，并以货币衡量价值。货币是一个会计单位，并不存在物理维度。一笔存在大通曼哈顿银行（Chase Manhattan Bank）里的存款可以一直以5％的速度增长！收入和财富是价值概念，它们同样是用货币来衡量的，那么它们为什么就不能一直以5％的速度增长呢？货币拜物教取得了彻底的胜利！确凿的现实被简化成了某种由抽象单位衡量的概念。财富的物理维度被万能的货币"屠戮殆尽"了！可是事实上，财富永远有物理的维度。即使是知识，其存在也需要大脑这个物理组织和维持大脑运转的卡路里，以及传递信息的光。知识可以提升存量满足需求的能力，也许是无限地提升。知识可以在热力学第二定律的限度内，减少维持存量所需的吞吐量。

我们将人口和财富维持在某种稳态，并不意味着我们需要永远保持在这个水平上。随着价值和技术的演进，我们可能会发现另一个既可能也可取的水平。但是，转化到另一个水平上所需要的增长（或衰退）并不是一种常态，而是一个暂时调整的过程。当下，是人口和财富的增长在推动技术和道德的进步。在稳态范式下，是技术与道德的进步领跑并指导增长，而不是被增长所推动。增长只会被视为从一个稳态到另一个稳态的短期路径，而非一个健康的经济所需要的常态。

是好东西，就多多益善

总统经济顾问委员会（President's Council of Economic Advisors）一类的权威机构告诉美国人民："如果我们一致认为，经济产出是个好东西，那么也可以肯定地说，经济产出多多益善"（US President, 1971, p. 92）。是啊，好的东西都多多益善，既然降雨是好东西，那么我们恐怕也"可以肯定地说"滂沱大雨也是好的咯！博学的顾问委员们啊，你们难道忘了边际效用递减和边际成本递增吗？要是放宽标准，也可以理解成："'经济的'产出嘛，当然是边际效用大于边际成本啦！"但是结合语境，可以看出，此处说的就是真实国民生产总值无疑。但是也许这处令人震惊的不合逻辑的论述只是笔误。在这份文件的另一个地方（p. 88），委员们承认："国民生产总值的增长是有成本的，超过某一点就不值得再付出成本了。"但是，委员们并没有提出如下显而易见的问题：是什么决定了最优规模？我们如何才能知道何时到达最优规模？他们又回到了逻辑谬误的老路上，并用一个武断的结论结束了这个"危险"的思路："人们现有的需求偏好和政府政策本身就对国民生产总值提出了要求：只有快速的经济增长才能解决问题。"很明显，"现有的需求偏好和政府政策"是不需要讨论的。这里所体现的，就是增长狂热。

对于经济学家们来说，上文中被回避的问题，有一个理论上显而易见的答案：当递减的边际效用等于递增的边际成本时，国民生产总值的增长就应该停止。但是，没有哪个数据库试图衡量国民生产总值的成本。压根就不考虑增长的成本——这就是增长狂热。但是实际情况还要更糟。为了保护我们不受经济增长负面作用的侵袭，会产生一些"防御性支出"，这实际上就是国民生产总值增长的成本。然而，我们非但不把这笔支出剔除出去，反而把它计入国民生产总值中。我们把实实在在的成本当作收益，这简直就是超级增长狂热！很明显，我们应该把成本和收益列在不同的账户当中。但是，这样做会让我们清楚地认识到，超过了某个点，零增长就是最优解（至少短期如此）。对于增长的意识形态来说，承认这一点是尴尬的，而且超越了普通的基本经济学逻辑。更准确地说，对于增长的热衷支持者而言，承认这个点存在于很遥远的未来，不失为一种好的策略。这一切的背后还有一些显而易见的意识形态上的原因，并且与经济产出的分配模式有关：在我们的经济体系中，土地和资本的所有权高度集中，催生出了劳动力节约型技术。

最低工资条件下的完全就业需要极高的总需求，而高需求又需要高额净投资来抵消收入分配不均所造成的高额储蓄。正是高额净投资推动了快速的增长。

以毒攻毒

在反对限制增长的论点中，有一个最为流行：我们需要更多的增长，这样我们就能有足够的钱偿付治理污染和发现新能源所需的成本。经济学家尼尔·雅各比（Neil Jacoby）[1] 说："只有不断增长的国民生产总值，才能让一个国家有足够的钱承担治理污染所需的成本"（Jacoby, 1970, p. 42）。

耶鲁大学的经济学家亨利·瓦里奇（Henry Wallich）[2] 做过类似的论述：

> 经济增长了，环境才能得到更好的保护。对资源消耗的限制，是阻碍环保投入的罪魁祸首。别去搭理那些主张限制资源消耗的人荒谬的呼吁，只有让每个人都拥有更多东西，我们才能有更多资源来做环保工作。（Wallich, 1972, p. 62）

不可否认，如果我们有了更多的资源，真正地富裕起来，所有的经济问题就都能更轻松地解决。但问题是，继续提高国民生产总值真的会让我们变得更富有吗？也可能会让我们变穷吧！要是我们都懒得计算成本，甚至把成本都算作收益，我们怎么知道到底是变富还是变穷？这两位学者的批评武断地假定，不断增长的人均国民生产总值能让我们过得更好，但这正是有争议的问题。

我们也知道，即使现在国民生产总值的边际福利收益要高于边际福利成本，只要增长继续，两条曲线最终终会相交。当然，由于人们偏好和技术的变化，收益曲线可能会上移，成本曲线可能会下移，两者的相交会在国民生产总值更高的时候发生。但是，即使排除了完全相反的情况，认为两条曲线不会向相反的方向移动，并且十分不切实际地假定，收益曲线会一直上移，成本曲线会一直下移，两条曲线的相交也仅仅是时间问题。怎么就能断定，每次交叉要来到的时候曲线就会移动呢？曲线的移动就不会偶尔中止吗？我们会不会在某个时刻发现，暂时停止增长，等待曲线的移动，才是最优方案呢？还是说为了跟上增长的步伐，避免失业，我们就必须超过最优点呢？一旦越过了

---

① 雅各比（1909—1979），美国经济学家，曾长期任教于芝加哥大学，并任职于美国总统经济顾问委员会、美联储等权威机构。

② 瓦里奇（1914—1988），德裔美国籍经济学家。除了任教于耶鲁大学，他还曾任职于艾森豪威尔总统经济顾问委员会和美联储，在经济增长、货币政策、国际发展等领域做出过卓越贡献。

最优点，边际成本就会超过边际收益，增长会让我们的状况更糟，到了那时，我们会叫停增长吗？恰恰相反吧，根据我们的经验，福利的下降，就应该归因于生产稀缺性这一个传统却又沉重的原因，而依据传统的经济学范式，缓解日益增长的稀缺性的唯一办法就是刺激更快的经济增长——这会让我们的状况变得更糟，并且激发出更快的增长！有时，人们不禁会怀疑，我们是不是成了"镜中人"：一切都呈现出镜像，跑得越快反而会越落后？

环境恶化就像是医生误诊所引发的疾病，经济体系的医生们想要治疗无限欲望的疾病，却开出了无限生产的药方。如果疾病就是由治疗方案本身引起的，加大用药剂量反而会坏事啊！然而，以毒攻毒学派认为，是好东西就不会过量，他们是无法处理这些微妙问题的。要是这剂药让患者生病，那就得赶紧催吐，怎么还能吃更多药呢！医生们啊，先治治自己的病吧！

一致的不一致性，以及对主要问题的回避

增长的支持者说，他们和其他称职的经济学家从来没有把国民生产总值和福利搞混过。那么，让我们来看一下下列四个论述，它们来自同一篇文章（Nordhaus and Tobin, 1970）：

（1）国民生产总值不是衡量经济福利的尺度，国民生产总值的最大化也不是经济政策的合理目标。经济学家们都知道这一点……（p. 6）

（2）虽然国民生产总值和其他衡量一国总收入的指标，作为衡量福利的尺度并不完美，但是在校正其明显缺陷之后，仍能描绘出长期进步的图景。（p. 25）

（3）纵然有诸般缺陷，国民总产出仍不失为衡量经济福利产出的最具代表性的指标。（p. 1，Appendix A）

（4）没有证据表明，福利的增长比国民净产出（net national product）要慢。而且，国民净产出可能还低估了福利，主要是因为国民净产出把休闲从消费当中剥离出去了。考虑到上述估计的种种

缺陷，我们断定，每过三十年，美国的经济福利增长速度就会翻
倍。(p. 12)

读遍上下文，加入各种假设条件，也无法使得论述 1 和论述 2、3、
4 自圆其说。要么国民生产总值（或者国民净产出）是衡量福利的指
标，要么不是。很明显，两位作者认为是（如果不考虑第一条论述）。
在认定国民生产总值不是一个完美的指标之后，他们提出了各种合理
的调整方法，让这个指标更适合用于衡量福利。但是，所有这些都回
避了一条根本的反对意见：究其实质，国民生产总值的流量是成本。
满足需求的是财富存量所提供的服务。每年的产出流是维持存量所需
的成本，虽然是必需的，但是也需要根据存量的规模加以最小化。如
果我们想让存量增加，我们就必须为更大的产出流付出更多的成本
（更多的消耗、更多的劳动力，以及最终更多的污染）。消耗、劳动力、
污染，这些都是真实的成本，根据国民生产总值所产生的吞吐流量而
变化。如果要找一个衡量福利的指标，为什么不用人均总存量，或者
总存量与吞吐流量的比值？福利与存量正相关，与流量负相关。超过
某个点，继续增加存量所产生的成本会超过收益，并以额外的维持吞
吐流量的形式体现出来。

肯尼斯·博尔丁（Kenneth Boulding）多年以来一直在论证，国
民生产总值事实上就是国民成本总值，但其观点一直没有被认真对
待。如果这种看问题的方式是错误的，经济学家们为什么不直接予
以决定性的回击，而是一直回避呢？这肯定不是一个细枝末节的
问题。

主流经济学的这种流量拜物教有双重来源。一个原因是生态演进
早期阶段的自然产物。年轻的生态系统（以及牛仔经济体①）倾向于
最大化生产效率，即每年所生产的生物量（biomass）的流量与一直存

———————

① 牛仔经济体（cowboy economies）和宇航员经济体（spaceman economies）的思
想起源于博尔丁于 1966 年发表的一篇会议论文《关于未来地球宇宙飞船的经济学》
(The Economics of the Coming Spaceship Earth)。文章中指出，过去的经济没有触碰到
生态系统的边界，人们就好像无忧无虑的牛仔，不用考虑未来；而未来的经济将要触碰
到生态系统的边界，地球将会如同一艘宇宙飞船一样脆弱，地球的环境和资源也因此对
经济形成约束。这篇文章被认为是生态经济学早期的一篇重要文献。

在的、生产的生物量的存量间的比值。成熟的生态系统（以及宇航员经济体）则与之相反，倾向于最大化生物量存量与每年生产的生物量流量的比值。随着维持效率的上升，第二个比值也会上升。生态演进会拉动经济理论的演进。流量拜物教的另一个原因是意识形态上的。把注意力都集中在流量上，人们就会更少关注存量的极度不平等分配，而存量正是经济权力的实际来源。收入流的分配也是不平等的，但是起码每个人都能分得一杯羹，边际产出理论也让这种分配显得非常合理。收入的再分配是自由主义，财富的再分配就是激进主义。所以，从政治意义上说，把收入当作分析的核心是更安全的。并不是每个人都有一份生产存量，也没有什么理论去解释财富的分配。

要是把存量当作分析的核心，那就可能会引出一些不礼貌的问题了。

既得利益者的假慈悲

那些之前从来就不关心穷人的经济学家和商人现在开始攻击稳态经济了，他们说，鼓吹稳态经济的人都是上流社会里高高在上的自然爱好者。他们自己已经得到好处，现在却想把身后的梯子一脚踢开，让穷人永远在地面上待着。也可能真有他们说的这种人，这种人当然应该受到谴责。但是，大多数呼吁稳态经济的人都认可并主张，激进的财富与收入再分配是绝对必需的。确实，很多一直在道德与政治立场上倾向于减少财富分配不平等的人，十分乐于看见他们的结论有着坚实的生态基础。恰恰是那些正统的增长鼓吹者回避了分配的问题。耶鲁的经济学家亨利·瓦里奇（Wallich, 1972）在为增长辩护时坦率地说："增长能够替代收入平等。有增长就有希望，因此巨大的收入差距就是可以容忍的了。"我们沉迷于增长，是因为我们沉迷于收入和财富的不平等。那穷人呢？让他们以增长为生吧！还有一个更好的办法，让他们靠将来能享受增长的希望活下去吧！

我们已经增长了很长时间，可还是存在着贫困。很明显，增长的是用于再投资的剩余价值，而增长的好处都被剩余价值的所有者瓜分了，这些人当然并不贫穷。增长的红利有一些向下渗透了，但是不多。穷人们被恩赐在完全就业这杯羹里呷上一口——也就是说，他们完全是在经济体中干苦力的，永远不能分得红利。要是没有足够的增长来满足那些红利的获得者，穷人们干苦力所得的这点安慰奖都会被瓜分掉。

在论述增长与贫困时，琼·罗宾逊（Joan Robinson）[①] 说：

> 增长非但没有克服相对贫困，甚至还加剧了绝对贫困。增长需要技术进步，而技术进步改变了劳动力的结构，这就为受过教育的工作者提供了更多的岗位，而没有受过教育的工作者的工作机会被挤占。但是，获取教育的资格，已然被受到良好教育的家庭所占据，只为极少数特别有天赋的后来者留出几个位置。（1972，p. 7）

破解问题的切入点

"我们都知道，人口不可能永远增长"（Nordhaus and Tobin, 1970，p. 20）。这个众所周知的共识就是破除增长迷信的关键切入点，有了这一点就能破解问题的大半。事实是，除了人口的规模（人本身的资本），我们还需要考虑人体的延伸品的规模（人体外的资本）。汽车和自行车延伸了我们的双腿，房屋和衣服延伸了我们的皮肤，电话延伸了我们的耳朵与声音，图书馆和电脑延伸了我们的大脑，等等。人本身和人体外的资本都是维持生命和享受生活的必需。二者都是物理上的开放系统，通过不断地从环境中吸收低熵的物质能量、向环境输出高熵的物质能量来维持稳态。换句话说，二者都需要物质吞吐量来维持短期生存、满足长期的新陈代谢。二者事实上以同样的方式依存于环境。限制有机体（人口）规模的生物物理界限也以同样的力量限制着延伸品的规模。如果我们承认前者存在极限，我们为什么否认

---

① 罗宾逊（1903—1983），即罗宾逊夫人，英国著名经济学家，长期任教于剑桥大学。她认为，新古典综合派篡改了凯恩斯的理论，并对其予以驳斥，有力地动摇了主流新古典经济学的根基。她也因此被后凯恩斯主义（post-Keynesian economics）这一非主流学派认为是凯恩斯衣钵的真正继承者。

后者也存在极限呢?

错置的事实和技术救赎

技术是增长鼓吹者的理论基石。基石和地基都是真实的实体。[①]
自然,增长的鼓吹者们在这里用事实来比喻,也就是说,先把技术说
成是一个在数量上不断增长的东西,然后询问这个东西是否会像其他
东西一样指数增长,紧接着立刻用计量经济学的魔法证明,确实会的!
接下来,他们就让你相信技术是污染与资源消耗的抗体,然后得出结
论,消耗和污染(生产与消费)可以放心大胆地以指数增长,因为我
们有一种万能的、反物质的、同样是以指数增长的力量——技术。

我的嘲讽有失公正吗?看看下面这段话吧,来自两位经济学家和
一位律师写的《增长的极限》的一篇书评:

> 几位作者的世界模型假设工业和农业的需求会以指数的形式
> 增长,却给技术进步这个满足需求的要素套上了粗暴的、非指数
> 的极限……确实,没有技术的跟进,指数增长不可能永远继续下
> 去,若果真如此,为了避免悲剧,我们必须在抵达极限之前就停
> 止增长。但是,这种假设立论的唯一基础就是短视。马尔萨斯错
> 了,食物的承载力跟上了人口的增长。虽然没有人知道确切情况,
> 但是技术进步没有一点要减速的意思。最好的计量经济模型证实
> 了,技术确实在以指数的形式增长。(Passell et al.,1972)

这几句话太有价值了,在这么短的篇幅内就集齐了正统增长理论的
各种错误概念。注意,这段话认为,技术在数量上以指数的形式增长,
只会解决问题,而不会产生问题;这段话认为,只要技术这个万能反物
质的东西能够跟上,指数增长就会永远继续下去。但是技术能跟上吗?
去问这位不知名的计量经济学权威吧,等一下——既然在过去跟上了,
未来也可能会这样!绝大多数的计量经济学家还是比较谨慎的,因为他

---

① 这里是一语双关。标题中用了"concreteness"表示"事实",而作者在此处使
用的"concrete"可以表示"真实的",也可以表示"混凝土的"。

们发现，技术进步不能直接计量，其本质只是抛去了各种可衡量变量和虚拟变量之后的不可解释的残余。有时候，这些"技术"的残余里还包括了原材料投入增加所带来的效应！这段话还盲目地得出结论认为马尔萨斯错了，而事实上他的预言被人类中的大多数以痛苦悲惨的方式证明是对的。但是，这些大多数从来都不重要。只有那些有话语权的、在技术上更具竞争力的少数人才有价值。但即使对他们来说，马尔萨斯也不是真的错了，这部分人注意到了马尔萨斯的建议，限制了自己的生育。

另一位敏锐得多的评论家在评论《增长的极限》时注意到了类似的混淆，并清晰地指出：

> 有些人抨击《增长的极限》的作者没有把以指数增长的技术知识作为世界模型的第六个要素。这种批评是故意避重就轻。另外五个要素都是真实存在的，在物理上可参照的，可以被量化的：人口可以计量，石油有多少桶可以计量，洛杉矶雾霾中所含的有害化学物可以被计量。纯粹的知识，只有加入了另外五种要素中的某一种，对于世界体系来说才有意义。默认技术知识肯定会作为一种好东西进入世界体系当中，则是毫无根据的。在汽油中加入四乙基铅，就会提升机器的性能，这条技术知识能说是"好的"吗？(Royall，1970，p. 42)

换句话说，麻省理工学院所做的物质增长趋势模型已经包含了过去的技术"进步"所带来的影响，因为它们都包括在世界模型的五种物质参照系当中。这里的默许假定是：在未来，技术还会以和过去类似的方式对物质世界施加影响。一个人不用全盘接受《增长的极限》，但是很明显，技术是不是"以指数的形式增长"在很大程度上无关紧要。有些批评认为，技术演变纯粹是一种解决之道，永远不会成为问题本身，这个想法是很荒谬的，并且已经被巴里·康芒纳 (Barry Commoner，1971a)[1] 的著作彻底驳倒。虽然康芒纳有些走极端，他过于强

---

① 康芒纳 (1917—2012)，美国生态学家和政治家。曾长期任教于华盛顿大学圣路易斯分校。戴利此处提到的是他的代表作《逐渐封闭的循环》(*The Closing Circle*, 1971)。在此书中，康芒纳提出，要根据生态规律改造美国经济，这引发了热烈的讨论。康芒纳还曾于1980年竞选美国总统。

调二战后技术所引发的问题，却忽视了人口和丰裕社会带来的影响，但是这些都无关紧要，只要通过他的著作认识到技术更多的是问题的一部分而非解决之道就足够了。关键的问题是：什么样的技术能够解决问题？什么样的制度设计能够筛掉坏技术，选出好技术？

一个双要素模型：资源无成本，资金 能够完全替代流量

经济学家惯常计量资金要素、劳动力和资本要素［以及李嘉图土地（Ricardian land）］的生产率，但是对于流量要素，如自然的原材料和无生命的能源要素的生产率，却很少谈到，更不必说计量。这就反映了一个隐性假设，即这些要素都不是真正稀缺的，都是免费的，是取之不尽、用之不竭的自然馈赠。产品流的唯一限制就是资金要素把投入转化为产品的能力。诺德豪斯（Nordhaus）和托宾（Tobin）在这一点上就很明确："普遍流行的增长模型假设，扩大生产相关的非人类要素的供给是不受任何限制的。从本质上说，这是一个双要素的生产模型，两个要素分别是劳动力和可再生资本"（1970，p. 14）。

这里忽略了资源的流量，那么，这种忽略是如何被论证的呢？诺德豪斯和托宾说："在此默认可再生资本能够完全替代土地和其他有限资源。"如果认为要素是可以完全互相替代的，也就没有必要把它们分门别类为两种不同的要素了，因为从经济学分析的角度来说二者就是一回事。但是，把两个维度不同的东西视为同一类，这本身就是非常荒谬的。资本是存量，物质和能量资源是流量。资本是用来处理流量的，也是流量转化为经济要素的工具。在任何特定的技术条件下，二者都是互补的，技术不能改变这种关系。资本扩张或重塑，往往是为了处理更大的资源流量，而不是更少。新资本所孕育出的新技术，有可能会使资本能够处理不同的物质资源，但这是一种资源流量对另一种资源流量的替代，而不是资本存量对资源流量的替代。[3] 当我们耗尽一种资源后，我们重新调整机制，去消耗另一种资源。此处设想，资源总量是无穷的，当一种资源流量被耗尽时总有下一种资源流量等

着我们，科技总能找到廉价的方式来利用这种新资源。没了鲸鱼，我们可以捕猎海豚，最后实在不行还能捕猎浮游生物。生态学家告诉我们，这行不通，因为会涉及其他一些极限。而且，即使行得通，谁又想要这种结果？但是，诺德豪斯和托宾两位教授似乎没能看出经济增长与生态灾难之间的联系——"至于说全球性生态灾难的危险，那就不是经济学所能讨论的了"（1970，p. 20）。只要经济学拒绝讨论物质资源稀缺性的强大主导力，他们说得其实也挺对。换句话说，他们认为，现在的增长经济学已经遗世独立、与现实无关了。更糟的是，这已经成为一种错误的导向。但是，经济学不能继续这样下去了。

但是资源只是国民生产总值的一小部分啊！

另一份无视资源要素的"辩护词"是：资源在现在的国民生产总值中仅仅占了一小部分。在 1968 年，全部矿产的产出只占国民生产总值的 1.7%，而全部化石能源的产出只占 2.0%（Goeller，1972，p. 15）。[4] 但是，为什么我们的价格体系把如此少的总价值归结到资源上，却把如此大的一部分（剩余部分）归结到劳动和资本上？这是不是证明了资源最终不是稀缺的这一假设？还是说这只是证明资源的价格被低估了？我相信，后者是对的，这种价格低估是由社会阶层的相对力量决定的，这一相对力量约束着市场功能。具体来说，劳动者和资本家是两个极具权力的社会阶层，而资源的所有者，由于某种原因，并不具有同等的权力。让我们来看看市场是如何被操纵以降低资源价格的。

短期来看，技术和两种存量要素——劳动和资本——都是给定的。改变资本存量和适龄劳动人口都需要时间。假设短期内资本家和劳动者都想提高收入，因为资本家和劳动者的收入是与他们各自的生产能力绑定的，提高二者的生产率就是必需的。在短期内，提高两种存量要素生产率的唯一方式就是提高原材料和能源的流量要素。在资本与劳动存量给定的情况下，考虑到边际效用递减规律，提高资源吞吐流量，也就意味着资源流量的生产率必然降低。三者的生产率不可能同时提高，那么很明显，流量要素就最可能要做出牺牲了，因为短期来看只有它的数量能够提高。但是，即使从长期来看，所有要素都是可变的，但没有技术进步，被牺牲的也是资源生产率。劳动生产率与劳动者收入的紧密联系，再加上工会的垄断，能够让劳动生产率免于被牺牲。资本生产率与利息及利润之间的关系，以及大公司的垄断力量，让资本生产率免于被牺牲。资本家与劳动者是两个社会阶级，生产并瓜分了企业的产品。他们之间存在基本矛盾，但是必须共存共生。通过增长，以及将增长所导致的边际效用递减的负担转嫁给资源，二者之间的矛盾最小化。他们是如何转嫁的呢？在早期，转嫁也许不起作用，因为强大的地主阶级需要防止资源价格过低。但是今天，并不存在地主阶级来施加向上的力量，阻止资源价格的下降。虽然存在资源的拥有者，而且对于他们而言，资源价格越高越好，但是在其他条件相等的情况下，没有哪个阶级能够像资本家和劳动者那样，像提高自身生产率一般去提高资源的生产率。

假设我们在长期中考虑技术变革，那么，三种要素的生产率就都有可能提高。但是，这种情况发生的可能性有多大呢？考虑到提高劳动力和资本家收入的迫切欲望，能够提高二者生产率的技术革新应该是最优先的，而提高资源生产率的技术就要靠边站了。考虑到资源低廉的价格，企业家并不在乎资源生产率是高是低。而且，很明显，发明出提高两种要素生产率的技术，要比发明出同时提高三种要素生产率的技术更容易。

那么，我们是不是要推倒土地改革[①]的成果，重新创造出一个地主阶级？地主的地租是不劳而获的收入，这种不劳而获、全靠所有权的收入，在道德上是令人厌恶的。没人喜欢地主。亚当·斯密（Adam Smith）告诉我们，地主不播种，只收获，没什么人为地主阶级贵族覆灭的历史进程感到惋惜。但是，从长期来看，他们的覆灭并非有百利而无一害。地租作为一种收入来源，可能不具有合法性，但是地租的

---

① 土地改革并非中国的特例。在西方国家的近代化历程中，土地改革是非常关键的一步。经过或激进、或渐进的土地改革，旧的地主阶级被瓦解，封建等级制度被打破，资产阶级的政治和经济力量相对上升。比较典型的有英国的圈地运动和法国大革命后的土地改革法令等等。

价格是具有合法性的，而且是必要的，没有了这个价格，稀缺性的资源就无从配置。亨利·乔治（Henry George）说，要收取地租，但是之后要通过税收把地租征收走。社会主义者在尝试取消土地价格之后，得出结论：应该收取地租，但是只能由政府收取地租，因为社会主义下的政府是土地所有者。在美国，这两种情况都没有发生过。政府作为最大的资源所有者，对于自己持有和归其管控的资源（比如，天然气），采取了免费分配和低价政策，以此来让某些特定的资本家获利，推动增长，并缓和资本家与劳动者之间的冲突，赢取双方的选票。

另外，还有从不发达国家进口的资源。这些国家还没有学会如何利用这些资源，对于资源出口国来说，短期的机会成本是低廉的，因此资源价格自然低廉。目前的情况有所变化，但是在过去，这是保持资源价格低廉的因素之一。一些资源是资本家持有的，但是他们更倾向于增长最大化、冲突最小化，方法就是降低资源价格，而不是通过出售资源获利。事实上，让资本家获得资源的所有权，总体来说，只会让他们出于资本家的本性降低这些资源的成本价格，从而提升资本的报酬。资本是一个动态的、具有控制力的要素。我们的经济体系被称为"资本主义"而不是"资源主义"（resource-ism），是实有所指的。

让我们来简要回顾一下关于资源生产率的两个相似的分析。

关于资本主义生产方式对土地生产率的影响，卡尔·马克思（Karl Marx）做过以下论述：

> 资本主义生产……破坏着人和土地之间的物质变换，也就是使人以衣食形式消费掉的土地的组成部分不能回归土地，从而破坏土地持久肥力的永恒的自然条件……此外，资本主义农业的任何进步，都不仅是掠夺劳动者的技巧的进步，而且是掠夺土地的技巧的进步，在一定时期内提高土地肥力的任何进步，同时也是破坏土地肥力持久源泉的进步。一个国家，例如北美合众国，越是以大工业作为自己发展的基础，这个破坏过程就越迅速。因此，资本主义生产发展了社会生产过程的技术和结合，只是由于它同时破坏了一切财富的源泉——土地和工人（Marx，1967，pp.505-6）。①

---

① 马克思，恩格斯. 资本论（第一卷）. 北京：人民出版社，2004：579-580。

马克思认为，劳动者和资本家一样，都在剥削土地要素。我们的分析认为，资本家与劳动者通过将剥削转嫁到土地和其他自然资源，结成了一个不稳定的同盟。那么，我们可以紧接着得出结论，一旦有某个机构扮演之前地主的角色，提高资源的价格，资本家和劳动者之间的冲突就会重新加剧。这也就是左翼视角下的生态危机，一旦发生这种情况，就会催生分产主义（distributist）① 的制度。

另一个更晚近的关于资源生产率的分析来自巴里·康芒纳（Barry Commoner，1971b）。他发现，在他所考察的每个产业中，电力的生产率都在下降。在整个经济中，电力生产率下降更甚，因为能源密集型产业的相对地位超过了其他产业。他的实证研究发现告诉他：

> 减少工业生产中能源总需求的尝试明显引发了一个不可避免的难题：要么减少总产量，要么提高能源的生产率。但如果采用后一种路径，劳动生产率肯定会下降。[5] 因此，不管采用哪种路径，减少能源总需求的尝试，肯定会与维系美国经济体系稳定的两大因素——不断提高的产量和不断提高的劳动生产率——中的至少一个发生冲突。

> 这些思考让我们去考虑一种可能，也希望经济学家能够调查一下：能源消费的持续指数增长并不是工业增长的意外产物，而是维持现有美国经济体系运行功能性的必然要求。如果这一点得到证明，那么，能源危机就会促使社会做出终极选择。一种选择是继续现在这种电力供给所维系的指数型增长，并承担将来有能力处理由此导致的庞大的化学、放射性和热力污染物的风险。另一种选择是，减缓能源消耗的速度，并把经济体系的变革当作必然的结果。（Commoner，1971b，p.31）

我用社会阶级相对权力来解释低廉资源价格和资源生产率的理论，也许能够作为康芒纳实证总结与推测的一种理论补充。降低了总吞吐量的生产率，劳动生产率和资本生产率（以及收入）就会相应提高，

---

① 分产主义是 19 世纪末 20 世纪初在欧洲流行的一种经济主张。这派学者并不反对财产私有，但是反对财富的过分集中，主张建立调节再分配的机制。这一学说受到了当时天主教教皇的力挺。

从而在短期减少社会冲突。如果我们不想在将来承受美学的、道德的、社会的各种代价，更不想与庞大的物质、化学、热力、放射性等各种污染物为伍，我们必须限制吞吐量的增长。那么，怎样才能以最高的效率、最小的代价来限制吞吐量呢？[6]

现值和正反馈

有人说，市场会自动提供储备，因为有远见的观察家们会囤积各种物资，并在价格更高时卖掉，以获取高额利润。这种观点至少犯了两个错误：第一，指数增长的资源开采会让资源枯竭"不期而至"。如果我们对资源开采总量的规划是以三十年为单位的，就像我们一直做的那样，那么，在最后一个三十年，我们会开采掉资源总量的一半。如果历史进程是线性的，那过去就是未来的好老师。但如果是指数增长的，那过去就只能是未来的坏老师。第二，未来的利润需要贴现为现值。在一个不断扩张的经济中，投资者有一个替代选项，那就是牺牲现在，把短期利润再投资到另一个领域，以求获得与经济增长率相似的回报。他对未来利润所设想的贴现率等于他期望再投资的短期利润增长的比率。这个期望中的比率在很大程度上是由目前的比率及其变化趋势决定的。因此，较高且不断增长的现有增长率是由与之相应的资源消耗率决定的，并且会产生与之相应的未来价值贴现率。反之亦然，较高的贴现率会打消人们储蓄的积极性，并助推较高的资源消耗率和经济增长率，等等。对现值的计算会产生某种正反馈，并动摇人们的储蓄意愿。"金融的审慎"总是建议人们牺牲现在，并把短期收入投入到其他财富的开发上，等等。这里的前提假设还是无限的资源。复利的滚动，以及由此导致的未来价值的贴现和储蓄意愿的降低，其背后一直有更多的物质和能量资源作为支撑。[7]

青春文化及其对老人政治的担忧

稳定的人口是稳态经济的一部分。假设死亡率维持不变，维持稳态人口就会使得平均年龄从现在的 27 岁提高到大约 37 岁。由此会引发人们对于社会衰老、过度保守、适应性与活力丧失等情况的担忧。这很难说是一个合理的担忧，即使是对于青春文化的热衷者来说也是如此。让我们比较一下人口结构最老龄化的国家瑞典，和人口结构最年轻化的国家巴西。如果说瑞典是老人当道的极端保守的、没有创新的国家，而巴西是年轻人掌管的积极进取、富有创新精神的国家，恐怕有点扭曲事实了。有人会争辩说，巴西没有瑞典重视年轻人，因为巴西的婴儿死亡率比较高，因此瑞典才是真正由年轻人主导的国家。这种观点还是过于简单了。

受挫的金字塔攀登者

稳态的人口结构"金字塔"会是房子的形状：50 岁以下的部分都是正方形，50 岁以上的部分才是三角形。但是，很多组织内部的等级结构都是金字塔型的阶层式组织。所以，将来年龄的增长会和职位的进步不匹配，更多的人会在更低层的职位上老去，壮志难酬。

这个观察是非常有趣的，而且毫无疑问，具有重要的社会学意义。但是，这并不完全是负面的。更多人会在阶层式组织之外实现个人价值。在组织内部，会有更少的能力与职位不匹配的人，并会在一定程度上减缓目前无解的"彼得原理"（the Peter Principle）① 的作用。也许，到那时，大型的官僚组织就会瓦解，生活会重新按照更符合人类本性的方式重塑。

----

① 彼得原理是美国管理学家劳伦斯·彼得（Laurence J. Peter）在 1960 年提出的。经过实证研究，彼得发现，在任何一个单位内部，都存在能力不足的人被提拔到过高岗位的情况。

重新审视帕斯卡赌注

增长狂热是建立在如下假设之上的：技术进步是万能的，却不会产生任何问题，并会不断地自我突破，创造出新的成果，抵消资源损耗的影响。有足够的证据让有理性的人怀疑这种假设。但是，这一假设却无法完全证伪。因为其中包含着信仰的成分，而信仰总是要冒风险的。让我们完全接受不可知论者的论调，运用帕斯卡赌注（Pascal's Wager）① 和统计决策理论②的逻辑来思考问题。我们可能会犯两类错误：我们接受技术万能的假设，但最后发现它是错误的；或者，我们拒绝了技术万能的假设，最后发现它是正确的。我们想要避免的是哪种错误呢？如果这个假设是错的，我们却接受了它，那结果就是灾难性的。如果这个假设是正确的，但我们拒绝了它，那么，我们不过是会牺牲一些边际满足感，并学会共享——这虽然有些艰难，但很可能对我们有好处。如果我们后来发现这个假设是正确的，那我们随时可以重启增长模式。因此，即使是以不可知论的角度来看，拒绝技术万能的假设及与之相伴的可再生资本完全能够替代资源的论断，是更为谨慎的。

【注释】

[1] 吞吐量越低，财富存量就能维持得越久。可以肯定的是，商品可以保存足够长的时间，这在短期肯定不会造成什么危害。

[2] 还算幸运，农业经济学家们症状轻一些，因为他们的研究和现实的生物物理世界有一定联系。

---

① 帕斯卡赌注是法国哲学家、数学家和物理学家帕斯卡（Blaise Pascal, 1623—1662）在其名著《思想录》的第233条中提出的。帕斯卡认为，虽然上帝是否存在是无法证明的，但是一个理性的人在衡量了风险之后，应该按照上帝存在的假设规范自己的一言一行。如果上帝存在，他就会得到上帝的救赎，这种回报是无限的；如果上帝不存在，他所损失的无非是今生的各种享乐，这种损失是有限的。

② 统计决策理论（statistical decision theory），即过去的数据中包含着关于未来的信息，一切决策要以统计结果为基础。

[3] 诺德豪斯和托宾 (Nordhaus and Tobin, 1970) 说:"环保主义者们不言自明的假设是,自然资源没有相应的替代品。"他们认为这种立场是极端的,但是自然资源真有替代品吗?他们认为"可再生资本"是替代品,但是不仅资本需要自然资源来实现再生产,而且资本很明显只是资源流量的互补品而非替代品。虽然通过资本的重构可以使一种资源流量替代另一种资源流量,但不能因此就认为作为一个大类的资本要素可以替代作为一个大类的自然资源要素!

[4] 这篇文章的"乐观"结论是:"通过合理的管理举措,地球中蕴藏的剩余矿产资源足以支撑美国以目前的物质丰裕程度维持一百年,并以合理的规模与其他国家分享" (Goeller, 1972, p. 1)。换句话说,如果我们现在就以迅速且有效的方式迈向稳态经济,开发地球上的所有资源,并把我们与其他国家的分享限制在"合理的规模",我们的经济体系能够继续维持一百年!要是这也算"乐观",真不知道什么叫作悲观了。

[5] 很明显,这是康芒纳根据对 1946-1968 年能源生产率和劳动生产率的观察做出的实证总结 (Commoner, 1971b, Fig. 31)。

[6] 在另一篇文章中,我指出政府应该确立起一个资源消耗的拍卖体系,并把排放税当作进行微调的政策工具。

[7] 这个不言自明的假设在有些时候又被明确提出了。比如下面这段话,来自一家大型石油公司的总裁塞缪尔·奥德韦 (Samuel H. Ordway):

> 事实似乎是,人们最初发现的资源矿藏只是一系列矿藏之一。人们耗尽了这处矿藏中的资源就会获得一把钥匙,去开启下一间更大的矿藏。这间更大的矿藏被耗尽之后,就会打开下一间更大的矿藏。20世纪中叶,人们处于一个巨大的矿藏之中,这间矿藏太大,以至于下一间矿藏的大门都在人们视线之外。但是,我们也只是身处最外层的几间矿藏之一。不难相信,整个地球,包括大地、海洋和空气,就是人类能够用自己的聪明才智开发利用的所有原材料。(1953,p. 28)

这也是增长经济学的假设之一。即使这个观点是对的,也必须加上下面这一条:我们必须要住在这间我们辛勤开采的矿藏之内。与垃圾和令人讨厌的废弃物保持亲密接触是增长的副产品之一。但是,乐观主义者还会争辩,还有一系列更大的垃圾场!增长至上论的理论基础和传销差不多。每种耗尽的资源,都有五种新的资源在它背后!传销的受益者们,也就是链条上最开始的几个人,拼命让质疑者相信这个幻象,让他们不再怀疑世界上是不是有足够多的人和资源来把这个游戏进行下去。

参考文献

Barclay, P. and D. Seclar (1972), *Economic Growth and Environmental Decay: The Solution Becomes the Problem*, New York: Harcourt, Brace, and Jovanovich, Inc.

Boulding, K. E. (1970), *Economics as a Science*, New York: McGraw-Hill.

Commoner, B. (1971a), *The Closing Circle*, New York: Alfred A. Knopf.

Commoner, B. (1971b), Power consumption and human welfare, paper presented at the American Association for the Advancement of Science Convention, Philadelphia, December 1971.

Daly, H. E. (1971), Toward a stationary-state economy, in J. Harte and R. Socolow, eds., *Patient Earth*, New York: Holt, Rinehart, and Winston, pp. 226-44.

Daly, H. E., ed. (1973), *Toward a Steady-state Economy*, San Francisco, CA: W. H. Freeman Co.

Daly, H. E. (1977), *Steady-state Economics*, San Francisco, CA: W. H. Freeman Co.

Editors (1972), A blueprint for survival, *The Ecologist*, **2** (1), 1-43.

Ehrlich, P. R., A. H. Ehrlich, and J. Holdren (1972), *Population/Resources/Environment*, San Francisco, CA: W. H. Freeman Co.

Georgescu-Roegen, N. (1971), *The Entropy Law and the Economic Process*, Cambridge, MA: Harvard University Press.

Goeller, H. E. (1972), An optimistic outlook for mineral resources, paper presented at *Scarcity and Growth* conference, National Commission on Materials Policy, University of Minnesota, June 1972, mimeo.

Jacoby, N. (1970), The environmental crisis, *Center Magazine*, **III** (6), 37-48.

Marx, K. (1967), *Capital*, Vol. I, New York: International Publishers, pp. 505-6.

Meadows, D. H., D. L. Meadows, J. Randers, and W. W. Behrens III

(1972), *The Limits to Growth*, New York: Universe Books.

Mill, J. S. (1961), Of stationary state, Book IV in *Principles of Political Economy*, New York: August Kelley, Reprints of Economic Classics.

Mishan, E. H. (1967), *The Costs of Economic Growth*, New York: Frederick A. Praeger Co.

Nordhaus, W. and J. Tobin (1970), Is growth obsolete? National Bureau of Economic Research, Colloquium, San Francisco, December 10, 1970, mimeo.

Ordway, S. H. (1953), *Resources and the American Dream*, New York: Ronald Press.

Passell, P. , M. Roberts, and L. Ross (1972), Review of Limits to Growth, *New York Times Book Review*, April 2, p. 12.

President, United States (1971), *Economic Report of the President*, Washington DC: US Government Printing Office.

Robinson, J. (1972), The second crisis of economic theory, *American Economic Review*, **62**, 1-10.

Royall, N. N. , Jr. (1970), Review of *Limits to Growth*, *Kansas City Times*, April 28, p. 42.

Wallich, H. (1972), Zero Growth, *Newsweek*, **79**, 62.

Weisskopf, W. A. (1971), *Alienation and Economics*, New York: E. P. Dutton and Co. , Inc.

第二部分
向主流经济学的进一步扩展

4. 迈向环境宏观经济学

导　论

　　环境经济学，不管是大学里教的还是政府机构与开发银行当中正在实践的，都绝对是微观经济学。理论的核心是价格，要解决的最大问题是，如何将外部性的环境成本内部化，使得价格能够完全反映整个社会的边际机会成本。只要价格正确，环境问题也就自然"解决"了——其中完全没有宏观经济的维度。当然，环境经济学有足够的理由与微观经济学紧密联系在一起，我也并不想反对这种联系。但是，我想提出一个问题：环境和宏观经济学之间是否存在被忽视的联系？

　　我研究了三部权威宏观经济学教科书（Barro，1987；Dornbusch and Fischer，1987；Hall and Taylor，1988）的索引之后发现，下列主题并没有得到任何讨论：环境、自然资源、污染、消耗。是不是真如这些权威教科书的作者认为的那样，宏观经济学与环境无关？如果现在还没有环境宏观经济学这个东西，那么应该有吗？如果答案是肯定的，那么环境宏观经济学又该是什么样子呢？

　　环境宏观经济学竟付之阙如[1]，其原因在于托马斯·库恩（Thomas

Kuhn)① 所说的"范式"，约瑟夫·熊彼特 (Joseph Schumpeter)② 说得更具体——"前分析图景"。就像熊彼特所强调的那样，分析需要有一个起点——首先要有分析的对象。这个对象是由前分析的认知行为产生的，这种认知行为被熊彼特称为"图景"（vision）。有人可能会说，图景就是右脑提供给左脑用来分析的原材料。前分析图景中遗漏的东西，是不能通过后续的分析弥补的。熊彼特的这段话非常值得全文引用：

> 在实践中，我们都是从前人的成果开始进行研究的。也就是说，我们几乎不可能重新搞出一套东西。但是，如果真的让我们从头建立一个体系，我们要通过哪些步骤来实现呢？很明显，为了让我们认清所要研究的问题，我们需要首先找出一系列的现象，作为分析的对象。也就是说，任何分析工作需要首先有一个前分析的认知过程，为分析工作提供原材料。在本书中，这个前分析的认知过程被称为图景。很有趣的是，需要指出，这种图景并不只是要在时间上先于分析工作而存在，即使是成熟的科学已经建立起来，每当我们需要从新的视角来审视这个科学，而又无法从这门科学既有的事实、方法和结论得到新意时，我们就需要回顾前分析的图景。（Schumpeter，1954，p. 41）

从总体上说，现代经济学的图景，特别是宏观经济学，就是我们很熟悉的流量循环图解。宏观经济被视为一个封闭的体系（也就是说，与环境之间没有物质和能量的交换），交换价值在企业与家庭之间的封闭循环体系当中循环。"循环中的流量"被分为生产与消费。流量本身

---

① 库恩（1922—1996），美国科学史家，科学哲学家。他早期在哈佛大学学习理论物理学，在博士阶段逐渐转入了科学史和科学哲学的研究，后任教于哈佛大学、普林斯顿大学、麻省理工学院等名校。1962 年，库恩发表了最重要的著作《科学革命的结构》（*The Structure of Scientific Revolution*），第一次明确使用了"范式"（paradigm）这一概念，认为科学的发展是受范式制约的旧科学与突破范式的科学革命交替进行的过程。
② 熊彼特（1883—1950），生于奥地利，后移居美国。他是当时全世界最具影响力的经济学家之一，与凯恩斯齐名。他提出了资本主义创造性破坏（the creative destruction of capitalism）、企业家精神（entrepreneurship）等理论解释资本主义的经济发展与经济周期。"前分析图景"（pre-analytic vision）是熊彼特未完成的遗著《经济分析史》（*History of Economic Analysis*）第一卷中提出的概念。

具有物理的维度，但是循环流量却没有考虑物质的循环利用，而物质循环无论如何都不是完全封闭的循环。更不要说没有考虑到根本不能循环利用的能量了。在这个循环中流通的只是抽象的交换价值，交换价值是将商品和交换的各种要素的物理维度抽象之后得出的。这个孤立的体系当中流动的是抽象的交换价值，与环境毫无关联，因此也就不存在自然资源消耗和环境污染的问题。宏观经济也不依赖自然生态系统的服务，甚至根本就不依赖外部的任何东西（Georgescu-Roegen，1971；Daly，1985）。

分析过程不能反映出前分析图景忽视了什么东西，因此，我们无法期待宏观经济学的文献对环境、自然资源、消耗和污染等问题做出任何回应。这就好比生物学家的前分析图景里只有由消化系统所抽象出的循环系统模型，而生物学教科书中对于"吸收"和"肝脏"等问题压根不讨论。动物对于环境的依赖也被认为可有可无，动物被当成了一架永动机。

即使是我们翻到宏观经济学最后几章的高级内容，讲到增长理论时，情况也没有好转。众所周知，前分析图景当中，总的生产函数写作：$Y = f(K, L)$，也就是说，产出是资本（K）和劳动力存量（L）的函数。而资源流量（R）根本就不见踪迹！产生的废物流也没有得到体现。即使是 R 在公式中和 K 与 L 一样偶尔得到了体现，这也于事无补，因为这个函数往往是乘法的形式，就如柯布-道格拉斯函数一样。在公式中，R 可以接近于 0，只要 K 和 L 飞速地提高，即使 R 趋近于 0，Y 也可以保持不变。资源被视为生产的"必需"，但是资源的数量可以随意，再少也没有关系。

现在需要的，不是基于这个错误的图景再做什么深入细致的分析了，而是使用新的图景。这并不意味着建立在旧图景基础上的一切东西都必须彻底推翻——而是只有改变前分析图景，才有可能带来根本性的变革。图景上必要的变革，就是把宏观经济描绘成有限的自然生态系统（环境）的一个开放子系统，而不是一个不受质量平衡、熵定律和有限性约束的孤立的抽象交换价值流的循环。交换价值流的循环对于某些目标来说，是一种很好的抽象方式。它把关注的重心放在总需求、失业、通货膨胀等几个问题上，而这些问题是凯恩斯感兴趣的，凯恩斯也是用这些问题来分析大萧条的。但是，这个模型在宏观经济与环境之间构筑了一道无法突破的屏障。对于凯恩斯来说，这道屏障无关紧要，对于我们来说却恰恰相反。一旦把宏观经济视为开放系统，而不是孤立的体系，宏观经济与其母系统（环境）之间的关系就成为一个无法回避的话题。最明显的一个问题就是，这个子系统与整个系统比起来，到底多大才合适？

最优规模的宏观经济学

就如同经济的微观单位（企业与家庭）是作为更大的系统（整个宏观经济）的一部分运行的，整个经济也是更大的自然生态系统的一部分。宏观经济是生态系统的开放子系统，完全依赖于生态系统。生态系统是其输入低熵物质能量的源泉，也是其排放高熵物质能量的垃圾场。跨越系统与子系统边界的物质交换就是环境宏观经济学研究的主题。在研究这些物质流时，需要考虑的是以生态系统为参照系的规模与总流量，而不是以总流量的某一部分作为参照系去研究另一部分的价格。就好像主流宏观经济学研究的是总量，而不是流通中各部分之间的相对价格一样，环境宏观经济学研究的是跨越系统与子系统边界的交换总量，而不是总流量的每一部分在人类社会内外的定价方式与资源配置。

"规模"（scale）指的是"以人均资源使用量乘以人口规模，去衡量人类社会在生态系统中的物理规模"。将给定的资源流量在人类社会中进行最优配置是一个问题（微观经济学的问题），而以生态系统为参照系的整个经济的最优规模是另外一个完全不同的问题（超宏观的问题）。微观的资源配置问题就好比将给定的重量合理分配在一艘小船的不同部分。而即使是重量的最优配置问题解决了，还有一个问题：这艘船能够承载多少绝对重量？航海机构通过载货吃水线来标注绝对最优承载规模。一旦水位达到了吃水线，船就处于满载状态，也就达到了安全承载量的最大值。当然，如果没有合理安置货物，就会更早触碰到载货吃水线。但是随着绝对承载量的上升，即使最优配置了货物，终有一刻船会触碰到载货吃水线。如果重量过大，一艘最优配置的船也会沉没。需要指明，最优配置和最优规模完全是两回事。环境宏观经济学的主要任务是仿照载货吃水线，建构起某种经济体制，保护我们的生态方舟不因经济的重量和绝对规模而沉没。

市场当然只能在经济子系统之内运转，而且只做一件事情：通过提供必要的信息与激励机制，解决配置的问题。根据众所周知的设想[1]，市场出色地完成了这项任务。但是，市场没能解决最优规模与最优分配的问题。市场无法实现分配的正义性，这一点是大家公认的，但是市场没能解决最优或者可持续规模的问题，认识到这一点的人就不多了。[2]

从下面这个自相矛盾的例子中可以看出（Pearce et al.，1989，p. 135），人们没能认识到规模问题和配置问题完全就是两回事。究竟是更高的还是更低的贴现率给环境施加了更大的压力？一般认为，高贴现率对环境更有害，因为它加快了不可再生资源消耗的速度，缩短了可再生资源运转和自我修复的周期，把资本和劳动力引向了开采自然资源更快更多的部门。但是它也限制了开工项目的数量。低贴现率虽然会鼓励开采自然资源更少更慢的项目，但是会增加开工项目的数量。高贴现率的配置效应会增加资源吞吐量，但是其规模效应会减少资源吞吐量。哪种效应更强，这不好说，虽然人们认为在长期规模效应会占据主导地位。要破解这个难题，就需要认识到，两个相互独立的政策目标需要两组相互独立的政策工具来实现——我们不可能通过贴现率这一个政策工具同时实现最优规模和最优配置的目标（Tinbergen，1952）。贴现率应该用来解决配置问题，而规模问题应该交给我们称之为"经济载重吃水线"的这个目前还不存在的政策工具，通过限制资源吞吐量的规模来实现。经济学家已经认识到，有效的配置和公正的分配是两个相互独立的目标，并认可应该让价格解决效率问题，让收入再分配解决公平问题。适当的规模是第三个独立的目标，因此也就需要另一个政策工具去实现。这一点还没有得到经济学家的认可，但是其逻辑与把配置和分配问题分开讨论的逻辑是一致的。

---

① 此处应指亚当·斯密所谓的"看不见的手"。

微观经济学并不能证明，价格机制自身能够将从生态圈中抽取的资源总量限制在最优（或可持续）的水平。最优规模，就像分配正义、充分就业、价格稳定等问题一样，都是宏观层面的目标。而且，这个目标可能会与其他宏观经济目标相冲突。解决失业的传统方式是生产的增长，也就是扩大规模。解决通货膨胀的办法也往往是真实产出的增加，也是扩大规模。而所有与分配正义有关的议题，统统被认为可以通过扩大总量从而为穷人提供更多的福利来解决，而不是通过再分配的方式解决。宏观经济的目标之间就存在冲突，而最优规模显然与任何一个需要更多增长的目标之间都存在冲突，只要这种增长超过了最优点。

经济有多大？

也许，最适合衡量人类经济规模占生态系统总规模的指标，是人类所利用的光合作用产出的比例。初级净产出（net primary production, NPP）是用初级生产者的光合作用所吸收的太阳能减去其自身生长和繁衍所需之后的太阳能总量。初级净产出也就是地球上所有不能进行光合作用的生命的基本食物来源。威图斯科等人（Vitousek et al., 1986）曾经计算过，全球（包括陆地和水中）潜在的初级净产出中，有 25％被人类占有。如果只考虑陆地，这个比例高达 40％。[3] 我们姑且采用占全球 25％这个比例，可以看出，人类的规模再翻两番，就会到达 100％。这也就意味着不给非人类的部分和未被人类驯养的物种留下一点能量，而人类无法离开生态系统的服务而生存，生态系统服务恰恰是由其他物种提供的。因此，人类的规模再翻两番在生态上是不可能的，虽然在算术上是可能的。而且，占陆地 40％这个比例可能与我们关系更加密切，因为我们不太可能向海洋扩张太多。如果用陆地初级净产出来看，可以供我们扩张的空间仅仅略多于翻一番。也许在理论上可以提高整个地球的光合作用总生产能力，但是过去的经济增长完全是朝着相反的方向引导。如果上述数字是大致准确的，那么世界经济扩张四倍（翻两番）就是不可能的。但是，布伦特兰委员会（Brundtland Commission）[①] 却呼吁经济再扩展 5～10 倍。温室效应、臭氧层破坏、酸雨，所有这些都表明，我们的宏观经济规模已经超过需要审慎遵守的载货吃水线。

经济应该多大？

对于经济学家来说，某项活动的最优规模并不是一个陌生的概念。事实上，微观经济学基本上就是在探讨最优规模的问题。这里所说的某项活动，指的是生产鞋子、吃冰激凌这样的活动。这些问题中的成本函数和收益函数都是给定的。可以认为，随着活动规模的增长，边际成本会上升，边际收益会下降。微观经济学认为，到了边际成本等于边际收益的点，这项活动就该停止。这就是最优规模。微观经济学的所有内容都是这个主题的不同延伸。

但是，在宏观经济学当中，我们从来就没有听说过最优规模。很明显，宏观经济没有最优规模，整个经济的规模不存在给定的成本与收益函数。总共有多少人，消费多少东西，根本就不重要，只要价格机制运转良好，一切都能得以解决。但是，如果每一项微观经济活动都有最优规模，为什么它们加总以后就没有了呢？要是有人告诉我说："一项活动所受的限制就是它与其他活动的相对比例，只要其他活动也按比例提高，限制也就抵消了"，那我就要请这位经济学家来试着参照工业的规模提高一下碳循环的规模，参照农业的规模提高一下水循环的规模。如果生态系统能够无限制地增长，那么我就承认经济总量也能无限制地增长。但是，除非地球表面能和利率增长的规模一起扩张，否则没人会相信这一结论。对于宏观经济的漠不关心，是前分析图景导致的，而这个前分析图景就是把经济当作一个孤立的体系——根据上述讨论，前分析图景是不确切的。

有两个关于最优规模的概念需要在此明确，虽然在现阶段这还只

[①] 联合国环境与发展委员会主席布伦特兰女士（Gro Brundtland）在 1987 年联合国大会上发表了报告《我们共同的未来》（Our Common Future），其中正式提出了"可持续发展"的定义。撰写该报告的委员会被称为布伦特兰委员会。

具有形式上的意义，但是对于澄清问题非常重要。

（1）人类中心主义的最优点。其法则是：扩张规模，或者说，增长，直到新增加的人造物质资本所带来的收益等于人类所付出的自然资本的成本。对于所有非人类的物种及其栖息地，都只衡量其满足人类需求能力的工具价值。至于其内在价值（享受自己生活的能力），则可以认为是零。

（2）生物中心主义的最优点。考虑到其他物种具有独立于其对人类工具价值的内在价值，在实现其最大工具价值之前，其他物种及其栖息地就需要得到保护。由于不再以人类为中心，生物中心主义的最优点要小于人类中心主义的最优点。可持续发展的理念并没有说明使用的是哪一种最优规模的概念。可持续性是必需的，但并不能满足最优规模的条件，也不能满足进一步构建环境宏观经济学的要求。

【注释】

[1] 这部分内容其实也不是完全空白。最近有一些著作试图修正国民收入账户（national income accounts），其中使用投入—产出模型探讨环境问题。

[2] 这可以用一个非常常见的微观经济学工具：埃奇沃思盒子（Edgeworth box）来解释。向契约曲线移动，意味着配置效率的提高；沿着契约曲线移动，意味着分配的改变，而分配的改变在伦理意义上有可能是公正的，也有可能是不公正的。盒子的尺寸代表了规模，而盒子的尺寸是给定的。因此，盒子本身的最优规模是这一分析工具无法解释的问题。微观经济学的工具无法解释宏观经济学的问题。但是目前为止，宏观经济学也没有回答这个问题——事实上，干脆就没有提出这个问题。对于这个隐含问题，似乎有一个不言自明的答案：埃奇沃思盒子越大越好。

[3] 这里所说的人类所占的部分，及我所引用的数据，包含人类直接使用的部分（食物、燃料、纤维、木材），以及人类所造成的生态系统破坏所带来的消耗。后者包括森林破坏、荒漠化、规模扩张，以及将生态系统转化为产出率更低的系统（比如农业）。

参考文献

Barro, R. J. (1987), *Macroeconomics*, 2nd edn, New York: John Wiley and Sons.

Daly, H. E. (1985), The circular flow of exchange value and the linear throughput of matter-energy: a case of misplaced concreteness. *Review of Social Economy*, **43** (3), 279-97.

Dornbusch, R. and S. Fischer (1987), *Macroeconomics*, 4th edn, New York: McGraw-Hill.

Georgescu-Roegen, N. (1971), *The Entropy Law and the Economic Process*, Cambridge, MA: Harvard University Press.

Hall, R. E. and J. B. Taylor (1988), *Macroeconomics*, 2nd edn, New York: W. W. Norton.

Pearce, D. , A. Markandya, and E. B. Barbier (1989), *Blueprint for a Green Economy*, London: Earthscan, Ltd. , p. 135.

Schumpeter, J. (1954), *History of Economic Analysis*, New York: Oxford University Press, p. 41.

Tinbergen, J. (1952), *On the Theory of Economic Policy*, Amsterdam: North-Holland Press.

Vitousek, P. M. , P. R. Ehrlich, A. H. Ehrlich, and P. A. Matson (1986), Human appropriation of the products of photosynthesis, *BioScience*, **34** (May), 368-73.

5. 增长、负债和世界银行

20世纪60年代初，我在研究生院学习经济学时，被告知资本是增长和发展的限制因素。只要有资本注入经济中去，经济就会增长。有了经济增长，就可以把增长部分作为新增资本进行再投资，从而使经济实现指数增长。社会发展也会跟进。在经济的起步阶段，资本从储蓄、没收财产、国外援助或者投资中获得，之后就来自于国家经济增长本身。资本体现技术，技术是资本强大力量的源泉。资本是一种神奇但稀缺的东西。当时，这些观点看起来是令人信服的。[1]

多年以后（20世纪90年代初），我在世界银行工作时，有证据表明资本不再是限制因素。数以万亿计的美元资本在全球流转，寻找投资项目，从而使其自身增长。世界银行明白，在实践中，限制因素是所谓的"银行可担保项目"（bankable projects）——能够实现虚拟金融资本的价值，并使其价值以可接受的速度增长的具体投资项目，即使理论上还不是。增长速度通常是每年10%以上，也就是至少每七年翻一番。

然而，没有足够的银行可担保项目来吸收可利用的金融资本，世界银行决定通过在借款国家建立"国家开发队"、世界银行提供技术支持的方式，刺激新的开发项目。毫无疑问，这些项目许多都是有用的。但是，如果没有大规模强制解雇员工，或大量消耗自然资本并将其充作收益，这些项目还是很难有10%的增长。

贷款也是要偿还的，当然也得到了偿还，但通常并非通过项目的收入（那点收入往往很可怜），而是通过借款政府的税收收入偿还的。向具有税收能力的主权国家提供贷款大大增加了偿还的概率，也会鼓励政府在审批项目时放松一些限制。

这些多余的金融资本来自哪里？不是来自超额的储蓄（中国例外），而是新增货币和宽松信贷：主要来自银行系统的部分准备金制度、股票购买中的高杠杆率，以及最近的"金融创新"工具——这些工具，换句话说就是各种复杂"资产"的发明创造，其实就是"债务赌注"，赌债务能不能得到偿还。金融财富所有权的日益集中，也加大了日益增长的超额资本寻找投资领域的难度。1971 年，由于废除了金本位制，黄金与美元比价自由浮动，在这些"创新"名号下的基本货币供应失去了它与现实世界的最后一丝虚构的（至少是脆弱的）联系。当前美国货币供应量（世界储备货币）是法定货币（无息的政府债务）加上活期存款（私人银行的有息债务）。后者的数量是前者的数倍。

把这些新货币借出来的人，大都认为可以使这些钱以超过利率的速度增长。他们通过出高价来拍卖现实资源（如果存在失业就是闲置资源），使这些资源脱离现有的用途。如果新的用途是有利可图的，那么价格的暂时上涨就会被新的生产（即增长）所抵消。但是，自然资源的日益稀缺，及银行可担保项目的不足，给增长踩了刹车，导致过多的金融资本投入拼命要挤进有限的项目中去，结果那些劣质项目也能获得投资，从而拉低了投资回报率。

世界银行想要搞清楚为什么它们的项目收益这么低。上述答案在意识形态上是无法接受的，因为它表明，实际增长存在生态限制，而且金融部门已过分膨胀（金融部门现在已经吸收了总利润的 40%）。增长，毕竟对我们而言是解决一切问题的圭臬，如果没有增长，所有计划都会被完全打乱。

世界银行的经济学家很快就想出了一个可以接受的答案，政府非理性和低效的政策造成了不利的宏观经济环境，因此微观项目也就不可能是高效的。解决方案是"结构调整"——自由贸易、出口导向型增长、私有化、放松管制、平衡预算、控制通货膨胀、消除社会补贴、废除劳动和环境保护法——也就是所谓华盛顿共识（Washington Consensus)。通常认为此举在于消除"扭曲"。那么，怎样说服借款国家在宏观层面做出这种痛苦的结构性调整，创造没有扭曲的环境，从而使世界银行资助的项目更加高效？

简单来说，答案就是，创造一种新形式的贷款：结构性调整贷款，来鼓励甚至贿赂"结构性调整"所规定的政策改革。结构性调整或者说是"政策贷款"的另一个目的，是将美元迅速注入墨西哥这样的国家，来缓解国际收支不平衡所造成的难以偿还美国私人银行贷款的困境。此外，现在约占世界银行贷款一半的政策性贷款，不像项目贷款那样需要冗长而又费力的规划、建设和监督。世界银行对效率的定义看起来就是：用最少的时间、投入和精力来运作最多的货币。

有人可能会问，如果这些政策是有利的，为什么一个国家会借有利息的贷款去做这些改革，直接去做不就好了？也许它们并不喜欢这些政策，因此需要收受贿赂，去做那些所谓"为自己好"的事情。或者可能政府目前的目标仅仅是获得新的贷款并挥霍浪费，让下一届政府有息偿还。美国也做出过这种事情，我们不是没有听说过。

这样的想法在世界银行不怎么受关注。世界银行现在害怕的，是迫在眉睫的"负支付流"（negative payments flow），即要偿付的旧贷款加上利息，比新贷款的数额还要大。世界银行会不会不再是债权人，并且因为没有必要设立而消失？这对任何官僚机构来说都是一个可怕的想法！世界银行破解负支付流的方法，是让借款国家不停地贷款。当然，世界银行并不会宣称它们在从事增加穷国债务的业务。相反，正如我在 20 世纪 60 年代学到的一样，世界银行声称，它通过注入资本和增强债务国吸收国外资本的能力来实现增长。所以，只要国内生产总值也在增长，债务增长就无伤大雅。关键（默认）的假设是，实体部门可以和金融部门增长得一样快，物质财富可以和货币负债增长得一样快，因此债务可以得到偿还。只要旧的贷款能够按计划偿还，新的贷款就可以继续放出。

世界银行的主要目标就是创造贷款，成为一个钱泵。如果金融资本确实是限制性因素，那么国家就会将那些好的"银行可担保项目"排出次序，世界银行就会将金融资本投入到最有利可图的项目中去。如果金融资本非常丰富，好的投资项目却很少，那么世界银行就会积极促进资金的使用。为了加快钱泵的运转，它会派出国家开发队来创造新的项目；如果项目失败了，它们就会创造结构性调整贷款来开创更加有利的宏观环境；如果结构性调整贷款被腐败的借款政府当作贿赂侵吞了，世界银行也只好吃哑巴亏，因为一旦放缓了钱泵的运转速度，就会产生负支付流。

如果资本不再是一出现就能解除经济增长束缚的限制性因素，那么就会出现两个大问题：（1）"资本"究竟是什么？（2）是否有其他要素成为限制性因素？

什么是资本？

诺贝尔化学奖得主、生态经济学的先驱弗雷德里克·索迪（Frederick Soddy）[2] 指出："资本仅仅意味着非劳动所得收入除以利息率再乘以 100"（1924，p. 27）。他进一步解释说："尽管可以安慰贷款人说他们的财富依旧以'资本'的形式存在于某个地方，但是那些资本已经或者正在被借款人通过消费或投资的方式用尽，就像食物和燃料一样，不能再次利用。它实际上已经成为债务，即一笔未来收入的订单……"换句话说，资本，在金融的意义上，就是它所投资项目的预期未来持久净收入流，除以假设利率，再乘以 100。资本是对于未来实际经济生产永久留置权的现值的假想计算，而不是实现经济增长的神奇东西。当前，留置权可以在个人之间进行财富交易，而仍然不改变它是未来收入留置权的事实。一句话，它是未来必须支付的债务，不论是谁拥有它，或者当前它在多大程度上被视作资产进行交易。[3]

索迪认为，我们这个年代占据主导地位的狂热，是把财富转变为债务，以便从中获得未来的永久收入——将财富转化为持有的债务，债务不会腐烂，不需要任何成本来维持，还可以带来持续不断的非劳动收入——国税局的会计和马克思主义者正是这样称呼它的。没有人能够为老年阶段的生计积累足够多的物质必需品，就像粮食一样，如果积累过多，当时吃不完，就会腐化变质。因此，必须让其他人先消费，把自己的盈余先拿去投资，换取分享未来收入的权利，从而将无法贮存的盈余转变为留置权。但是未来真实物质财富的增长速度不可能像符号化的货币债务一样快！用索迪的话说："我们不可能永远沉浸于人类社会的规则而无视自然规律。比如，自动增加债务（复利）的人类社会规则，就违背财富自然减少的自然规律（熵）"（1924，p.30）。

为了不让这个论断显得过于笼统和抽象，索迪给出了一个简单的例子。负两头猪（负债）是没有物理基础的数学数量，负的猪数量可以无限制增长。正两头猪（财富）是物理量，其增长受到猪饲料的限制，此外还要处理它们的粪便、为它们找地方盖猪圈等等。两者都能以一定的百分比 x 增长一段时间，但是不久之后，负猪的总头数会大大超过正猪的总头数。因为正猪的头数受限于有限的和"熵"世界的物理限制。负猪的价值将持续下降，直至降到正猪价值的零头。负猪的拥有者尝试去交换正数的猪时，他们会非常失望和愤怒。用现在的术语说，就是"无准备金的负债"或者"次级贷款"。

接下来，索迪试图解释，从历史的角度看，我们是如何混淆财富和债务的：

> 以前，阳光落在土地上，就能够带来收入。因此，土地所有权是有担保的，担保的形式是地租，是每年不通过劳动和服务就能获得的收成。有了地租，才有了掌握文化的有闲阶级。那个年代的记忆让人们产生了这样一种荒谬的概念：货币能购买土地，其本身也必然具有相同的财富生产能力。[4]

有人认为，未来，人们可以依赖互相负债的利息生存，这是另一种永动机式的异想天开。在有限的、熵的世界中，以未来实际收入为抵押的债务以指数增长，会超过未来的生产者愿意或能够支付给债务所有者的财富量。债务将会由于通货膨胀、破产或没收而被拒付，这可能导致严重的动荡。

这种动荡的前景令索迪非常担忧。作为同位素的发现者，他对原子能结构的理论做出了重大贡献，使得原子能成为一种可利用的能量。索迪在1926年预测，这一发现的第一个成果将会是一颗能量空前强大的炸弹。他在世的时候就看到他的预测成真。因此，为了弥补原子能

造成的灾难，思考如何消除可能造成动荡的经济原因成为他的第一
要务。

是不是其他因素成为限制性因素？

资本过去被认为是经济增长的限制性因素。如果资本不再是限制性因素，那么限制性因素是什么？除了上述提到的我在世界银行的经历，还有什么让我认为资本不再是限制性因素？

考虑这样一个问题，什么限制了每年的捕鱼量，是渔船（资本）还是海中剩余的鱼的数量（自然资源）？很明显是后者。什么限制了原油开采量，是钻机和泵，还是剩余的可开采原油储量，或者是大气层承受石油燃烧所产生的二氧化碳的最大承载力？[5] 什么限制了切割机的生产，是链锯和木材厂的数量，还是森林面积及森林的生长速度？什么限制了灌溉农业，是泵和喷头，还是含水层补给率和河流流量？这些足够表明，我们生活在一个自然资源有限的世界，而不是一个资本有限的世界。

经济学的逻辑告诉我们，应该对限制性因素进行投资，使其经济化。经济的逻辑并没有变，变的是限制性因素。现在限制性因素不是资本，而是自然资源，需要我们去投资，使其经济化。总体而言，经济学家，尤其是世界银行的经济学家，并没有认识到稀缺模式的根本性转变。索迪在 50 年前就预测了这种转变。他认为人类归根结底依靠太阳光线的流量生存（阳光被植物、土壤和水吸收），远古那些炎炎夏日积攒下的阳光被快速消耗，支撑起人类当今的"光辉岁月"。

是什么妨碍经济学家承认索迪的观点？这要部分归咎于当今新古典经济学家对要素可替代性的理论迷信以及对要素互补性的忽视。没有互补性，就没有限制性因素。因为如果资本和自然资源在生产过程中是替代品，那么两者都不可能成为限制性因素。如果一种要素供应少，就可以直接用另一种要素进行替代然后继续生产。经济学家过去一直认为资本是限制性因素，也就是说，他们一定默认，在空的世界中，自然资源和资本是互补的。但是，当资源在新的满的世界中成为

限制性因素时，他们并没有认识到稀缺模式的转变，他们完全放弃了限制性因素的思路，转而强调替代性，不再承认互补性。目前之所以强调资本超过自然资源，证据就在于资本是资源近乎完美的替代品。

诺德豪斯和托宾（Nordhaus and Tobin, 1972）说得相当明确：

> 普遍流行的标准增长模型认为，非人类生产者可以不断扩大供给，不受任何限制。它基本上是一个双要素生产模型，其中，生产仅仅依赖于劳动和可再生资本。土地和资源是古典三要素的第三个要素，总体上被抛在一边……默认的理由是，可再生资本是土地和其他可耗尽资源近乎完美的替代品。

资本是自然资源近乎完美的替代品，这一说法是荒谬的。一方面，替代，就意味着过程是可逆的。如果资本是资源近乎完美的替代品，那么资源也是资本的近乎完美的替代品。大自然已经赋予我们近乎完美的替代品，我们为什么要费那么大力气积累资本呢？

我们的制度被称作"资本主义"而不是"自然资源主义"并不是没有原因的。资本如果不再是限制性因素，那么在意识形态上，对资本主义是不利的。但是，宣称资本是自然资源的良好替代品，就能够化解这种不利性。新古典经济学的初衷就是否定对自然的根本性依赖：要么，自然不是稀缺的，资本才是限制性因素；要么，自然的稀缺并不重要，因为人造资本是自然资源近乎完美的替代品。由于资本的存在，人在上述任何一种情况下都足以掌控自然。

杰库洛根（Georgescu-Roegen, 1971）在生产的存量—流量理论中，进一步指出了资本和自然资源互为良好替代品这一理论的荒谬性。他指出，生产要素有两种，它们之间有本质上的不同：（1）以物理形式参与生产，并转化为产品和废弃物的资源流；（2）资本和劳动力存量，它们是转化的工具或媒介，但并不以物质形式体现在产品当中。不同的自然资源流之间，以及劳动和资本存量之间，存在不同程度的替代。但是资源流和资本（或者劳动力）存量之间，最基本的关系就是互补性。效率因素（资本）不能代替物质因素（资源）。即使厨师和烤箱的数量增加两三倍，也不能用一半的原料烘烤相同的蛋糕。存量和流量是互补的。

此外，我们看到，资本是用来换取未来产品留置权的当前产量剩余，从物理上说，是自然资源制造的。当替代品本身由自然资源制成时，试图用其他东西替代自然资源是很难的。[6]

一个包含新技术的项目，可以更快地从地球中攫取新资源。如果资本对这种项目融资，那么债务（曾经是资本）就可以被有息偿还，并且还会剩下一部分额外的收入作为利润。但是这需要增加物质和能量的熵的吞吐量，还要增加劳动力数量。换句话说，它需要经济系统的物理增长，这不仅仅是将"资本"注入臆想的无限劳动力和无限自然资源的经济体系中去。这样的增长在过去的空的世界经济中是暂时可行的，在今天的满的世界经济中却不是这样。为了使当今物理增长的收益更加经济，就必须克服更大的机会成本，其中包括资源耗尽、生态系统服务缺位、居无定所、生计被破坏和其他物种栖息地的毁灭等等。然而，这些成本通常被忽略的状况依旧没有改变。

现在，甚至包括经济学家在内的很多人普遍认为，全世界有太多债务，不论是私人的还是公共的。造成如此多的债务，是因为我们对资本推动实际增长从而偿还债务的能力抱有荒谬的、不切实际的期望。这种债务换个名字就是"资本"。换句话说，企图使财富和债务增长得一样快的失败尝试，及其产生的堆积如山的债务，就证明了增长是受到限制的。但是世界银行却对此不以为然，这正是世界银行仍然试图通过发行更多债务来实现更大增长的主要理由。

这种毫无根据的一厢情愿，是由这样一种想法导致的：通过增长，可以在不改变分配的条件下治愈贫困。穷人可以变富，富人可以变得更富！没有人会料到，总增长本身会变得不经济。这种增长开始在边际上入不敷出，这会使我们共同贫困，而不是共同富裕。但是，这种状况已经发生了。[7] 尽管如此，我们的经济学家、银行家和政客仍然对增长抱有不切实际的期望。他们就像屡战屡败的赌徒一样，把赌注都压在增长上了：要么所得翻倍，要么一无所有。

我们能否从增长的转盘中停下来，哪怕仅仅一小会儿，重新考虑一下稳态经济？毕竟这个想法有深厚的古典经济学、物理学和生物学基础。永久运动和无限增长不是制定经济政策的合理假设前提。

在某种程度上，很多人肯定知道这一点。那么，为什么我们还是把增长作为国家的重中之重呢？首先，我们被误导了，因为我们衡量增长的指标——国内生产总值只计算"经济活动"，混淆了成本和收益，而不是把两者放在边际上比较。其次，因为现在即使进一步增长的收益比成本低，我们的决策精英们也很清楚怎样把收益据为己有，同时把成本拿出来分摊给穷人、未来和其他物种。精英控制的媒体、企业资助的智囊团、被买通的学院派经济学家以及世界银行，齐心协力为增长唱响一曲赞歌，愚弄普通大众。[8]

未来将发生什么？

【注释】

[1] 这些观点主要基于阿瑟·刘易斯（W. Arthur Lewis）1954 年的经典文章《劳动力无限供给下的经济增长》（Ecomomic development with unlimited supplies of labor），这在当时确实是令人信服的。

[2] 对于索迪经济学和此处引用文献的解读，参看 Daly（1980）。

[3] 值得注意的是，随着利率接近零，就像现在一样，"资本"定义值趋近无穷大。这似乎表明资本不再稀缺，所以它几乎不能继续像在过去的理论中那样充当其限制性因素。当然，零利率不是平衡时间偏好和生产率的市场价格，而是一个旨在通过给予银行免费货币来刺激增长的政策变量。零利率肯定会加剧非经济增长的趋势。实际上，扣除物价因素，利率是负的。我认为，这意味着为了维持货币增长，借款人随便投资，甚至投资于不经济的项目都可以赚钱。首选投资似乎是购买现有资产，不幸的是，这些资产不会创造就业，却往往会制造泡沫。

[4] 根据梅森·加夫尼（Mason Gaffney，1994）的研究，正是这种"荒谬的概念"（模糊了生产者和租客之间的区别），成为美国早期新古典学派反驳亨利·乔治（Henry George）的基础。

[5] 在某些情况下，熵吞吐量的消耗或者源头是受到限制的，而在另一些情况下，污染或者输出端是受到限制的。但不论是哪种情况，通过经济体系的自然资源代谢流量是有限的。

[6] 资本投入中体现的新技术在实际使用要素中有时更有效率。这当然是经济学家追求的大目标——效率。通常它们意味着劳动力或者资本的效率，并且通常是在牺牲自然资源效率的情况下获得的。但是现在越来越重视资源的效率。在资源有限的稳态经济中，效率是对资源节制使用的一种适应。但是在增长型经济中，效率被认为是节制的替代品和破解之道。在后一种情况下，效率受到杰文斯效应的削弱：我们能提高什么东西的使用效率，它就会

更加便宜，因此会使用得更多。在稳态经济中，"节约第一"把"效率第二"作为短期替代。因为资源使用量被限制，杰文斯效应被阻碍。尽管资源效率有所提高（换句话说，一些国家在某段时间内，国内生产总值中每一美元的资源含量有所下降），物质和能量的吞吐量却提高了。规模增加的效应超过了效率进步的效应。在节约第一原则下，资源总吞吐量受到限制，因此上述情况不可能发生。

[7] 这当然是有争议的。但是请记住这一点，随着上涨的边际成本与下降的边际收益相抵消，增长变得不经济。增长变得不经济的点恰恰是过往增长的累积净收益最大化的点。有些人把这些大额的过往净收益当作支持增长的论据，但是，有良心的经济学家理应不被这个谬误所迷惑。

[8] 关于世界银行近期重新肯定增长的评论，参见 Daly（2008）。

参考文献

Daly, H. E. (1980), The economic thought of Frederick Soddy, *History of Political Economy*, **12**, 4.

Daly, H. E. (2008), Growth and development: critique of a credo, *Population and Development Review*, **34** (3), 511-18.

Gaffney, M. (with F. Harrison) (1994), *The Corruption of Economics*, London: Shepheard-Walwyn.

Georgescu-Roegen, N. (1971), *The Entropy Law and the Economic Process*, Cambridge, MA: Harvard University Press.

Lewis, W. A. (1954), Economic development with unlimited supplies of labor, *Manchester School of Economic and Social Studies*, **22**, 139-91.

Nordhaus, W. and J. Tobin (1972), Is growth obsolete? NBER, Economic Growth, New York: Columbia University Press.

Soddy, F. (1924), *Cartesian Economics: The Bearing of Physical Science upon State Stewardship*, London: Hendersons.

第三部分
最近重新兴起的增长辩论，以及稳态经济政策

6. 对增长经济学的进一步批判

引　言

四年前，针对由享有盛誉的增长与发展国际委员会花费两年时间撰写、世界银行出版的《增长报告》（*The Growth Report*），我写了一篇评论文章。在这里，我想对针对我的反馈做进一步回应——特别针对一种反馈：无视！有些话题和有些人该被无视。但是，我们是否应该无视这个问题：现在究竟是与过去在"空世界"时一样，财富增长的速度快于贫瘠增加的速度，还是说在新的"满的世界"中，贫瘠增加的速度要快于财富增长的速度？增长是否还像字面意思一样是经济的，还是说已经变得不经济了？这是我评论中主要提出的问题。这当然不是一个小问题，当我看到这个问题被完全忽视时所产生的不安感，超过了我的声音被淹没所带来的不满。所以我将首先解释一下，在我看来，为什么我的批评性评论未能开启我和《增长报告》的作者之间的对话，以及我为什么认为这表明了经济学本身更加深刻的失误。在这之后，我将讨论 11 个谬论和混淆。根据我的经验，这些推理的谬误是最常犯的。

《增长报告》

这份《增长报告》是由 16 个国家的 18 位杰出成员完成的，其中有两名诺贝尔经济学奖得主。还有许多权威的发起人参与其中，最主要的就是世界银行。因此，可以认为，这篇报告代表了增长理论中流行的正统观点。我的评论相当具有批判性。我期待一场辩论，或者至少是这篇报告作者的回应。正如我前面指出的那样，他们无视了我的评论。他们的无视无关紧要？还是像夏洛克·福尔摩斯系列里那条晚上不叫的狗①一样，可能是破解谜团的线索？

几个与我所见略同的世界银行前同事确认，我的评论已经送给与世界银行相关的作者们，并期待他们的回应。《人口与发展评论》(*Population and Development Review*) 的编辑又重新发出邀请，请他们做出回应，但是没有得到任何回复。当然，我意识到了，没有人愿意回复所有的批评，因为那样会浪费大把时间。一些评论家是傻瓜。但是恕我大言不惭，到现在为止，我还认为我并不是傻瓜。

或许沉默另有原因？当然，委员会并不缺乏智力的支持和财力的后盾来做出回应。我认为他们可能对利害做了政治算计。从他们的角度看，回应能获得什么呢？这个杰出专家的团队被认为是一贯正确的（尤其是在为增长辩护的时候！），任何批评家的观点都被认为是错误的。为什么要冒着毁坏这种期许的风险来进行回应呢？这份报告毕竟是一篇政治宣言（这就是为什么会有这么多合作者和发起人），为增长大唱赞歌，却伪装成客观的研究成果。这篇报告已经受到主流媒体的报道和赞扬，因此已经达到目的——反击日益增长、渐具威胁的质疑：增长正在从过去空世界中经济的增长逐渐转变为新的满世界中非经济的增长。关于报告正确性的学术探讨，以及所有国家继续将增长作为最高目标的可行性，都不在计划内——这些都无关紧要。作者可能坚

---

① 源于柯南·道尔的福尔摩斯系列小说之《银色马》(*Silver Blaze*)。一匹著名的赛马被盗，驯马师被杀，福尔摩斯注意到，没有一位目击者听到当晚看门狗的叫声。他以此为突破口，侦破了这一案件。

信，增长的好处是如此确凿、如此显而易见，针对批评做出辩护是不必要的。既然如此，他们为什么在一开始要花很大的力气来为增长辩护呢？

我讲这个故事，是因为它反映了公共讨论在经济学界的低下地位，而且很多经济学家根本就不把公共讨论当回事。例如，《经济学视角杂志》（*The Journal of Economic Perspectives*）有一项规定：不刊登针对本杂志文章的评论。或许是因为他们会受到太多的评论，暴露出太多的不同意见？还是因为经济学家们已经达成默契，互不评论，所以评论本身就很少？其他的经济学杂志也刊登评论和回复，但是没有过去那样频繁。为什么要评论别人的著作——学术信誉不能浪费在这种事情上。修正错误在科学上可能是必要的，但既然经济学终究不是科学，为什么要在修正错误上浪费时间呢？此外，你还可能会与别人结怨。除此之外，专家之间达成共识被认为是科学成熟的标志，所以，早早地宣布在"所有合格的经济学家"之间达成共识，避免公开辩论基本问题，经济学就能先发制人地自封为"成熟科学"。

有了"成熟科学"的声誉，经济学家就可以作为有着强大信誉的专业顾问，把自己推销给各种利益集团，获取利益。这点在纪录片《监守自盗》（*Inside Job*）中得到了令人信服的证明，该片详细记述了一些杰出的经济学家为 2008 年金融危机推波助澜的不光彩行为。

当被邀请来回复这些批评时，这些人一般都保持沉默。然而，不遵守平等辩论的规则，还不足以令人信服地动摇他们的地位。还需要更加直接和具体的批评。这些在我的评论中已经给出（Daly，2008），但这些评论也只是针对《增长报告》的具体细节，这里就不再重复了。

我所说的"沉默"可能只是没有对我的具体评论做出回应，即使他们被刊登我评论的杂志主编邀请了。也许针对其他评论者提出的相同或不同的问题，《增长报告》的作者已经在其他场合做出回应。委员会也可能已经在之后的出版物中做出回应。对这份文献，还应该有更广泛的讨论。

自 2008 年 5 月份的主报告发表以来，增长委员会又发布了两份报告。在 2009 年，他们出版了《后危机时代发展中国家的增长》（*Post-Crisis Growth in Developing Countries*），这份报告提出一个问题：鉴于 2008 年 9 月 (他们报告发表后的四个月) 发生的不可预见的金融危机,是否需要对其结论做任何重要改变。可以理解,此时委员会需要集中精力考虑来自现实世界的针对增长狂热的大量批判。来自学术界的批判可以先放一放。但是委员会仍旧把增长奉为圭臬,这种想法非但依旧没有减少,甚至还被金融危机进一步强化了。他们的下一份报告《全球化世界的平等与增长》(*Equity and Growth in a Globalizing World*,2010) 提供了另一个回复的平台,但是全文没有直接引用任何评论,也没有任何内容可以被视为间接性的回复。

用谷歌和谷歌学术搜索我的名字和该委员会、该报告以及两位委员会联席主席丹尼·莱普泽格 (Danny Leipziger) 和迈克尔·斯彭斯 (Michael Spence),我都没有找到任何针对我评论的回复。这并不让我感到惊讶,因为针对报告本身的评论,也只有寥寥数篇,而且主要是陈述性的摘要。例如,亚马逊尚且鼓励每一位潜在的购买者成为"第一个评论这本书的人"。一位专业的研究馆员帮助我搜索了其他数据库,也没有出现任何批评性评论、回复或者重估。该委员会没有被评论淹没,可能还有另一个原因,也是可以理解的原因:他们认为针对评论做出回应是没有必要的。正如前面所说,大家没有足够的动机去撰写评论,尤其是批评性的评论。很遗憾啊,不同的意见没有得到表达,质疑没有得到讨论,错误没有得到纠正。

读者和作者双方对于讨论的不情愿,促使我从更广泛的经济和环境政策背景出发,思考增长经济学的主要误区。从这个更大的背景看,这些误区在 2012 年美国总统大选中同样发挥了作用。民主党和共和党一致认为经济增长是首要目标,也是解决所有问题的根本。增长的边际成本超过边际收益,也就是出现我们所说的不经济的增长,这种观点是不被考虑的。因为如果这一说法是正确的,它将完全推翻权威的观点。[1] 但是,除了出于政治因素上的否认,为什么许多人(特别是经济学家)都不能理解经济的持续增长(以实际国内生产总值或者资源吞吐量衡量)在理论上和实际上可能会变得不经济? 到底是什么在迷惑他们? 接下来,我们讨论 11 个经常在增长讨论中使思想停滞的混淆和谬误。

关于增长的 11 个混淆

（1）人们总可以找到一些事物，它们的增长是可取并且可行的。 例如，我们需要更多的自行车，并且我们可以生产出更多的自行车。更多的自行车意味着增长，因此这种增长是好的也是可能的。此证。

然而这混淆了总量增长和资源重新配置。总量增长是指所有事物的增长：自行车、汽车、房屋、船、电话等等。总量增长是经济规模和实际国内生产总值的增长。这是总产量基于价值的指数，因此，也是生产需要的资源吞吐总量。最简单的总量增长，是所有生产都以相同的百分比增长。相反地，重新配置指的是有些资源上升同时其他资源下降，下降部分的资源被转移到上升部分。重新配置是可行和可取的，但这并不意味着总增长是可行和可取的。你可以更有效地重新配置船上的重量（甚至可以更均衡地分配乘客的重量），但这并不意味着不存在载货吃水线。即使保持最优配置和公平分配，过大的重量也会导致船沉没。

从较多的资源密集型产品生产到较少的资源密集型产品生产（"脱钩"）的资源重新配置，在某种程度上是可能的，也是经常被提倡的，但是受到两个基本事实的限制。首先，经济增长是作为一个紧密联系的整体，而不是作为一个各部类都可以独立变动的松散整体。只要看一下经济的投入产出表，就可以很清楚地发现，要增加任何一个部门的产出，就需要增加这个部门从其他部门获得的投入。然后第二轮投入的增加需要第一轮投入的增加，以此循环。其次，除了这种部门之间供给上的相互依赖之外，还存在需求限制。人们首先要有住所和足够的食物才会对信息服务感兴趣。因此，在将资源和国内生产总值脱钩的名义下，削减国内生产总值中资源密集型的食物和住所部分来增加资源密集程度较低的信息服务，这种再分配不久就会导致食物与住所的短缺和信息服务的过剩。

在世界相对空的时候，总量增长是没问题的。但是现行世界是满的，总量增长的成本要高于它的价值，虽然人们总想也总能要更多的自行车（更少的其他东西）。

（2）另一个混淆是说，**因为国内生产总值是以价值衡量的，因此不存在物理限制**。这是为了方便国内生产总值与资源吞吐量脱钩而提出的另一个论点。但是，增长是指消除了价格变化的实际国内生产总值的增加。实际国内生产总值是基于价值的实际物质生产总量的指数，这是我们计算资源吞吐总量的最佳指标。实际国内生产总值的单位不是美元，而是"美元的价值"。一美元的汽油是物理量，目前约为四分之一加仑。所有的这种以美元价值计量的最终商品的年度总和就是实际国内生产总值，即使这个值不能用简单的物理单位进行表达，它仍然是物理总量，并且有物理限制。价格水平和名义国内生产总值可能会永远增长（因为通货膨胀），但是实际国内生产总值不会，且后者是目前被普遍接受的总量增长测量指标。

（3）一个更加微妙的混淆源于**（增长）关注的是过去的总值而不是当前的边际值**。看看过去增长带来的巨额净利润！历史上增长导致了如此大的利润，人们怎么可能反对增长呢？这里有一个很好的理由：净收益过去是在增长，但恰好在增长导致的不断上升的边际成本等于不断下降的边际收益时达到最大值，也就是说，恰好在这一点，进一步的增长会变得不经济！在这一点之前，财富增长快于问题的增长，超过这一点之后，各种问题的增长快于财富的增长，这会使我们更加贫穷而不是更加富有。没有人会反对变得更富有。没有人否认增长曾经让我们变得富有。问题在于增长还能使我们变得富有吗，还是说现在增长正在使我们变得更加贫穷？如果当前总量增长使我们更贫穷，那么它就不再作为"结束贫穷的必要条件"而具有吸引力了。结束贫穷需要分享——再分配，而不是更加不经济的增长。

要理解这个问题，我们需要认识到，实际国内生产总值是有成本的，问题与财富增长相伴而行。问题的例子无处不在：核废料、大气中过多的碳含量导致的气候变化、生物多样性丧失、矿井枯竭、森林砍伐、水土流失、干涸的井与河流、海平面上升、墨西哥湾死亡地带、海洋中的塑料垃圾、臭氧层空洞、处于疲倦和危险中的劳动力以及无法偿还债务，这些债务是在推动金融部门象征性增长超过实体部门增长的过程中产生的。由于没有人会购买坏的东西（最终会积累成为问题），所以它们没有市场价格；因为它们隐含的负的影子价值很难像正的市场价格那样去衡量，所以它们通常被忽略，或者偶尔被提及、迅速被忘记。

最大值出现在上升的边际成本等于下降的边际收益这一点上。这个逻辑需要每个公民清楚地理解，但是对于学过一点儿经济学的人来说，这当然再清楚不过了。

（4）即使有一天增长的边际成本大于边际收益在理论上是可能的，但是没有实证证据表明这已经发生了。 相反，对于那些没有被广告业和华尔街的官方路线麻痹的人而言，有足够多的证据表明这已经发生了。从统计类型上的实证而言，有两个相互独立的来源给出了相同的基本答案。首先是用客观方法将国内生产总值科目分为成本和收益，然后从国内生产总值中扣除成本来得出增长的净收益。可持续经济福利指标（Index of Sustainable Economic Welfare，ISEW）以及后续修正后的真实发展指数（Genuine Progress Indicator，GPI），两者都表明，对于美国和其他的一些富有国家，国内生产总值和真实发展指数一直到 1980 年左右是正相关的，之后真实发展指数水平下降，国内生产总值仍旧在上升。换句话说，通过实际国内生产总值计算的不断增长的总产出不再使以真实发展指数衡量的福利增长。

在自我测评幸福感的测量方法中，也有相同的脱节。自我报告的幸福感随着每单位人均国内生产总值的上升而提高，直到大约每年20 000 美元的水平，之后就会停止上升。对这一现象给出的解释是：真实收入的绝对值对于幸福感的满足程度而言很重要，但是超过一定的阈值，幸福感成为构成我们自身的各种关系质量的函数。友谊、婚姻和家庭、社会稳定性、信任、公平等因素，而非人均国内生产总值，决定了我们幸福感的边际值，这在高收入国家尤其明显。如果我们为了劳动力流动、另一份工作和季度财务回报而牺牲友谊、社会稳定性、家庭的时间、环境服务和信任，我们的幸福感会降低，尽管国内生产总值在上升。

即使绝对收入没有增加，相对收入的增加仍会提高个人幸福感。总量增长无力增加每个人的相对收入，因为我们不可能全部在平均值以上。超过一定程度的满足感之后，国内生产总值的增加不再增加自我评价的幸福感或者经济福利，但是会增加消耗、污染、拥挤、压力等因素的成本。为什么有如此大的阻力阻碍我们衡量这些能够告诉我们是否达到转折点的维度？下面将给出一个可能的答案。

（5）许多人认为，**我们衡量国内生产总值的方式会自动地使增长变成经济政策的可靠指导**。要计入国内生产总值，就必须产生市场交易，也就意味着必须存在自愿的买者和卖者，如果交易不能使双方的福利变好，那他们都不会进行交易。因此，国内生产总值的增长一定是好的，否则它就不会发生。问题在于，这里存在着大量的第三方团体，他们不同意某些交易，但是又会受到这些交易的影响。这些外部成本（有时是收益）是不被计算在国内生产总值中的。谁是这些第三方团体？一般来说是公众，具体而言，是那些在市场上由于贫穷而无法表达自身偏好的穷人们，是理所当然不可能在当前市场出价的未来一代，是那些自身利益不会影响市场的其他物种。

除此之外，国内生产总值最大的组成部分是国民收入，把自然资本的消耗作为收入计算。把资本消耗作为收入计算是核算中的罪恶之源。今年砍伐全部的森林然后出售，全部的所得作为今年的收入。开采出所有的原油然后出售，也将其所得加到今年的收入中。但是经济学定义的收入是一个社会今年所能生产和消费的最大量，但前提是明年也能够生产和消费相同多的数量（Hicks，1946）。换句话说，收入是明年最大消费量保持不变的产能。只有森林、渔业、农田和畜牧业的可持续产量才是今年的收入，剩下的是明年生产相同产量所需要的资本。消耗资本意味着未来的生产和收入都会减少。根据定义，收入是可持续能力，资本消耗却不是这样。收入核算的全部历史原因是避免因为无意识的资本消耗而造成的贫困。相比之下，我们的国内价值核算倾向于鼓励资本消耗（至少是自然资本消耗），首先把它计入国内生产总值中去，然后声称国内生产总值的任何增长都是好的！

正如上文已经指出的，我们并没有从国内生产总值中扣除副产品（外部成本），原因在于它们没有市场价格，因为没有人愿意购买坏东西。但是人们会购买"反坏东西"（anti-bads），并且把这些计算在消费支出中。例如，污染（坏东西）的成本不能减去，但是治理污染（"反坏东西"）的支出会计算进去。这就是不对称的核算，加入"反坏东西"却没有减去那些使得"反坏东西"成为必要的坏东西。有更多的坏东西就会有更多的"反坏东西",国内生产总值就会变得更大,就如车轮滚滚向前移动。

关于国内生产总值,还有很多亟待解决的问题。但是这些问题足够反驳以下观点:"不是净收益就不能计入国内生产总值,因此国内生产总值的增长一定是好的。"

（6）因为自然资源变得稀缺,我们可以用资本替代资源,从而使得经济继续增长。 持增长论的经济学家假定生产要素之间的高度替代性,其中也包括资本和资源之间的替代（Daly,2007）。但是我们一旦考虑生产的实际分析,就像杰库洛根（Georgescu-Roegen,1971）在资金流动模型中提出的,我们看到两种不同质的要素:资源流从物质上转化为产品流和废物流;资本和劳动力,是转化过程的机制或者工具,其自身却并未在物理维度上包含于产品中。不同的资源流之间的替代程度是不同的。但是资源流和资本（或者劳动）之间的基本关系是互补的。不管你有多少厨具和烤箱,你都不能用 1 磅的原料烘焙出 10 磅的蛋糕。效率因素（资本）不能代替物质因素（资源）。物质因素和效率因素作为互补品而相关,其中一方的供应短缺是限制性因素。互补使得限制性因素的存在成为可能,在存在限制性因素的情况下,替代性是不可能发生的。在之前的空世界中,限制性因素是资本;在如今的满世界中,剩余自然资源储量成为限制性因素。持增长论的经济学家并没有把稀缺性的根本性变革考虑在内,他们也没有充分关注资本本身是由自然资源创造和维持的。一个因素很难替代那个产生它的因素!还要考虑另一个被我们忽略的事实:替代是可逆的,如果资本是资源的一种好的替代品,那么资源也是资本的一种好的替代品。从历史来说,既然大自然已经给我们一个良好替代品,我们为什么首先要积累资本?总而言之,资本是对自然资源的良好替代品的说法是荒谬的。

在回应这些批评时,持增长论观点的经济学家提出了现代农业,他们认为这是资本替代资源最重要的例子。但是现代的机械化农业只是简单地用一组资源流替代另一组,用一组资金流替代另一组。原有的资源流（土壤、日光、雨水、粪便）在很大程度上被新的资源流

（化学肥料、化石燃料、灌溉用水）取代，而不是"资本"！劳动力、拉重物的牲畜和手工工具等旧的资金要素被拖拉机、收割机等新的资金要素所取代。换句话说，新的资金要素替代旧的资金要素，新的资源流替代旧的资源流。现代农业涉及资本替代劳动（两种资金），以及将不可再生资源替代为可再生资源（两种流量）。在能源方面，主要是化石燃料替代太阳能，这一举措具有短期效益和长期成本。但是这里并不存在资本要素和资源流的替代。农业机械化案例并不与资金和流量要素在生产中的互补性矛盾，也不与资源作为新的限制性因素相矛盾。

（7）**知识是最根本的资源，因为知识增长是无限的，因此它可以毫无限制地为经济增长注入动力**。像大多数人一样，我也渴望知识能尽可能替代物质资源，这样就可以提倡对资源征收重税，使资源变得昂贵；进行专利改革，使知识变得便宜。但是如果我饿了，我需要盘子里实实在在的食物，而不是网络上成千上万的知识菜单。进一步说，知识自然地消耗，同时无知自然地更新，这个事实让我怀疑知识是否可以拯救经济增长。无知是可再生的，主要是因为无知的孩子在持续不断地替换有学问的长者。除此之外，大量被记录下来的知识不仅仅会凋亡，还会被腐烂、火灾、洪水、爆炸和蛀虫所破坏。现代化的数字存储似乎并不免疫于时间的侵蚀以及新类型的书虫——电脑病毒。要使知识在世界上有效，它必须存在于人的思想里（而不是仅仅在图书馆或者网络上），否则就是无效的知识。即使知识在增加，它也不会像银行中的货币一样呈指数增长。旧的知识被新的知识淘汰，而有些新知识恰恰是新发现的生物物理限制或者社会限制。

新的知识一定总是一些令人震惊的东西——如果我们能够预测它的内容，我们早就能够了解它了，那新知识就不会是新的。不同于一般的预期，新知识对于经济增长来说不是一种令人震惊的惊喜，而通常是坏消息。例如，臭氧空洞的发现和温室气体导致的气候变化都是最近的新知识。如果新知识不可预期，怎么能够把它作为解决一切问题的灵丹妙药呢？当然，有时候新知识能带来好运，但是我们能够依靠这种不确定的运气吗？为什么不等小鸡孵出来之后再数小鸡的数量呢？

（8）**我们把失业归罪于没有增长**。1946 年《充分就业法案》（The

Full Employment Act）颁布，该法案把充分就业作为美国政策的主要目标。在这之后经济增长就被视为实现充分就业目标的手段。如今，这种关系颠倒了——经济增长被视为最终目标，如果实现这一目标的手段——自动化、离岸生产、过度移民——导致失业，这是我们实现经济增长这一最高目标不得不付出的代价。如果我们真的想要实现充分就业，我们必须扭转目标和手段的本末倒置。在国内劳动力真正短缺的时期（短缺可以体现在高水平并且持续上涨的工资上），我们可以通过限制自动化、限制离岸生产和提高移民门槛来服务于充分就业目标。除此之外，我们也可以通过减少工作时长来换取更多的休闲而非国内生产总值，来服务于充分就业目标。

实际工资已经下降几十年，然而我们的企业一直在渴望更廉价的劳动力，一直在抱怨劳动力短缺。它们抱怨的是为增长的利润服务的廉价劳动力的短缺。实际上，在一个 80％的人口都能挣得工资的资本主义经济中，存在劳动力短缺并不是一件坏事。对于那 80％的人来说，他们的工资和生活水平还能怎样增长呢？企业真正想要的是劳动力盈余和工资下降。过剩劳动力的工资一般情况下不会上涨，因此生产力提高的收益将会计入利润中，而不是进入工资中。因此，精英们支持自动化、离岸生产和更加宽松的移民政策。

（9）**我们生活在一个全球化的经济体下，别无选择，只能参与全球的增长竞争。**全球化是我们精英团队的政策选择，而不是不可避免的。自由贸易协议需要协商解决。由谁来协商并签署这份协议呢？是谁积极推动自由资本的流动并签署世界贸易组织协定呢？是谁想要通过贸易制裁的方式在全球范围内强化美国的知识产权呢？布雷顿森林体系是二战后旨在促进国际贸易的一项主要成就。它在不同国家之间创造互利贸易。资本自由流动和全球一体化不是这项协议的一部分。二者随着世界贸易组织和世界银行以及国际货币基金组织（IMF）有效地放弃了布雷顿森林宪章而出现。全球化是以前相对独立的国家的经济围绕着绝对优势而非相对优势（假定资本在国际上不流动）变成一个单一的相互紧密联系的全球一体化经济组织的整合过程。

一旦一个国家实行自由贸易并允许资本自由流动，它就会有效地融入全球经济，不能再自由地选择国际分工、自愿进行贸易了。然而经济学中关于分工和贸易的收益的定理都假定贸易是自愿的。如果国家分工过细而导致贸易不再自由，那么贸易又如何是自愿的呢？国家不再考虑社会和环境成本并且把它们内部化为价格，除非所有的国家都这样做，并且做到同样的程度。要摊出一份全球煎蛋，必须搅匀每个国家的鸡蛋。国家虽然存在问题，但仍是社会和政策制定的权威所在。即使我们确实需要一些全球性的国家共同体联盟，也不应该以抽象的"全球主义"的名义解散国家。但是当国家解体的时候，致力于合法的全球目的的利益同盟就消失殆尽了。"全球化"（国家解体）是人们主动追求的政策，而不是自然的惯性力量。通过将跨国公司的管辖权从国家转移到子虚乌有的"全球社会"中，跨国公司的权力和利润都得到了增长。"全球社会"是可以被解散的，正如欧盟成员国正在考虑的那样，而这些国家原先恰恰被当作更具包容性的全球化的先驱。

（10）**太空，前沿边界，使我们摆脱了地球的有限性，为增长开辟了无限的资源**。在世俗时代，人们对于精神层面的存在失去了信心，"人类作为生物（creature）"的概念被"人类作为创造者（creator）"的概念所掩盖。科幻小说预测用快乐的"科学狂人"群体去填补太空的黑洞。由于信息处理技术指数增长的强大能力，几个世纪以来人们的精神见解被"奇点"（新概念操作系统）技术工程所取代，人们达到了最终（随机?）进化目标并且成为一种新的永生的物种。永恒的基于硅的生命正在等待着新的能够活到"奇点"（新概念操作系统）时期的人们。至于活不了那么久的人，只能遗憾地说再见了。这些观点来自唯物主义者，他们认为自己有超越宗教的信仰!

当然，许多空间技术成就是真实并且惊人的。但是它们如何让我们摆脱地球的局限，开辟无限的资源以促进增长呢？通过航天技术获取太空资源是极其昂贵的，而且那些极少数的太空资源主要是没有什么用处的月球岩石，还是在美国国家航空航天局（NASA）实习生的教唆下偷来的。至于新的服务，太空旅游为一些亿万富翁提供了轨道航行的乐趣。在分类账户的积极面上，我们可以列出通信卫星这一项，但是它们面向地球，它们在提供有价值服务的同时，并不引入新资源。显然，一些卫星轨道受到卫星残骸的影响变得越来越拥挤。

机器人太空探索的成本比载人航天飞船的成本要低很多，而且可能（或者不可能）向一个社会提供值得投资的知识，虽然这个社会还没能为许多人提供基本必需品和基础教育。在这个世界，若不是与重型军备相关（在美国国家航空航天局官方宣传中没有提到），为科学精英们昂贵的好奇心提供财务支持的政治意愿会很少。美国国家航空航天局预算的削减导致了对"太空社区"的大肆宣传，它宣扬一种非宗教的技术诉求：探索"我们在这个宇宙中是否是孤独的"。另一个主要目标是找到一个适合地球人生存的星球。通过宣称我们已经明确地破坏了地球、我们需要一个新的家园，这个目标被合理化了。新的家园——也用来被破坏吗？

这些数字——天文上的距离和时间尺度——有效地破灭了太空移民的梦想。但另一个因素同样令人生畏。地球是我们的自然家园，我们在这里被创造出来，不断发展并且适应，如果我们没有办法限制地球上人口和生产的增长，那么是什么让我们认为，我们可以在更加严格和无情的太空殖民地纪律下作为外来者生活在寒冷的空间中的一块冰冷的岩石上？在那里我们会遇到比地球严苛千百万倍的增长限制。

（11）**没有经济增长，所有的进步都会终止**。恰恰相反，如果正确衡量的话，现在实际上是不经济的增长。没有增长，真实的进步是有机会的。正如生态经济学家长期以来所主张的那样，增长是物质量，即经济的代谢维持流量的物理增长，它从消耗开始，最终以污染结束。发展是在给定的吞吐量下一个群体维持和享受生活的能力的质的提升。增长意味着更大的颌骨和更大的消化道，以便更频繁地将更多资源转化为更多废物，服务于往往是破坏性的个人需求。发展意味着更好地消化恒定的产量，以及更有价值、更令人满意的目标，使我们生命的能量投入其中。增长的规模不超越地球承载力的发展才是真正的进步。发展主要是通过技术改进资源利用效率，通过优先事项的重构改善道德。资源效率必须适应低资源吞吐量。到目前为止，我们一直在寻求效率而不是限制吞吐量，从而导致杰文斯悖论（Jevons paradox）——更有效地使用资源会增加资源使用总量。如果我们首先限制吞吐量，接下来会得到效率提高。如果我们首先寻求效率，那么我们就会得到杰文斯悖论。为了走上进步的发展之路，限制物理增长是必需的。由于物理增长已经变得不经济了，人们可能会认为限制物理增长不会引起很大争议。但是，大多数经济学家拒绝承认增长可能变得不经济。他们似乎也下定决心要避免讨论争议或反面证据。

结　论

如果持增长论的经济学家努力克服这 11 个谬误，打破团结一致的沉默，那么也许我们可以就经济增长是否变得不经济进行一场富有成效的对话。我希望不经济增长的问题能够进入 2012 年大选中去，但也许是 2016 年或者 2020 年，或者别的时间。

人们可以怀有希望。但是希望包含的不仅仅是对这些困惑的更好的理解，更深层的应该是对我们人类同胞以及所有其他物种更多的关怀和热爱。如果我们生活的世界以及我们的生活在某种意义上是一个无目的的偶发事件——一个随机统计学上的无限小的概率乘以无穷小数——那么我们很难去发现我们从哪里获得意志和灵感。事实上，我们的决策精英们可能已经默认增长变得不经济。但是很明显，他们也已经想出办法来保持自己日益减少的额外收益，同时与穷人、未来以及其他物种一起"分享"爆炸式的成本。如果这个世界就是一个毫无目的的偶发事件，为什么不这样做呢？精英拥有的媒体、企业资助的智囊团、高校的经济学家以及世界银行——更不用说高盛（Gold Sacks）和华尔街了——一起唱出了一曲阶级利益和贪婪的赞歌。公众被技术上的问题所迷惑，也被虚假的经济增长会使他们最终变得富有的承诺所欺骗。智力上的混淆是真实的，但是自然主义科学迷信鼓吹的道德虚无主义可能才是更大的问题。

【注释】

[1] 关于生态经济学更愿意推翻权威的一个更令人信服的证据，参见 Andersen 和 M'Gonigle（2012）。

参考文献

Andersen, B. and M. M'Gonigle (2012), Does ecological economics have a future? Contradiction and reinvention in the age of climate change, *Ecological*

Economics, **84**, 37−48.

Commission on Growth and Development (2008), *The Growth Report: Strategies for Sustained Growth and Inclusive Development*, Washington DC: The World Bank.

Commission on Growth and Development (2009), *Post-Crisis Growth in Developing Countries*, Washington DC: The World Bank.

Commission on Growth and Development (2010), *Equity and Growth in a Globalizing World*, Washington DC: The World Bank.

Daly, H. E. (2007), *Ecological Economics and Sustainable Development*, Cheltenham, UK and Northampton, MA, USA: Edward Elgar.

Daly, H. E. (2008), Growth and development: critique of a credo, *Population and Development Review*, **34** (3), 511−18.

Georgescu-Roegen, N. (1971), *The Entropy Law and the Economic Process*, Cambridge, MA: Harvard University Press.

Hicks, J. R. (1946), *Value and Capital: An Inquiry into Some Fundamental Principles of Economic Theory*, 2nd edn, Oxford: Clarendon Press.

7. 从失败的增长经济迈向稳态经济

系统论、科学和哲学，来来回回，每一种有限的理解方法都被耗尽了。在它的黄金时期，每一个体系都是成功的；在它的衰退时期，都是阻碍发展的麻烦。

——怀特海（A. N. Whitehead）

不论增长是正向还是负向的，稳态经济与持续增长的经济是不相容的，稳态经济的发展目标是长期维持一个持续的、真实财富存量的状态。螺旋式下降的负增长，或者大萧条，就是一种失败的经济增长，不是稳态经济。停止螺旋式下降是必要的，但是这和假定持续的正向增长不同。增长式经济从两个方面来说是失败的：（1）在如今的满世界中，正向的经济增长变得不经济；（2）负向的增长，起因于超越物理限制膨胀的金融泡沫的破裂，尽管短时间内是必要的，但是不久就会自我毁灭。这样就剩下了不增长或者说稳态经济作为长期发展的选择。稳态经济下，生物圈所能支撑的物质财富水平是低于当前水平的。最近在经济增长方面的努力主要导致了泡沫，事实也证明了这一点。尽管如此，目前的政策都是为了全面重启经济增长。没有人否认，如果我们更富有，问题解决起来就会简单很多。富有比贫穷更好是一个明确的真理。但问题是，增长是否让我们更加富有，还是说正在使我们变得贫穷？

7. 从失败的增长经济迈向稳态经济

我将会花几分钟来咒骂增长导致的黑暗，但是我也将会点燃通往稳态经济道路上的十只小蜡烛。一些人建议我忘掉黑暗，只关注政策的蜡烛就好。但是我发现，如果没有黑暗作为背景，我小蜡烛的光芒是经济学家们设想的"假黎明"下所不能看见的，他们斗志昂扬的乐观主义从来没能给希望一个闪耀的机会。

我们面临着很多问题（贫穷、失业、环境污染、债务赤字、紧急救市、银行破产、丧失赎回权等等），但是很明显只有一种解决方法：经济增长，或者就像权威人士喜欢说的那样——使经济生长，好像经济是一株盆栽植物一样。

让我们就此打住，问所有学生都会向他们的经济学教授提问的两个问题。

第一个问题是，在数学上有一个严格的定理，当某物生长时，它会变大！所以，当经济增长时，它会变大。教授，请问经济会变得多大？它现在有多大？它应该多大？经济学家们思考过这些问题吗？最需要指出的是，什么才能让他们认为增长（即在有限的生物圈内经济子系统的物理扩张）已经不是收益递增的了，环境和社会成本的增速比生产收益的增速更快，因此成为非经济增长，这会使我们变得更加贫穷而非富有？毕竟，实际国内生产总值，这个衡量所谓经济增长的指标，并没有把成本从收益中分离出来，而是将它们合并到经济活动中去。我们怎么才能知道增长已经变得不经济？随着我们从一个"空世界"发展成以拥挤、干扰、流离失所、消耗、污染等为特征的"满世界"（一个充满我们和我们所有东西的世界），补救和防御活动变得越来越多，这些负面因素导致的防御性支出全部计入国内生产总值中，而不是从中减去。同学们，请准备好挥动双手，清一清喉咙，主题将要发生变化。但别被唬住，接下来更精彩。

我们必须认识到，许多发展中国家仍然处于真正的经济增长的阶段——它们增长的边际效益仍然高于边际成本。但是整个世界是"满"的。因此，限制增长的责任和下面讨论的政策首先适用于事实上已经是不经济增长的富裕国家。富人必须释放生态空间供穷人成长，从而形成一个资源普遍使用的融合过程，这对一个好的生活（不是奢侈的）来说是足够的，并且对于未来（不是无限的）来说是可持续的。有些人担心放缓富国的经济发展将会减少穷国的出口，对它们造成伤害。其实，这仅仅意味着发展中国家必须从出口模式转向进口替代模式来发展自己的内部市场。由于存在高失业率的问题，富国也不会继续把产业链和工作岗位转移到国外。

第二个问题：教授，您看到的经济增长是一个持续的、令人满意的过程，还是只是一个暂时的过程，在达到足够高的富裕水平之后就需要维持在某种稳态水平？至少有99％的新古典经济学家持永久增长的观点。我们必须回到约翰·斯图亚特·穆勒和早期的古典经济学家的时代，严肃对待他们关于稳态经济或者不增长经济的想法。现代经济学家如何确定古典经济学家是错误的？仅仅把经济思想的历史从课程中删除可不足以反驳其观点！

有一些理由证明古典经济学家是正确的。

只有满足以下三个条件之一，一个长期的常态化的经济增长才是有意义的：

（1）经济不是一个有限的非增长的生物物理系统的开放子系统；

（2）经济在一个非物理的维度中增长；

（3）热力学定律不再正确。

让我们来分别考虑这三个逻辑选项。（如果你能想到第四个，请告诉我。）

（1）一些经济学家实际上认为自然是一系列分门经济（森林、渔业、矿山、水井、牧场甚至是农业）的集合。经济，而不是生态系统或者生物圈，被视为一个整体；自然是各个部分的集合。如果经济是一个整体，那么它就不属于任何可能制约其扩张的更大的东西或者体系的一部分。如果一些自然部门变得稀缺，我们就会用其他的分部门来代替它，这样整个经济体仍会继续进入到假设中充满资源、高度进化的友好的外星人的恒星空间中，而不是陷入生物圈的约束当中。这些外星人会告诉我们怎样在它们的领地永恒发展。资源与排污池被认为是无限的。

（2）一些经济学家认为经济增长中增加的是价值，并且这一价值不能简化成物理单位。后者当然是真的，但这并不意味着价值独立于物理概念。毕竟价值是价格乘以数量，数量本质上都是物理的。即使服务业是某种东西或者某个人在一段时间内的服务，提供服务的人也要吃饭。国内生产总值的计量单位不是美元，而是美元的价值。一美元的汽油是物理量，目前约为四分之一加仑。许多不同实物商品（国内生产总值）的美元价值总和并不能消除这种度量的物理属性，即使这些物质不能再用这些物理单元表示。是的，$\$/q \times q = \$$。但从数学上来说，q 的消除并不意味着美元价值的度量是一堆美元货币。国内生产总值是实际数量的价值加权指数。用"增加值"（通过劳动和资本）代替是没有用的，因为我们会问，究竟什么是增加值？答案是自然资源，低熵的物质或能量，而非仙女身上的尘土或者青蛙的头发！发展（从同样的资源产出中攫取更多的福利）是一件好事。增长（通过更大的实体经济来推动更多资源的使用）是一个问题。限制量的增长是将质的发展作为进步之路的一种方式。

（3）如果资源可以凭空创造，废弃物可以被消灭，那么我们就可以拥有越来越多的资源量来推动经济持续增长。但是热力学第一定律否认这种情况出现的可能。或者，如果我们能够以更快的速度回收同样的物质和能量，我们就可以保持经济增长。不幸的是，很多经济学原理的循环流程图近乎肯定这一点的存在。但是热力学第二定律否认了这种情况出现的可能。

所以如果我们不能解决所有的问题，那么我们或许应该重新考虑一下，不增长，即稳态经济的逻辑和美德。为什么新古典主义经济学家既拒绝面对常识，又拒绝重新考虑早期古典经济学家的观点？

我认为答案很简单。没有增长，消除贫困的唯一途径就是分享，但是再分配是一个诅咒。在没有增长的情况下，推动人口转型，解决人口过剩的唯一办法就是控制人口，这是另一个诅咒。没有增长，增加环境整治投资的唯一途径就是减少当前消费，这是第三个诅咒。三个诅咒，你已经出局了！

没有经济增长，我们将如何建立军备库来保护民主（以及石油储备）？我们将如何前往火星和土星，进而征服太空？除了军事和太空研究产生的副产品，技术进步还能从哪里来？科技救赎主义的移民外太空的技术幻想，部分内容是消灭太阳的光芒来为大气中的温室气体制造更多的热空间，消除疾病和死亡，创造无限制的永恒增长的神话。

那些从没听说过邪恶问题的电子大脑科学怪人，看到地球上的天堂就在不远处。"让我们共建智慧的地球"，IBM领导人谦虚地说道。一些聪明的经济学家首先是怎样做的呢？让我们从国内生产总值和道琼斯指数开始吧！让我们用模糊的技术术语，诸如次级抵押贷款、金融衍生品、证券化投资工具、债务抵押债券、信用违约互换、"有毒"资产等来构建另一个通天塔。

好吧，别继续下去了。让我们忽略这些诅咒，转而考虑采取什么样的政策来推动稳态经济。按照目前的标准来看，这有些激进，但也不是像刚才论述的三种验证永恒增长的选项那样完全不现实。

让我们清楚地看一看从我们不可持续的增长经济转向稳态经济的10个具体的政策建议。稳态经济是质的发展（科学、技术和道德的改进），而不是在物理维度上量的增长的经济。它以从消耗到污染（熵的吞吐量）的恒定代谢流为生，并且这一代谢是维持在一个生态系统的同化和再生能力水平内的，经济系统是生态系统中的子系统。

此处建议的政策比当前"永恒增长"的政策更加明智，特别是在增长已经变得不经济，即边际成本已经超过边际价值的情况下。10是一个任意的数字——只是得到具体值的方法。尽管整体方案在某种意义上是一致的，一些政策只是作为补充和平衡，但是它们中的大多数都可以单独并逐渐加以采用。

（1）**基础资源的定额拍卖系统。**通过对消耗或者污染的定额进行生物尺度上的限制，哪种更加具有限制性就对哪种实施限额。对配额进行拍卖，可以得到公平再分配的稀缺租金。交易将产生最有效、回报最高的配置。这一政策具有透明度的优势。经济可以对生态系统施加的消耗与污染的数量和速度是有限度的。上限就是配额，要限制基础资源，特别是化石燃料的生产量。配额通常被应用在输入端，因为消耗比污染在空间上更为集中，因此更加容易监测。此外，基础能源价格上涨，将会使其在上游生产阶段和最后消费阶段被更加经济地使用。也许，资源使用的有效限制来自它所引起的污染，而不是消耗——不管怎样，我们通过限制最终转化为废物的资源消耗来间接限制污染。限制每桶、吨和立方英尺的碳燃料开采将会限制每个时期二氧化碳的排放量。只有剧毒或者空间上集中（和特定地点）的污染物需要单独的污染配额。

这个规模限制是为生物物理层面的可持续性服务的。配额的所有权最初是公开的——政府将其拍卖给个人和公司。税收收入流向国库，用于代替累退的税收，如工资税，以及降低低收入人群的所得税。一旦在拍卖会上被购买，配额就可以被第三方自由买卖，就像它们所限制消耗率的资源一样。交易将带来有效分配，此次拍卖负责公平分配，而限额则负责维持可持续规模，配合符合可持续发展的三个目标，也是三个政策工具。同样的逻辑也可以应用在对可再生资源的限制上，例如渔业和森林资源。对于可再生资源，配额应该被设定为接近可持续的产量。对于不可再生资源，污染物的可持续吸收率，或者可再生能源替代品的开发速度，将是可能的标准。

（2）**生态税改革**。将税基从增加值（劳动和资本）转移到"增值的对象"，即从自然中提取（消耗）并且回归自然（污染）的资源的熵量。这种方式可以使得外部成本内部化，以及更加公平地提高收入。它对大自然的贡献这一稀缺但先前未被定价的要素定价。增加值是我们鼓励的，所以应该停止对其征税。消耗和污染是我们不鼓励的，所以应该对它们征税。生态税改革是对拍卖交易制度的一种替代或者补充。增加值是在生产过程中同时产生和分配的。因此，经济学家认为，没有"馅饼"是可以单独按照道德准则分配的。正如肯尼斯·博尔丁所说，这里没有一个完整的馅饼，只有不同的人或者不同的国家创造的增加值的小馅饼，并且由统计学家盲目地加总到一个抽象的不可分的、以整体形式存在的"馅饼"中。如果有人想重新分配这个假想的"馅饼"，他应该呼吁那些烘焙大馅饼的人慷慨解囊，与那些烘焙小馅饼的人分享，而不是提出平等地分享虚构的共同遗产。

就目前情况而言，我对这一观点有很大的共鸣，但是它也遗漏了一些重要的问题。

在我们对增加值的关注中，经济学家们忽视了"价值增加到哪里"，即自然界中自然资源和服务的流动。通过劳动力和资本而获得的增加值必须加在某些东西之上，而这些东西的质量和数量是很重要的。现在有一种真实而重要的感觉，那就是大自然确实是一个"馅饼"，一个既存的、不可分割的整体，作为遗产供我们分享。它并不是我们每个人自己烘焙小馅饼的集合体。相反，它是种子、土壤、空气、阳光和雨水（更不必说基因库和适宜的气候），小麦和苹果从中生长，并且通过我们的劳动和资本转化成苹果派。对大自然的恩赐享有平等权利的主张，并不是我们对邻人的劳动和节欲积累的财富的那种卑鄙的欲望。因此，收入再分配给穷人的焦点应该放在自然贡献的价值上，即劳动和资本所依附的原始价值上。人们普遍厌恶看到自己的劳动和企业创造的价值被作为税征收走，尽管他们在一定程度上接受了这种做法。但是人们并不反感看到大自然创造的价值被征税。相反，他们厌恶那些没有为自然提供的东西增加任何价值，但享受着不劳而获的收入（稀缺租金）的自然资源的所有者。

（3）**限制收入分配不平等的程度**——最低工资和最高工资。没有总体增长，减少贫困就需要再分配。完全平等是不公平的；无限制的不平等也是不公平的。我们需要努力对不公平的范围施加公平的限制。

公务员、军队和大学的不平等指数控制在 15 或者 20。美国企业的不平等指数浮动范围是 500 甚至更多。许多工业化国家都低于 25。我们能否限制一下不平等指数浮动范围，比如 100，然后看看它是如何运作的？这可能意味着最少 2 万美元，最多 200 万美元。这难道不足够补偿实际的差异吗？达到上限的人，只要他们喜欢自己的工作，就可以在边际上一无所获却继续工作，或者在他们的爱好和公共服务上投入额外的时间。上层人士未满足的需求将由低于最高值的人来填补。在美国当前巨大的收入差距中，很难维持一种民主所必需的群体意识。穷人和富人被一个高达 500 的指数分隔开，似乎成为不同的物种，没有共同的经历或爱好。这种差异堂而皇之存在的主要理由是它们刺激了经济增长，并且会在将来的某一天使每个人都变得富有。在一个空世界里，这也许具有表面上的合理性。但是在我们的满世界中，这是一个童话故事。我一直提倡最高收入和最低收入。最高收入的这部分已经不流行了，但是多亏银行家和他们的奖金，这个提法现在变得可接受了。更显而易见的是，需要实质性的遗产税来抑制数代人非劳动所得的积累。

（4）**放宽工作的天数、日期和年份的时间范围**——允许兼职和个体劳动者有更大的选择范围。在没有增长的情况下，为所有人提供全职外部就业（external employment）是很困难的。其他工业化国家的假期和产假比美国长得多。对于古典经济学家来说，工作时长是劳动者（自耕农或者手工业者）平衡劳动的边际效用与收入和休闲的边际效用，从而最大化地享受生活的一个关键变量。在工业化时代，工作时长是一个参数而非变量（对于马克思来说，这是决定剥削率的关键因素）。我们需要让工作时长成为一个由工人选择的主观变量。米尔顿·弗里德曼（Milton Friedman）① 想要"选择的自由"，没问题，这里就有一个我们大部分人都不允许进行的选择！我们应该停止用广告来刺激更多的消费，正是广告扭曲了劳动者的劳动—闲暇偏好让劳动者陷入了拼命劳动来满足更多消费欲望的怪圈之中。至少广告费不应该被视为可免税的普通生产费用。补贴数十亿美元的开支来说服人们花他们没有的钱、购买他们不需要的东西、在他们不认识的人面前炫耀，这真的是一件好事吗？

（5）**重新规范国际贸易**——远离自由贸易、自由资本流动和全球化。限额拍卖贸易、生态税改革和其他将环境成本内部化的措施，将会提高价格，使我们在国际贸易中与那些不将成本内部化的国家相比处于竞争劣势。采取补偿性的关税来保护的不是那些没有效率的企业，而是有效的国家政策。这种国家政策让我们不受那些无须支付社会和环境成本的外国公司所导致的无标准的恶性竞争的影响。这种新的保护主义与以往的保护主义截然不同，以往的保护主义旨在保护效率低下的国内企业，使其免受效率更高的外国公司的冲击。我们不能在工资水平、环境标准和社会保障体系都比世界其他地区高的情况下与国际经济接轨。贸易和资本流动必须是平衡和公平的，而不是解除管制或自由放任。我们应该认识到不同国家的经济之间相互依赖，但要拒绝融入单一的全球经济。效率的首要原则是计算所有成本，而不

---

① 弗里德曼（1912—2006），美国经济学家，1976 年诺贝尔经济学奖得主。弗里德曼是自由资本主义经济的坚定支持者。这里戴利是在反讽 1980 年弗里德曼与其妻子罗斯·弗里德曼（Rose Friedman）合著的著作《自由选择》（*Free to Choose*）。在书中，弗里德曼夫妇大力鼓吹自由放任的经济，认为自由放任可以解决任何问题，反对政府干预。这本书被自由主义经济学家奉为杰作。

是自由贸易。自由贸易和资本自由流动，会导致一场通过低水平竞争来尽可能减少成本的恶性竞争。关税也是公共收入的一个很好的来源。但是征收关税将与世界贸易组织—世界银行—国际货币基金组织（WTO－WB－IMF）发生冲突。

（6）**将世界贸易组织—世界银行—国际货币基金组织降级**为类似凯恩斯初始计划中的多边支付清算联盟的机构，通过对盈余征收罚款以及联盟的赤字平衡来寻求经常性账户的平衡，从而避免巨额外债和资本账户转移。例如，根据凯恩斯的计划，美国需要向清算联盟支付罚金，以补偿其与世界上其他国家的巨额赤字，而中国也将对其盈余支付类似的罚款。失衡的双方都将被迫通过财务惩罚来平衡它们的经常性账户，如果需要通过与清算账户相关的汇率进行调节，所依照的也是清算账户单位，也就是凯恩斯所说的"班柯"（bancor）。班柯还将成为世界储备货币，这一特权不应被包括美元在内的任何国家货币享有。美元的储备货币地位对美国的好处就像一卡车的免费海洛因对一个瘾君子的福利。班柯就像金本位制中的黄金一样，只是不需要你把它挖出来。

国际货币基金组织鼓吹基于比较优势的自由贸易，并且很长一段时间都在这样做。最近，世界贸易组织、世界银行和国际货币基金组织开始鼓吹全球化的福音，除了自由贸易外，它还意味着国际资本的自由流动。然而，经典的比较优势理论明确地假设资本不能在国家之间流动（Daly, 1993）。当面对这一矛盾时，国际货币基金组织摆摆手说，你可能是一个"仇外者"并岔开话题。世界贸易组织、世界银行和国际货币基金组织服务于跨国公司的利益，采取它们错误地称为"自由贸易"的离岸生产的政策，这违背了它们自身的宗旨。国际资本流动加上自由贸易，让企业可以逃避国家在公共利益上的监管措施，钻国家之间的空子。由于没有全球政府，它们实际上是不受控制的。世界贸易组织、世界银行和国际货币基金组织是目前最接近全球政府的机构，但它们对监管跨国资本和维护共同利益毫无兴趣。

（7）**从部分银行准备金制度转向 100%准备金的体系**。这将把货币供应量和铸币税（法定货币发行方创造的利润）的控制权转移给政府而不是私人银行，而私人银行将不再能够耍炼金术士的把戏，凭空创造货币并有息借出。所有准银行金融机构都应被纳入这一规则，商业银行的法定准备金率应定为100％。银行只能通过金融中介赚取利润，向储户提供贷款（收取比存款利率更高的贷款利率），并收取支票、保管和其他服务的费用。对于100％的准备金，贷给借款人的每一美元，都将是以前储户储蓄的一美元（在贷款期间，他无法使用这笔钱），从而重新确立了节欲和投资之间经典的平衡。由于储蓄（节制消费）导致信贷有限，可供借贷的资金将会减少，贷款将会更加小心地进行——没有更宽松的信贷来为大规模购买"资产"提供资金，而这些"资产"只不过是对不可靠的债务的押注。为了弥补银行创造的、有利息的货币贬值，政府可以通过发行更多无利息的法定货币来支付部分费用。然而，它必须严格地在通货膨胀限制的范围内进行。如果政府发行的货币比公众自愿持有的要多，公众会将其用于商品交易，从而推高价格水平。一旦物价指数开始上涨，政府就必须少印货币，多征税。因此，维持一个固定价格指数的政策将决定美元的内在价值。美元的外在价值可以保持自由浮动的汇率（或者最好与凯恩斯清算联盟中的班柯保持一定比例）。

100％的准备金制度怎样服务于稳态经济？

第一，正如刚刚提到的，它将把新投资的规模限制在现有储蓄的范围内，从而大幅减少投机性增长风险。例如，利用大量借入资金（由银行无中生有而不是从过去的收益中储蓄而来的）购买股票这种行为将会受到严厉限制。房屋的首付要高得多，消费信贷也会大大减少。信用卡会变成借记卡。持增长论的经济学家难免对此大惊小怪，但是稳态经济的目标不在于增长。

第二，贷出去的必然是已经存在的钱，因此货币供给不会再因为贷款需要连本带利偿还而必须保持增长。对过去贷款连本带利的偿还持续消耗着货币供应量，除非有新贷款补偿其对货币供应的消耗。100％的准备金在经济增长方面保持中立，而不是通过要求更多的贷款来防止货币供给量缩小。

第三，金融部门将不再能够从国家的利润中获取如此大的份额（大约40％！），从而促使聪明人从事更高效的、更少寄生性的行业。

第四，在经济繁荣时期，货币供应量不应扩大，而银行恰恰喜欢在此时贷出大量资金，却在经济衰退期间收缩信贷，努力收回没有偿还的贷款。经济的周期性趋势将会弱化。

第五，拥有100％准备金的银行不会有挤兑的危险，而联邦存款保险公司（FDIC）可能会被撤销，随之产生的是道德风险也将不复存在。一两个"大而不倒"的银行破产从而导致整个信贷金字塔连锁崩溃的危险将被消除。因此，国会不会再通过对某些银行进行巨额救助的方式避免危机的蔓延。

第六，明确固定价格指数的政策将减少人们对通货膨胀的担忧及其所导致的通过更多的积累抵御通胀的做法。

第七，浮动汇率（或凯恩斯清算联盟）会自动平衡国际贸易账户，消除巨额盈余和赤字。如果没有赤字，美国的消费增长将会减少；如果没有盈余，中国的生产增长将会减少。通过借款维持国际收支平衡将变得不必要，因此浮动汇率机制将极大地缩减国际货币基金组织的重要性和"制约性"。

面对我们目前的金融体系所表现出的欺诈行为，将这种合理的政策视为"极端"是非常荒谬的，这个想法不是将银行国有化，而是将资金国有化，这首先是一种自然的公共事业，20世纪20年代极具影响力的经济学家［欧文·费雪，弗兰克·奈特（Frank Knight）］，以及诺贝尔化学奖得主、民间经济学家弗雷德里克·索迪，都支持全额准备金制度。但这种主张在当今不会受到关注。而这正证明了现在既得利益比好的想法更强大。

（8）**不要把稀缺性的资源当作非稀缺的，反而把非稀缺的资源当作稀缺的。**要将竞争性的自然资本（例如，大气、电磁频谱、公共土地）剩余封闭在共同信托基金中，并通过一套限量拍卖交易系统定价。至于非竞争性的知识和信息共同财富，则需要将其从私人的把持和漫天要价中解放出来。与资源吞吐量不同的是，知识不会因为分享而被分割，而是成倍地增加。一旦知识存在，分享的机会成本就为零，其配置价格应该为零。国际发展援助应该越来越多地采用免费和主动分享知识的形式及小额赠款，要逐渐减少采用大额的有息贷款。分享知识的成本很低，不会创造无法偿还的贷款，并且它会提高真正的竞争性、稀缺性要素的生产率。当然，分享错误的知识（非竞争性坏产品）

是危险的，这也被许多"结构调整计划"充分证实（Daly，2008）。现有的真正的知识是生产新知识最重要的投入，人为地保持其稀缺和昂贵是反常的。专利垄断（又名知识产权）应该授予更少的发明，时间也要缩短。新知识的生产成本应该越来越多地得到公开资助，知识需要自由共享。知识是累积型社会产品，我们发现了热力学定律、双螺旋结构、脊髓灰质炎疫苗等等，这些都没有被授予专利垄断，也不存在版税。

（9）**稳定人口**。努力把生育加向内移民维持在等于死亡加向外移民的水平。这是有争议的，也是很困难的，但是作为一个开始，应该让所有地方都能自愿节育。尽管每个国家都可以讨论它是否应该接纳或多或少的移民，以及谁该被优先考虑，但如果移民法没有得到执行，那么这场辩论就会变得毫无意义。我们应该支持自愿的计划生育，并实施合理的、民主产生的移民法。许多支持多生育和开放边界的言论都是出于慷慨的动机。也许是这样，但实际上，结果却是"慷慨的"，它牺牲了美国工人阶级的利益，并为雇主阶级带来了为精英服务的廉价劳动力政策。联邦政府对公司雇主阶层的利益非常敏感，在执行移民法方面却做得很差。进步人士对这一点的理解是缓慢的。环保运动始于对人口的关注，但在这一问题上，多年来一直屈服于"政治正确"的淫威。具有讽刺意味的是，我们对非法移民的容忍似乎导致了对合法移民的补偿性收紧，使他们等待的时间更长，要求更严格。从成本—收益的角度来看，对那些遵守法律的人实施移民法律的成本要比那些违反法律的人低得多，这是相当不公平的，而且许多合法移民和试图合法移民的人都是这么认为的。对于新居民来说，这是一个非常反常的选择过程。

（10）**国家账户改革**——把国内生产总值分成成本账户和收益账户。自然资本消耗和"令人遗憾的必要防御性"支出属于成本账户。比较产量的边际成本和收益，当边际成本等于边际收益时，生产要停止增长。除了这一客观方法，还要认识到主观研究的重要性。它表明，超过一个临界点后，国内生产总值的进一步增长不会增加自我评估的幸福感。在当前许多国家已经达到的水平下，国内生产总值的增长不再带来更多的幸福感，而是继续产生损耗和污染。至少我们不能想当然地认为国内生产总值增长是经济的增长，而是要证明它不是不经济的增长。

结　论

主流常态从增长型经济向稳态经济的转变，从概念上来说，是彻底的，但是所提倡的政策却需要逐步实施。例如，100%的准备金可以逐渐达到，分配不平等的程度可以被逐渐限制，上限可以逐渐调整，等等。

此外，这些措施是建立在完全的私有财产和去中心化的市场配置基础上的。我们所提倡的政策仅仅是认识到：（1）如果私有财产分配过于不均就会失去其合法性；（2）如果价格没有说明机会成本的真相，市场就会失去其合法性；（3）如果要超越地球的生物物理极限，那么宏观经济就成为一种谬论。在达到这种极端的生物物理限制之前，我们正在经历正统经济学也承认的限制，即增长的额外成本越来越高于额外收益，开启了不经济增长的时代，虽然正统的增长经济学范式仍然否认这一点，但这一增长范式一直在扮演怀特海（Whitehead）所说的"阻碍发展的麻烦"的角色。

参考文献

Daly, H. E. (1993), The perils of free trade, *Scientific American*, **269** (5), 50-57.

Daly, H. E. (2008), Growth and development: critique of a credo, *Population and Development Review*, **34** (3), 511-18.

8. 气候政策：从知到行

最近，全球变暖受到了普遍关注。从逻辑上讲，这是重新掀起的关于经济增长讨论的一部分，因为气候变化是不经济增长的主要症状。然而，关于气候变化的讨论通常无法与经济增长联系起来。大多数人的注意力似乎都集中于如何把增长安放在复杂的气候模型及其预测范围内。这甚至是受欢迎的。然而，回顾一下物理学家约翰·惠勒（John Wheeler）[①] 的观点是很有用的，"我们用我们提出的问题来创造世界"。气候模型所问的问题是什么？它们创造了什么样的世界？还有什么问题可以创造其他的世界？我们是否可以提出其他的问题，来创造一个对于政策实施来说更易于操纵的世界？

气候模型提出的问题是：二氧化碳的排放是否会导致大气浓度达到 450ppm～500ppm，并在一个特定的时期将温度提高 2 摄氏度或 3 摄氏度？这会在气候和地理方面导致何种可能的物理后果？按什么序列，根据什么概率分布？这些变化造成的损害以及为减少二氧化碳大气浓度所产生的成本是多少？不同折现率下，损害的成本的现值与各种减排支出相比的比例是多少？应该用哪个折现率？我们在构建模型中得到的新信息有多大的可能性将使结果无效？这些问题将会产生一个什么样的世界？也许是一个充满了巨大的不确定性和复杂性的世界，

---

① 惠勒（1911—2008），美国理论物理学家。

并且使政策陷入瘫痪。科学家们对这些经验问题的答案会有不同的看法。

我们可以提问不同的问题来创造不同的世界吗？我们是否可以继续系统地排放大量的二氧化碳和温室气体到大气中，而不会引起让人无法接受的气候变化？科学家们一定会一致认为答案是否定的。基础科学、基本定律和因果关系的方向是非常明确的，阿伦尼乌斯（Svante Arrhenius）① 在一个世纪之前发现了这些基本知识。基于此，就会创造一个相对确定的世界，至少政策的推力和方向是确定的。没错，利率、序列和估值都是不确定的，还有待讨论。但是，只要我们专注于衡量这些固有的不确定的经验结果，而不是那些导致它们的某些基本定律，我们就会对"现在做些什么"达成压倒性共识，去做一些关于我们将来可能会考虑做的事情，如果证据足够有力。我担心一旦证据变得迫在眉睫，那么我们的回应也会迫在眉睫，届时政策就将没有选择空间。

更简单地说，如果你从飞机上跳下来，你需要的是一个降落伞而非一个精准的高度计。如果你还带着一个高度计，至少不要光顾着记录降落的过程，却忘记打开降落伞。我们应该考虑降落伞的相关东西，不管它是多么的粗糙。

我们应该问的下一个问题是，是什么导致我们系统地向大气中排放更多的二氧化碳？这与我们向生物圈中排放越来越多的废物的原因相同。我们在一个有限的基于热力学定律的星球上对指数增长的永久性做出了不合理的承诺。如果我们克服了对增长的盲目崇拜，我们就可以接着问一个聪明的问题，我们如何设计和管理一个稳态的经济、一个尊重生物圈极限的经济？相反，我们提出了一个不正确的、增长的问题，具体而言：为了保持国内生产总值的增长速度，我们需要增加多少能源效率，或者提高多少碳排放效率？假设我们得到一个答案，即我们需要在 10 年内将效率提高一倍，并且我们确实做到了，那又如何？我们只会接着做更多使之变得有效率的事情，因此成本更低，然

---

① 阿伦尼乌斯（1859—1927），瑞典化学家，1903 年诺贝尔化学奖得主。他提出了著名的"阿伦尼乌斯公式"，即温度会对化学反应的速率产生影响。

后将排放更多的废物，包括温室气体——著名的反弹效应或杰文斯效应（Jevons effect）。"效率优先"的政策甚至都不会让我们认为"节俭次优"，只会让我们认为节俭是不必要的。下面是19世纪威廉·斯坦利·杰文斯（William Stanley Jevons）的原话：

> 人们认为，经济地使用燃料等同于减少消耗，这完全是一种观念上的混乱。事实恰恰相反。（Jevons，1866，p. 123）

更进一步，

> 例如，如果为了生产相同的产量在高炉中使用的煤量减少了，贸易的利润就会增加，就会吸引新的资本，生铁的价格会下降，但是需求会增加；最终，更多的高炉将消耗更多资源，比节约下来的资源更多。（Jevons，1866，pp. 124-5）

用现代的语言来说，如果我们每加仑油量多行驶几英里，我们可能会走更多的路程，因为汽油更便宜。或者，假设我们不再开车，省下了钱，那么我们该怎么做呢？坐飞机旅行吗？买第二套房吗？投资于核能或者乙醇生产？当我们承认自己的罪恶时，最好花钱请一位精神科医生为我们做低能量的倾听服务。是的，但这不也是能帮精神科医生为飞机旅行或第二套房子付钱吗？杰文斯直言不讳——"人们认为，经济地使用燃料等同于减少消耗，这完全是一种观念上的混乱。事实恰恰相反"。我们的能源政策过于关注有效的消耗模式，而没有充分考虑可持续的消耗水平。认为一个有效的能源消耗模式等同于，甚至会带来可持续的能源消耗总量，这完全是一种观念上的混乱。

但是如果我们将"节俭第一"（换句话说，可持续发展水平优先）作为我们的直接政策变量（例如，碳税、限量拍卖交易系统），那么我们就会以效率次优来适应更昂贵的燃料。首先是节俭，然后是效率，而不是反过来，这应该是能源和气候政策的第一个设计原则。效率是对稀缺性的适应，这并不是要废除"稀缺"，这是所谓的"双赢"解决方案。"双赢"恰恰是政客们所钟爱的。

我们的误导性问题的第二个错误是，它假设我们需要维持目前的国内生产总值增长率。有很多证据表明，目前美国国内生产总值的增长实际上是不经济的增长，即经济增长导致的社会和环境成本增长要快于生产增加的效益，经济增长的速度比积累财富的速度要快。我知道，世界上仍然存在贫困，一些国家的国内生产总值的增长仍然是经济的——这些都是富国停止经济增长、释放资源和生态空间，让贫困人口真正实现经济增长的理由。这应该是第二个设计原则。

在任何经济学教科书的索引中，你都找不到"不经济的增长"一词。我的文字处理程序甚至用红色警告我，我可能犯了一个语法错误！但不难看出，不经济的增长的现实对我们的影响是怎样的。在每个人的一生中，我们已经从一个相对的空世界转到一个相对的满世界。在我的一生中，世界人口增长了两倍，汽车、住房、牲畜、冰箱、电视等的数量也在增加。当我们将自然资本转化为人造资本时，前者变得更加稀缺，后者则更加富余——这是传统稀缺模式的一种倒置。这一倒置的原因在于，人造资本往往是私有财产，而自然资本往往是开放获取的公共品。

在空世界里，限制性因素是人造资本；在满世界里，限制性因素是剩余的自然资本。例如，过去，每年的捕鱼量受到渔船数量限制；现在，每年的捕鱼量则受到海洋中的鱼类和它们的繁殖能力的限制。过去，石油开采量受到钻探设备和油泵的限制；现在，它受限于地面上的剩余沉积物，或者是大气吸收其燃烧产物的能力。在石油峰值和全球变暖之间似乎存在着一种竞争，从源头到碳排放的限制——但两者都是自然资本，因此对我来说，这并不重要，因为这证明了更多的限制。经济逻辑保持不变：投资于限制性因素使其经济化。但是限制性因素的身份已经改变了，我们还没有适应。我们继续投资于人造资本，而不是恢复自然资本。这进一步耗尽了自然资本，最终降低了与其互补的人造资本的价值，这是一种双重损失。

主流经济学家没有看到这一点的原因是，他们认为人造资本和自然资本是替代品，而不是互补品。有了替代品，自然资本就不再是限制性因素，所以他们忽略了有限性这一令人恐惧的事实。我不知道他们为什么这么做，但我怀疑他们更重视替代的数学可能性，而不是基于热力学第一定律的可行性。此外，保持与热力学第一定律的一致性在意识形态上是不方便的，因为这会减缓增长。其他人可能有更好的解释，但事实是，当自然资源被包含在生产函数中时，自然资源和资本被错误地当作替代品，但通常情况下它们的关系不是这样的！

除了这个生产或供给侧方面的严重错误以外，我们还在效用或者需求侧方面有一个同样严重的错误。我们没有重视这样一个事实，即福利或自我评估的幸福感超过了美国已经通过的绝对收入门槛，成为相对收入而非绝对收入的函数。既然不可能增加每个人的相对收入，那么国内生产总值的绝对增长就成为一场自相抵消的军备竞赛。

我们已经犯了足够多的错误。有人能够基于基本定律提出一个合理的政策建议吗？有的——有一个被称作生态税改革的政策——对碳征收高额税，同时征收碳密集型进口关税，以此作为对取消对低收入者征收的累退税的补偿。这样的政策将减少碳使用总量，鼓励发展低碳技术，并逐步重新分配收入。但是我们怎么知道什么是最优税率，这种税不会是累退的，而且真的像一些人宣称的那样，有"双倍的红利"等等？我们再一次用我们提出的问题来创造世界。我们需要以某种方式提高公共收入，为什么不对碳排放征收重税，并通过对收入减税进行补偿，尤其是低收入人群？更一般地说，对资源产量征税，并停止对增加值征税。在投入端还是在产出端对产量进行征税是一个简单的问题，尽管我通常更喜欢投入端征税，因为消耗在空间上比污染更集中。此外，更高的投入价格会在生产过程的所有后续阶段产生效率，限制消耗，最终会限制污染，至少从总体上来说是这样的。

对坏东西征税（消耗和污染），而不是对好东西征税（收入）。有人认为我们目前的税率是最优的吗？更好的做法是先征税，再考虑最优税率，等等。人们不喜欢看到通过他们自己的努力而增加的价值被征税，尽管我们认为这是必要的。但大多数人并不介意看到稀缺资源的租金被征税，因为没有人为此增加价值。碳税所带来的最重要的公共利益是气候稳定，这是每个人都能分享的好处。征收碳排放税可以通过取消其他税收，特别是累退税，来补偿公众。尽管税收本身对收入的影响是递减的，但可以通过持续的支出来补偿。这种税还有一个优势，就是所有的消费者都要支付，包括所得税的逃税者和避税者。

按照最初的原则制定政策，我们现在就可以行动起来，而无须陷入因为复杂的经验测量和预测的不确定性导致的拖延。当然，不确定性不会消失。我们将会经历这些令人惊讶的结果，既令人愉快又令人不快，这就需要在基本原理的基础上，对政策进行必要的修正。认识到中期修正的必要性应该是第三个政策设计原则。但至少我们已经开始向正确的方向前进。继续像往常一样对复杂模型的预测进行无休止的辩论，我们所提出的问题只会增加不确定性，却耽误了正事。不幸的是，如果我们最终失败，会带来什么样的实际后果是非常确定的。

参考文献

Jevons, W. S. (1866), *The Coal Question*, London: Macmillan and Co.

第四部分

稳态经济的道德基础

9. 把价值纳入净收益生态经济学

当心那些苦心学习之人，他们发现自己已不如昨日聪慧，便对那些没有受过无知之苦的无知者充满愤恨。

——库尔特·冯内古特（Kurt Vonnegut）[①]

简　介

价值和品味不同。品味是个人且主观的，它们属于我们生命的私人领域。而价值则恰恰相反，它是客观而属于公共领域的。所有人都拥有决定自己品味的权利，但并非人人都可以决定自己的个人价值或者个人事实。当然，相对主义者并不承认这一点，他们宣称每个人都有决定自己价值的权利。一些后现代主义者甚至允许构建或解构个人事实。在选择我们自己的价值和事实时，这种认可将会瓦解证实事物客观真实性的基础，甚至是相对主义的基础，也因此自相矛盾。

生态经济学从源头处继承了相同的价值前提，并将其发扬传承。其主要理念包括利己主义及竞争将带来更大的集体利益。从经济学角

[①]　冯内古特（1922—2007），美国作家，黑色幽默文学的代表人物。

度来说,始于亚当·斯密"看不见的手"。从生物学、生态学角度来说,则始于达尔文的物竞天择,面对马尔萨斯的人口压力,只有通过竞争留下的适应性最强的个体才能获得有限的生存资源。在一定程度上,这两种理论是对世界运行的事实性洞察,而非价值判断。竞争是事实,上述两个可悲的事实由于它们极具价值的后果——市场的有效性和进化的过程——而变得不是那么可悲。

在经济学和生物学中,也有一些与利己主义相反的理论。亚当·斯密的著作《道德情操论》(*Theory of Moral Sentiments*)指出,只有在合作与组织的前提下,竞争才是可信赖的。在生物学中,克鲁泡特金(Kropotkin)① 强调互助是进化的要素。然而,在这两种理论中利己主义的传统仍处于主导地位。我们也应清楚,无论好坏,这种利己主义理论在生态经济学中都得到了双倍的继承。

"净收益"(bottom line)意味着什么?什么是"净收益社会"?对净收益一词,大多数人理解为:评判输赢的得分——"利润""净值",以及"你挣了多少钱"。这是经济学中对"净收益"一词的惯常理解。在新达尔文生物学中,净收益是指你有多少基因传给下一代;抑或像一些人认为的那样,你有多少自私的基因成功地复制到下一代中。

让我们快速设想一个完美的净收益。想象一个被编入终极受益函数(ultimate goodness function)的超级电脑。你可以输入描述世界状态的任何数据——无论是真实数据还是虚拟数据,然后计算机会输出一个测定世界状态好坏的数据。当我们研究是否应该制定某条政策时,将这个政策变动输入电脑,如果电脑输出的是更高的净收益数字,那就做出改变,反之则维持现状。当人们提出多个彼此矛盾的政策变动,而这些改变均会提高净收益时,就将它们一一输入电脑,最终选取净收益提升最多的那个政策。所有人都可以按照他们的意愿输入变化项。电脑还可以计算个人贡献对全世界总体收益的改变,并且每月计算出

① 克鲁泡特金(1842—1921),俄国思想家、革命家,著名的无政府主义者。他的思想对俄国十月革命有重要的推动作用。此处戴利所引用的观点来自于1902年用英文发表的著作《互助论》,又译作《互助:一个进化的因素》(*Mutual Aid: A Factor of Evolution*)。该书认为,自私自利者生存、适者生存并非进化的法则,只有最能够团结互助的物种才能生存。他由此推论,未来的理想社会一定是一个人与人团结互助的社会,其中没有政府,人们能够自我组织、自我管理。

这些值的精确比例。对电脑而言，你的动机是利己还是利他并不重要，程序的最终奖励仅取决于你的行为所提高的总体受益指数——即提高的净收益。个人利己主义也可以导致公共受益指数的提高。艾略特（T. S. Eliot）[1] 曾说，"在完美的系统里，无人有向善的必要"。也没人需要是聪明的或者是信息充分的。所有问题都在超级计算机及终极受益函数中快速、准确地加以解决。搜索信息、思想、辩论及良知的经济是完备的。任何定性的、辩证的、批判的问题都可以由计算机给出自动、准确、数字化的答案。

这就是我对终极净收益社会的想象。我之所以在这里介绍它，是因为我认为，虽然没人承认它的存在，但很多人将我们现存的非完美系统看成这个完美系统的近似。在这个非完美的系统中，受益指数是利润，受益函数的程序是一组庞大的方程组，描述所有人对商品和要素的需求与供给。竞争市场是计算机通过系统试错，计算出的方程组一般均衡解，这个解是每个人都可以在不损害别人利益的前提下获得的最大福利。

竞争市场听起来是不是很像这个终极受益函数的合理近似？美国前总统经济顾问查尔斯·舒尔茨（Charles Schultze）[2] 认为，"市场逻辑的制度安排……削减了对热情、爱国、兄弟之情以及文化团结的需求，而这些正是社会进步的推动力量。人类最重要的社会变革成就，就是约束住了物质自利主义的行为基础，提高社会总受益"（转引自Schwartz, 1987, p. 247）。

对正统经济理论的批判，如舒马赫（E. F. Schumacher, 1973）[3] 对市场受益函数的哀叹：

> 在现有的表示谴责的词汇中，很少有一个词像"不经济"那么具有决定性和结论性。如果一个行为被贴上"不经济"的标签，那么其存在的意义则不仅要被质疑，甚至要被权力否定。任何阻

---

① 艾略特（1888—1965），美国作家、诗人，生于英国。1948年诺贝尔文学奖得主。
② 舒尔茨（1924—2016），美国经济学家、政府官员。他是林登·约翰逊总统"伟大社会"计划的实际操盘手，并担任卡特总统经济顾问委员会主席。
③ 舒马赫（1911—1977），英国经济学家，生于德国。他反对物质主义和盲目的经济增长，他的理论对生态经济学同样具有重大的启发意义。

碍经济增长的事物都是可耻的，如果有人坚持这些事物，那么这些人就被认为非疯即傻。即便人们认为一个事物是不道德的、丑陋的、毁灭灵魂的或者有损人格的、威胁世界和平或下一代的，但只要没有证明它是"不经济"的，你就没有真正质疑其存在、生长、繁衍的权利。(p. 39)

在一个净收益社会里，称一个事物为"不经济的"就是对它判了死刑——也是唯一合法的死刑。假设超级计算机计算出了完美净收益的解，那么反对其增长就是可耻的，因为如果它是不道德的或丑恶的，那其必然会对净收益产生消极影响，并因此而失去存在的可能性。但众所周知，我们的净收益并不是一个完美的受益函数，很多人相信"完美受益函数"这个概念本身就是一个危险的抽象概念——"因为这个系统是完美的，所以无人有向善的必要"，而这将导致善的萎缩，就像得不到使用的肌肉一样。认为社会效益与我们行为动机的本质无关，这种想法是很荒谬的。

然而，我们从不完美的净收益中也可以得到一些重要的启示。我认为，对净收益过多或过少的关注，都可能导致谬误。

我们现有的净收益是否已经足够接近终极受益函数？在这个净收益的指示下，是否可以确保重要的事物得到足够的关注？抑或这个净收益只是一个拙劣的近似，它削减了事物独特的价值，仅保留一个不恰当的低公分母——例如为满足个人品位，它所扭曲的信息甚至比传递的信息要多？又或者说，这个净收益根据背景不同而发生改变？净收益就像《圣经》那样，要求系统诠释而非字面解读。

在尝试处理这个问题的过程中（请注意我没有用"解答"这个词），我希望将实际的净收益放在三种环境下考虑：

(1) 在其常见领域内考虑，对于市场经济中的营利部门，净收益即被认为是利润。

(2) 在其不常见的领域内考虑，对那些非营利部门来说，存在一种受限制的净收益。这种净收益不被当作利润。利润只是一项约束，但并不要求最大化。非营利部门当然受预算约束，但和追求利润还是不一样的。

(3) 在总体经济下考虑——包括所有企业，无论是营利还是非营利的——国民生产总值被认为是最重要的"净收益的净收益"（lineus bottomus bottomorum）（古典学家酌情接受一下伪拉丁语）。

营利部门

在营利部门中，如果一种行为可以给行为主体带来充分的短期资金利润，那么这一行为就是经济的。在实际中，经常如此给"经济"一词下定义。但是这种惯常定义可能与"经济"（economic）一词的词源和古典用法有所出入。亚里士多德（Aristotle）对"经济学"（oikonomia）和"理财学"（chrematistics）做出了重要区分。现如今，"理财学"通常可以在完整版的字典中找到，被定义为政治经济学分支，通过操纵财富和资产来实现短期资金交换价值最大化的目的。与此相反，经济学是通过管理家庭资产和财富，来提高其对所有家庭成员的长期使用价值。我们可以将"家庭"的概念扩大到更大的集体，在这些集体中，成员的生活和文化熏陶彼此依赖。在经济学里，净收益是使用价值、财富，或者生活享受，而金钱（交换价值）只是一个工具。而在理财学中，净收益是金钱（交换价值），它被认为是财富的同义词，至少是其最佳度量尺度。

英语词汇中经济"economic"一词演化自"oikonomia"，但如今它的意义往往与理财学（chrematistics）更为接近。华尔街的活动是理财行为，不是经济行为。如果不是这样，那么2009年的金融危机就不会发生。现代世界充满了理财家。理财家在古代世界也不少见。据亚里士多德说，伟大的哲学家米利都的泰勒斯（Thales of Miletus）① 财富不足，人们质疑他的哲学根本没用。"泰勒斯，如果你真的那么聪明，为什么你并不富有？"为了终止这种质疑，泰勒斯决定变得富有。他通过星象的知识预测到橄榄将会丰收。于是，他在冬天的时候租下附近所有的橄榄压制机，等到橄榄丰收时赚了很多钱。有钱后，泰勒斯对

---

① 泰勒斯（公元前624—前546），古希腊哲学家。因为出生在港口城市米利都，被称为"米利都的泰勒斯"。他是西方历史上第一个留下姓名、有据可考的哲学家，因此被称为"科学和哲学之祖"。他认为水是世界的本源。

水的重要性演讲的听众就变多了。我知道很多教授都想模仿泰勒斯的教学技巧。

但是，无论泰勒斯还是亚里士多德都没有将这些小把戏当真。毕竟泰勒斯没有种植橄榄树，没有制造橄榄压制机，也没有发现橄榄油的新用途，而且只有他自己变得富有。事实上，他是以牺牲别人的利益为代价而获得财富的。泰勒斯的思想对世界的贡献远大于他对橄榄压制机的垄断。但大多数现代理财家们并非如此——比如，善于狡辩的律师、精于税务的会计，以及不生产任何东西的寻租者。我们的"终极受益函数"正在对那些没有贡献的人开出巨额支票。只有当一个人的贡献"看不到"时，才会将其如此夸大。在2008—2009年的金融危机中，很多这种夸大被公之于众。不幸的是，市场的"纠错"依然是以那些收入从未被"夸大"的人的牺牲为代价。

"经济学"（oikonomia）和"理财学"（chrematistics）有以下三点区别：

（1）经济学考虑长期问题，而理财学考虑短期问题。

（2）经济学考虑整个社区的成本和收益，并不仅考虑交易参与者。

（3）经济学关注价值的创造和有限的积累，并不关注抽象的交换价值以及交换价值对无限积累的刺激。无限积累是理财者的目标，也证实了亚里士多德所说的：这些行为是不自然的（unnaturalness）。真正的财富受到其用途的限制。对于经济学来说，有过犹不及之时；对理财学来说，则是多多益善。

利润的净收益是一个不完美甚至是不正当的受益指数。证据之一是，它不仅反映经济学家的观念，也反映理财学家的观念。对于这一点，一些经济学家可能会提出反对意见。亚当·斯密"看不见的手"的理论小心地给出了将个人理财行为转化为社会经济的条件。这些条件是：竞争市场、产权确立、不存在外部性。经济学家承认外部性很重要，但通过使价格反映所有成本和利润，可令净收益作为受益函数的基本功能得以恢复。通过将外部性内部化，我们可以使净收益反映出第三方、下一代、非人类生物等付出的成本。一旦外部性通过合适的税收和补贴得以内部化，我们便可以继续盯着净收益并"把我们的热情、爱国情、信息以及手足之情经济化"。

　　我的同事们提出了一个观点。对于将外部性内部化的观点，我给予两声真诚的欢呼。但要我再欢呼一声，我就有所保留了。因为在我看来，内部化的逻辑并没有在所有结论中得到充分体现。为说明这个观点，我们来看一个与开采、使用煤炭相关的外部性内部化的例子。

　　首先，让我们谈谈矽肺病。如果劳动力市场是完全的，开采者有安全的替代就业并且是完全流动的。在这种情况下，如果他们理解矽肺病的危险，他们会要求更高的工资。而这会导致煤炭公司的成本增加，并最终导致煤炭价格提升，而煤炭使用者将为这些费用买单。原有的外部性被内部化，成为煤炭价格的一部分。但如果工人的替代职业过少、信息不充分、流动性缺乏，那么市场工资将不会包含矽肺病的成本。那些真正患病的工人将不得不自己承担治疗费用，而矿长不会对此给予补贴。煤炭的使用者也不会为煤炭生产的所有成本付费。

　　通过法律规定煤炭企业支付矽肺病的医疗费用，并为痛苦和预期寿命减少支付附加费用，这些成本可以被内部化。那么这些费用，自然而然会被转移到煤炭价格上。

　　对此，理财家们会提出反对意见："我们能负担得起这么高的煤炭价格吗？"高价格会伤害消费者，特别是那些贫穷的消费者。所有原材料包括煤炭的商品价格都会提高。更高的国内商品价格会损害出口而增加进口，恶化我们的国际收支账户并降低我们在国际市场上的竞争力。我们能负担得起这些成本吗？

　　真正的经济学家对这些理财学者提出的问题已经有了答案，"我们准备好承担这些成本了"——只要我们继续开采煤炭，这些成本就会存在，不会消失——那么问题是由谁来承担这些成本，以及成本是否已经被最小化了？成本是开采煤炭、焚烧煤炭所需要牺牲的收益。如果煤炭的使用者认为使用煤炭的边际收益并不值得其所支付的价格，此时的价格包括所有成本（包括牺牲的肺部健康，以及对其局部修复所需要的资源），那么煤炭销量就会下降——这是煤炭本就应该减少的销量。难道你认为煤炭的额外价格比其价值更高时，人们还会购买更多的煤炭吗？

　　另外，一旦煤炭企业支付这些额外的费用，它们就有了减少成本的动机，它们会采取措施保护矿工的肺。但是，只要还是纳税者或者矿工的家庭在为这些成本买单，这种激励就不会存在。

在这场辩论中，我完全支持经济学家。但令人遗憾的是，在商界和政界有太多理财学者反对将外部性内部化，因为他们看不到肮脏的净收益之外的东西。外部性内部化并不会损害净收益，但会重新计算它，用一个更干净的净收益替换它。这个敏感政策的反对意见的源头在于重新计算净收益将会减少煤炭开采公司的福利——煤炭开采公司会失去补贴。

然而，一旦我们赢得了外部性内部化的战役，我们就能回到"看不见的手"，重新投入到理财学的个人利益保障中去，因为这对我们重新计算的净收益有利，也将对世界有利。新系统是否会重新变为一个足够完善的系统，因此无人需要向善？

在得出这个结论之前，先让我们考虑一下那些煤炭引起的更普遍的外部成本：酸雨、温室效应。对此，将外部成本内部化依然有效，但计算更加困难。首先，这些是全球性问题。英国开采煤炭导致瑞典产生酸雨，美国开采煤炭导致加拿大产生酸雨。其次，煤炭并不是酸雨或者温室效应的唯一原因。那么酸雨问题应归咎于煤炭和其他能源的比例各是多少？有多少是由于协同反应，有多少是自然形成的？全球二氧化碳增长造成的全部物质后果不可预测，甚至连因此造成的损失也不可预测。同时，外部成本更多是在未来发生，而煤炭使用的收益主要立足现在。理财家告诉我们，由于成本在未来发生，所以可将其贴现，但是这种做法依然存疑，且贴现率很大程度上是主观的。任何通过计算煤炭价格提升幅度，希望以此将酸雨和二氧化碳的外部性内部化的做法，在很大程度上都是依靠主观假设和猜想。

逻辑、规律依然是有效的，但是问题的规模超过了工具可以解决的范围——就好像用一把茶匙疏通密西西比河的淤泥。当我们基于生态和道德标准设定数量的界限和最低安全标准时，问题会得到更好的解决。随后，我们让价格适应物质的极限。你也可以将其视为一种内部化的策略，只不过它是基于控制整体数量而非控制价格。经济学家羞于控制数量——因为其背后的含义比控制价格更为激进。

最后，让我们看一个介于二者之间的例子——不像矽肺病那么容易解决，但也不像酸雨和二氧化碳问题那么难缠。以有毒废弃物为例，假设 25 年后，所有有毒废弃物的外部成本都已经能得以预测，并且预防、清理和补偿受害者的成本都已纳入产生有毒废弃物的化学物品的价格里，那么，在化工产业中，将有多少净收益由正转负？整个化工行业将减产多少？我想一定是相当大规模的减产。如果你能平静地看待这些减产，那么你是真正的经济学家。而如果你一想到这些就惊慌失措，那你仍是一个理财学者！看一眼那些因国有化生产炸弹而造成的钚污染，那些认为将化工产业国有化可以解决问题的想法也就站不住脚了。

总而言之，就算是在其常见的领域内，营利部门的净收益也被理财者们误读了。真正的经济学家理解净收益的短板，并寻找外部性内部化的方法进而弥补这些短板。对那些特定的、地域性的、小规模的外部性，例如矽肺病，这种方法适用；但对于更普遍的外部性，例如酸雨和温室效应，则需要更激进的方法。同时，营利部门内部也在积极地寻找补偿损失的方法，例如工会、消费者协会、公开规范的民营企业，以及制定公平贸易措施，等等。这些重要的措施仍然存在于营利部门内部，但在这里我们不再讨论了。

接下来我们讨论非营利部门，看看它们的净收益是否更接近我们假设的"受益指数"。

非营利部门

非营利部门包括政府服务、慈善、公共研究及信息组织、军队、大学。在极端情况下，对社会主义国家来说，几乎一切都属于非营利部门。在二者之间还存在真正的福利国家、极大依赖利润的市场社会主义模式，以及极具启示意义的古巴社会主义。非营利组织的确有不同于利润的净收益——一个反映其主要目标的受益指数。它们也必须量入为出。人们可能会认为，非营利组织相较于那些依赖利润的组织，其受益指数不会有那么多任性和偏见。下面这些例子却对此提出了质疑。

公共肺结核医院通过制定一系列定量指标来管理目标。管理者通过制定目标，并设计一个衡量目标完成情况的指数，来衡量所有活动和员工对完成目标做出的贡献，希望以此提高效率。对于此类问题，很难找到一种描述净收益理论的简洁方法。目标很简单：令肺结核病人恢复健康。恰当的衡量参数的确很难找到，但并非完全不可能。肺结核病人经常咳嗽，如果他们病情好转，则会减少咳嗽。通过在他们的枕头下装置小型麦克风来检测咳嗽的频率，监测发现当病人使用安定或可待因时，咳嗽频率大幅度下降。放松的病人咳嗽频率会减少。那么那些咳嗽频率减少的病人一定是病情好转了吗？并非如此，恰恰相反，他们因为不再咳出阻塞物而使病情加重。咳嗽指数因此弃用。

据报道，美国海军曾用"每月拔牙数"衡量牙医的工作效率，当然结果以可预见的悲剧收场。计算经牙医治疗而保住的牙齿数可能是一个更合理的指标，但又极易被夸大。将被拔掉的牙齿和被保住的牙齿之和作为参数也许更好，但此时我们又无法判断这个数量参数的质量如何，于是我们又回到了对牙医判断力和正直的信任度上，而这正是客观指标力求避免的——设计客观指标的隐含要求是，这个系统不需要善良。

就像以拔牙数衡量牙医水平一样，大学通过发表论文数来衡量教授的学术水平，于是论文发表数奇迹般地飙升。这是因为教授们更加努力工作或者变得更聪明了吗？当然有这部分原因。但还有一些应付方法，只是为了单纯地追求指标而忽略了指标所反映的学术水平。一个明显的应付方法就是写更短的论文，仅达到最低出版要求。这样你可以发表三篇短小、令人费解的文章，而非一篇长而完整并且更易理解的文章；同时也可以增加合著者的数量，这样一篇论文可以为更多教授服务，这让人想起《圣经》里神奇的五饼二鱼故事[①]。现如今，各个学科分支均可以创办期刊，将知识碎片化。而由于计算机的发明，处理数据比思考更加便捷，因此另一种适应方法就是减少思考而处理更多的数据——寻找并不存在的联系，然后将结果作为某个假设的实

---

① 《圣经》中五饼二鱼的故事，即耶稣用听讲小孩带的5张饼和2条鱼使5000人吃饱还有剩余。

证检验发表出来，仿佛这个假设因此就被验证一般。

我已年迈，还记得"要么发表要么灭亡"（publish or perish）之前，那时大学教授没有现在那么努力工作，但是仍然有著作和文章出版。因为当时对教授来说，出版并没有如此大的外部激励，内在激励成为主导因素。文章和著作因为有人确实想要发声才得以出版。对读者来说，这其实是一个良好的过滤器，将那些对知识的一致性、整体性、相关性具有极大贡献的作品过滤出来。

18 世纪瑞士著名经济学家西斯蒙第（Sismondi）[①] 也构想出了一个类似的社会过滤器，用以过滤掉那些对人类有害的建议。西斯蒙第反对给发明者授予专利，因为这将诱导仅以发明者的利益为目的的发明。通过内在动机，我们更可能得到那些造福人类而非仅让发明者获利的发明。同理，如果一篇文章得以发表，只是因为文章的作者想要发声，因此才排除万难写就，那么可读性大概会强过那些为发表而写的文章。

再回到大学的净收益，首先让我们看一看社会主义国家。社会主义国家的大学同样有一个净收益，一个终极受益函数——最终新社会主义者存在于一个无阶级之分的社会中。但是，根据马克思的物质决定论，这要以物质的极大丰富为前提，这需要快速的增长，而快速增长要求实现五年计划的指标。五年计划的指标是以物质单位来定义的。如果社会主义国家制钉厂指标是一个重量指标，那么工厂将会制造很多长钉而减少大头钉、平头钉的产量。如果计划说明了每种尺寸的钉子质量和重量，那么计划又将充斥各种细节信息。同样的问题在其他生产部门也存在，并最终导致苏维埃政府在一些领域尝试将利润作为净收益，因为利润指标看起来是将效用的质量用一个数量指标反映出来——而这个指标是由那些掌握最多信息的人们得出的，例如购买和使用者。物质单位提供的数量网格太过粗糙，无法准确衡量出质量——效用的质量或者达到最终期望的质量。虽然货币交换价值和价值相差甚远，但至少货币价值代表了人们愿意为购买产品所付出的代价，而这部分信息不应被忽视。

---

① 西斯蒙第（1773—1842），瑞士经济学家、历史学家。他的代表作《政治经济学新原理》被认为是亚当·斯密之后古典经济学的一次重要集成。

但同时，货币指数的诱惑也极具欺骗性，它最终导致了非营利部门对其根本宗旨产生怀疑。这确实会发生，甚至在大学中也是如此。大学的净收益是什么？在我的毕业证书上写着我的母校创立之初是"为了上帝更大的荣耀，为了让研究有足够的自由，去冷静无畏地追求真理、美丽、正直以及所有神圣的壮举"。这个宗旨并不是为现有偏好而服务的，而是通过追求客观价值从而提升这些偏好。请注意，净收益并未提及培养一支能够获胜的球队或者成为一个称职员工这种目标，而后者很可能是在一个严肃的校园里学习四年获得毕业证书的副产品，但这并不是大学的净收益。

货币化的净收益极具诱惑，有时大学会认为自己是一个以利润最大化为目标的组织——当教授 X 由于给学校带来了比自己工资多得多的经费而受到赞扬时——就好像"最低工资要与利润相等"，就好像利润是净收益。获得经费对于理财学者来说是一个成功的指标，但对经济学家来说它是一个衡量投入而非产出的指标。如果经费最终能使更多更伟大的对真理、美和正直的研究得以出版，那么其价值已经在发表和引用指数中得以体现，而这些指标虽然有千般万般不是，但起码是一个衡量产出的指标。如果经费没有产生新的出版，那么我们可能不会赞扬 X 教授消耗公共资金却没有新产出的行为。事实上，经费的投入是一项社会成本，在计算效率比率时应被记入分母当中。一个合理的测量方式是计算 X 教授每单位科研经费投入的产出。但事实上，科研经费被习惯性地放入分子。其实，我提议将其放入分母，这在有些人看来是不可理喻的，但无法改变其背后不证自明的逻辑。如果你能平静地看待这个提议，那你确实是一个真正的经济学家，而如果你因此而惊慌失措，那你还是一个理财学者。

宏观经济以及国民生产总值作为净收益

对于这些营利与非营利的讨论，一个符合逻辑的延伸是将国内生产总值作为衡量宏观经济整体净收益的指标。计算国内生产总值有很多困难，这对任何读过《增长报告》（*the Growth Report*, World

Bank，2008）的读者来说，都是显而易见的（虽然对报告的作者来说可能并非如此）。国内生产总值应该不断增长。但是，除了解释其测量方式并区分其构成，委员会只是简单地赞美道：

> 国内生产总值是一个熟悉而伟大的统计数据。它是统计表达的一次壮举，将国民经济的不懈努力和纷繁复杂的变量缩减为一个简单的数字，这个数字可以随时间增长……一个增长的国内生产总值是社会将其总体行为整合在一起的证据。(p. 17)

但是，这也可能是如下事实的证据：社会耗尽其赖以生存的自然资本，将之转化为当前收入；仅将制止坏事的防御性支出——例如治理污染——计入指标，没有对称地将那些坏事本身（如污染）的负项计入其中，而这些坏事正是防御性支出存在的必要条件；由于当前的两方面都会带来增量，因此应将内部产出列入货币经济中。同时，国内生产总值计算总体投资而非净投资，因此折旧或重置现有的人造资本会造成总量的增加。我不讨论这些问题的细节，在接下来的文章中，我将证明，即使是对最杰出的经济学家而言，宏观净收益也被严重地滥用了。

（1）根据国家科学院对气候变化和温室效应的一份研究，《科学》(Science) 杂志引用耶鲁大学经济学家威廉·诺德豪斯 (William Nordhaus，1991) 的话："农业是经济中对气候变化敏感的部分，而它只占美国国民总产出的3%。这决定了农业不可能对美国经济产生太大影响" (p. 1206)。

（2）牛津大学经济学家威尔弗雷德·贝克曼 (Wilfred Beckerman) 在其出版于 1995 年的一本小书《小就是笨》(Small is Stupid) 中指出，温室效应导致的气候变化并不可怕，因为它只影响农业，而农业只占国民生产总值的3%。贝克曼同时解释道，"就算到下个世纪农业净产值减少50%，也只会导致国民生产总值下降1.5%" (p. 91)。

（3）在 1997 年 11/12 月刊的《外交事务》(Foreign Affairs) 杂志中，美国经济学会前主席（2005 年诺贝尔经济学奖获得者）托马斯·谢林 (Thomas C. Schelling)[①] 也对此加以说明：

---

① 谢林 (1921—2016)，美国经济学家，长期任教于哈佛大学。他的研究领域是，运用博弈论的思维制定公共政策。他在医改、裁军、控制毒品等方面都有深入的讨论。

在发达国家中，几乎没有受到气候影响的国民收入项。农业是唯一受气候影响的经济部门，而它只占美国国民收入的 3%。如果农业生产由于气候改变而大规模减产，那么生活成本仅会提高 1%～2%，而那时人均收入很可能已经翻倍。(p. 9)

首先，农业并不是唯一对气候敏感的经济部门，关于这一点，问问保险公司或者卡特里娜飓风后的新奥尔良居民就会知道。但这并不是我最关心的问题。我最关心的是对农业重要性的衡量——仅以农业占国内生产总值的比重来推测其对宏观净收益的贡献。这些了不起的经济学家肯定知道边际效用递减、消费者剩余，以及交换价值（价格）反映边际使用价值而非总使用价值。他们肯定也知道其他经济学家长久以来将农业生产作为初级生产，并且也理解这样划分的原因。我们假设经济学家还知道食物的总需求是著名的刚性的。有了这些假设，我们很容易得到结论，在气候引起的农业灾难中，食品价格将会急剧攀升，由此将导致农业占国民生产总值的比例从 3% 上升至 90%。当然，即使发生这种情况我们也能够适应，因为在历史上，农业确实曾经占国民生产总值的 90%，那时的人们（总数和人均消费更少）也生存了下来。农业占国民生产总值的百分比只能衡量在现有的农业产出下的边际变化（很小的变化）所带来的影响，这显然不是贝克曼于 1995 年提到的"50% 的减产"，抑或谢林于 1997 年提到的"大规模减产"，也不是诺德豪斯在 1991 年所说的"不可能"。这种谬误源于没能区分边际与超边际（infra-marginal）。

这个谬误的另一层面，是忽略了结构关联性。经济学家对列昂惕夫（Leontief）的投入—产出矩阵一定很熟悉，它代表每个部门为了得到其产出需要从其他所有经济部门获得投入。每个部门的投入又是其他部门的产出，这些产出又需要来自几乎所有其他部门的投入，同样地，这些投入又要求其他投入。所有这些技术上相关的产品都从国内生产总值中提出，抽离中间产品，只计算流向消费者的最终产品。那么，试想：在农业部门的投入急剧缩减时，非农业部门的产出将如何变化？

这个谬误还有一个层面。它将国内生产总值的组成部分看成是可以彼此替代的，不仅是在边际意义上如此，在平均以及总体意义上也是如此。如果由于农业减产，国内生产总值下降 3%，那么，只要信息服务产业同时增长 3% 就能保持国内生产总值不变。任何价值一美元的物品都可以被其他价值一美元的物品所替代。这对 1 000 亿美元同样适用。虽然金钱是可替换的，但实际国内生产总值并不是。我们用金钱衡量国内生产总值，但国内生产总值显然不同于金钱。一美元只是一张纸或者一张支票；而一美元的食物却是可以维持生命的必需品。金钱的可替代性不代表食物或者信息服务的可替代性。如果我们没有足够的食物，谁还会对信息服务感兴趣呢？如果我饿了，我只想吃饭，而不是想得到一张食谱或者一堆食谱。这也许正是经济学家习惯将农业称为"第一产业"，而将服务业称为"第三产业"的原因吧。

但是，要理解如此杰出的经济学家为什么会犯这种谬误，仍非易事。在上述三例中，错误的论断成为经济增长的辩护词。也许这些看似不容置疑的结论，让谬误推理变得更为可信；也许这反映了经济学家看不起农民。事实如何我并不清楚，但我确定这一错误并非缘于三位的无知或糊涂，他们是我熟悉而又认为值得尊敬的经济学家。如果这些经济学家犯糊涂，他们的错误可能不会被发现，因为他们德高望重，人们只会怀疑是新古典经济学的假设条件出了问题，而他们对新古典经济学深信不疑。

将这个谬误的各种起源列一张图，放在每本经济学教科书的第一页，我认为是很有必要的。这张图展示了作为一个介于企业与家庭之间的独立循环流的经济过程。这是一个封闭的循环，没有流入也没有流出。没有自然资源被带入循环中，也没有废物从循环中排放到环境里——没有垃圾、没有补给——一个永动机！当然，有人会辩解，经济学中包含对稀缺性的讨论。对于一个空世界，资源和废物都可以被吸收，这种吸收是非稀缺的、可抽象的。而在满世界中，这种吸收是稀缺的。于是，经济学家又通过特别的"外部性"将消耗和污染加入这个独立循环中，由此成为继托勒密（Ptolematic）本轮①后又一"拯救现象"的理论。

---

① 在托勒密的宇宙模型中，行星沿着本轮（epicenter，周转圆）的小圆运行。而本轮的中心沿着被称为均轮的大圆绕地球运行。这一模型可以定性地解释行星为什么会逆行。

这种理论，只要还在使用，就依然有效。但在教科书中，始终没有类似"哥白尼革命"①的经济学前分析图景（pre-analytic vision），将经济系统视为一个包含于生态系统的开放子系统。这个子系统的根基之一，就是将国内生产总值——一种抽象的交换价值——从它的物理维度中抽离出来，放入一个循环当中。一个不受其物理维度影响、不反映任何内在结构、不关心社会分配、无所消减的指数，却作为衡量净收益的指数被提出，是非常靠不住的。国内生产总值并非一个衡量宏观经济向好程度的良好的净收益指数。而更为荒谬的是，还有人认为国内生产总值的增长最终会推动经济超越地球的物理极限。

结　论

我们可以得出这样的结论：上述问题是由人类经济与自然环境和生态系统增大规模上的关联性造成的。经济从空世界向满世界的转变，是外部成本范围增大、国民生产总值中防御性支出不断增长的根本性隐含原因。人口规模急剧增长，在我有生之年就已经增长了两倍之多。而随着人口增长，牲畜、汽车、房屋、冰箱等都以超越两倍的规模增长。这些增长的数量构成了巨大的耗散结构，使环境无论从短期维持还是长期更新的角度均增加了负荷。这种人口规模的爆发式增长发生在一个有限的地球上，而这种增长更适合被形容为"聚爆"。"爆发"形容物体向各个方向扩散，而"聚爆"形容物体被搅在一起，相互干涉、拥挤、替代。这种相互作用导致了外部成本和防御性支出的增长。拥挤和替代，要求我们做出选择——不是多选而是单选。人口规模与有限环境的对立，最终导致内爆产生。越来越多的选择，要求对敏感的净收益价值做更清晰和可操作的价值表达。

人们不应相信经济学家对这些难题的选择。不幸的是，新古典经济学家倾向于将一切价值都降低至个人品位标准，而认为公众的共识

---

①　哥白尼革命，是指哥白尼日心说那样的颠覆性理论。譬如，康德哲学开启了现代哲学的先河，就被称为哲学界的哥白尼革命。

（consensus）并非必需。当然，避免冲突是必要的。但如果包含个人倾向的真实价值可以被划分为好与坏，并且人们了解并掌握这些价值，那么就应该向那些理财学者的净收益提出更尖锐的问题。当苏格拉底牛虻①般冒死也要咬醒世人的精神不复存在时，我们会发现，正如舒马赫（Schumacher, 1973）所担心的那样，真理、美、正直将仅仅变为"不经济的"。

当然，如果人们自己并没有超越个人喜好的价值，或者他们羞于提及客观价值的概念，并将一切价值都降低到个人喜好，这时无论人们得到何种改良和教育，问题还是会留给经济学家。如果真的只能留给经济学家，我希望我们的经济部门能成为凯恩斯（Keynes, 1936）所说的"一支勇敢的异教徒之军……他们追随自己的直觉，宁愿揭示晦涩而不完美的真理，而非坚持谬误；以简单的逻辑清晰、连贯地获得真知，而不是坚持那些与事实不相符的假设"（p. 371）。

现如今，维持这些经济学谬误的是复杂的数学运算而非简明的逻辑。就我个人而言，我还没看到在现有的国内外高校的经济系中涌现出一支勇敢的异教徒之军。现有的课程旨在发现潜在异教徒，并将他们驱逐出科学的殿堂。革新更有可能来自外部的规则挑战者。希望自然科学和人类学帮助推动这种革新是合理的吗？一个学科是否生来便要质疑其他学科？以真理、美、正直的名义，科学家、人类学家、公民是否可以向经济学家这样发问：如果系统可能是充分不完美的，人们是否需要向善？假装人们已经足够善良，因而任何系统都适用，这种想法是愚蠢的。但相信系统足够完美，能够将私人的恶转变为公共的受益，是否也是愚蠢的呢？也许经济学该回到它作为道德哲学一部分的本源了。

参考文献

Beckerman. W. (1995), *Small is Stupid*: *Blowing the Whistle on the Greens*, London: Duckworth.

Commission on Growth and Development (2008). *The Growth Report*:

---

① 苏格拉底认为他是神派来给雅典人的牛虻，雅典已是一头懒惰的公牛，需要被牛虻叮咬以获得活力。

Strategies for Sustained Growth and Inclusive Development, Washington DC: The World Bank.

Keynes, J. M. (1936). *The General Theory of Employment*, *Interest*, *and Money*, New York: Harcourt Brace.

Nordhaus, W. (1991), *Science*, p. 1206.

Schelling, T. (1997), The cost of combating global warming: facing the tradeoffs, *Foreign Affairs*, **76**, 8-14.

Schumacher, E. F. (1973), *Small is Beautiful*, New York: Harper & Row.

Schwartz, B. (1987), *The Battle for Human Nature*, New York: Norton.

10. 道德与经济、生态学的关系

道德的问题

道德是将多种目的按照优先级排列的顺序，这种优先级是根据终极目的（ultimate end）① 的愿景而确定的，尽管我们能察觉到的愿景也可能是不甚明确的。终极目的本身是善的，它的善存在于自身之内，并不附着于其他益处。所有其他的益处，都是在不同程度上由终极目的的善延伸出来的。道德是关于把最重要的事放在首位、高级价值优于低级价值，然后根据环境的变化依据价值序列行动（Daly and Townsend, 1993, pp. 17–24）。在特定的环境下，可能指医疗环境、经济环境、家族环境等，但在不同的环境下，道德问题基本一致，因此道德是单数唯一的。道德让我们明白什么是最重要的，什么是次重要的，并依此行事，它让我们洞悉世界是如何运行的，避免反常的意外后果。如果我们对终极目的有清晰的认知，这个过程便是自上而下的；但更多时候，只有在特定环境下排列各种竞争性目的，并依照良

_____

① 终极目的是德国哲学家马克斯·韦伯（Max Weber）在 1918 年发表的演说"以政治为业"中提出的概念，指的是人类根据信仰而非理性所要追求和实现的最终目的。

知行事，在一种自下而上的过程中，我们才能窥见终极目的的真实面目。

对于生命的各个领域，终极目的以及目的（purpose）的优先级并没有差异。经济伦理、环境伦理、医疗伦理等等，并不是不同的伦理，而是同样具备独特性的道德，只是应用在了不同的环境中而已。在将"农业伦理"与"医疗伦理"分离的问题上，温德尔·拜瑞（Wendell Berry）[1] 曾说，农业关心我们吃什么却不考虑我们的健康，医疗关心我们的健康却不考虑我们吃了什么。一个更为连续独特的道德观则会把健康排在价值等级前端，并且会对农业和医疗的实际做法分别评价。对农业和医疗而言，将不会存在不同的终极目的或价值等级。因专业差别而将道德多元化，将导致不连贯的后果。

另一种道德的不连贯是由终极目的多元化造成的，这些"终极"目的被归为彼此相同或彼此不可比较的价值。在这个多元化时代，"一个唯一的终极目的"会受到排挤——人们经常听到这种说法：某人的价值观与另一人同样正确。这里所指的并非客观价值，只有主观偏好。这种不连贯性在实证意义上等同于否定道德。因为它意味着，任何替代选项只要声明其是"终极"目的，就可以被"道德"地选择。将"终极"一词做复数处理，不仅仅是一种语法上的错误。由于"最终"是单数唯一的，道德作为各种复数目的的优先选择也一定是单数唯一的，至少应该努力成为单数唯一的。

经济学与道德

由此，我们接受"经济伦理"意味着一种共有的、单一的道德，这种道德应用于生活的经济环境之中。但即便如此，也不能说这个道德就是被个体运用于他们实际的经济行为中的道德，或是那些用于管理公共经济政策的道德，也不能说是那些经济"科学"的职业道德规范。

---

[1] 　拜瑞，美国诗人、随笔作家、小说家和农民。他于 1934 年 8 月 5 日出生在肯塔基的新堡。纽约书评介绍温德尔·拜瑞时写道："一位肯塔基农民和作家，也许是我们当代伟大的道德伦理随笔作家。"

当试图为经济学家制定职业道德时，一些比较特殊的问题也被提出。如果假设决定人类行动原则的根本动机是个体的利己主义（也许近乎终极目的），那么很难再声称，由于那些专业人士与普通人不同，当其为某些职业"道德准则"服务时，这些专业人士会被利己主义以外的动机驱动。而声称"价值中立"——这本身也是一种价值——则全然难以令人信服。利己主义的假设首先被经济学家应用于私人部门的个体，然后通过公共选择理论将其应用到公共部门，用来"表明"公共利益只是在公共部门就职的个体的私人利益。推而广之，由于对客观研究的追求（pretension）①，研究私人和公共决策的学者及经济学家，也应被视为超越了自身利益。同样，政府公职人员由于其对公共利益的追求，也可以视为超越了对自身利益的追求。对经济学家而言，如果他们自己的职业道德准则不同于利己主义，那就将有悖于此准则对人类动机的基本假设。正如企业的目的是股东利润最大化（或者是 CEO 奖金最大化?），经济学专业的存在则旨在最大化经济学家的福利。任何"职业道德准则"都将是一种伪装，是对经济学家们真正意图的掩饰。在为人类福祉服务时，经济学家除了要与道德打交道，他们还试图设计一个——用艾略特（T. S. Eliot）的话说——"完美的系统，在这个系统里没有人需要是向善的"。正如曼德维尔的《蜜蜂的寓言》（*Fable of the Bees*）② 以及亚当·斯密的"看不见的手"所展示的那样，道德将不再是必要的。

关于 2008 年金融危机的纪录片《监守自盗》（*Inside Job*），展示的不仅是经济学家道德准则的匮乏，更留下了对现有经济准则的质疑——这种经济准则可以将任何超越利己主义经济人假设的动机，逻

---

① 此处为一语双关，也可以理解为"假装"。

② 伯纳德·曼德维尔（Bernard Mandeville, 1670—1733），哲学家，英国古典经济学家。曼德维尔作为 18 世纪道德哲学的主要贡献者之一，向人们揭示了在强制性的行为限制中，个人为追求自身利益的行为可能会增进整个社会的福利。但 18 世纪的西欧思想界却充斥着对他的各种批判，甚至人身攻击，这些批判和攻击都源于他的主要著作《蜜蜂的寓言》中所提出的观点。在曼德维尔看来，如果从道德的角度看，受自利驱策的商业社会是应该受到谴责的，但如果想以公共精神为基础而建立起一种充满美德的繁荣社会，那纯粹是一种浪漫的奇想。这就是著名的曼德维尔悖论。从此，曼德维尔这一观点——私人恶德即公众利益——便成为人类经济活动和经济实践中无法挣脱的噩梦。

辑内化为经济学家自身的行为。很多举足轻重的经济学家仿佛也未能意识到,其对公共利益的实际分析和为付费客户提供的"咨询"之间是存在利益冲突的可能的。

我的个人经历从另一个角度证实了这个观点,这个经历可以被看成是对经济学家职业道德的一种洞察。《增长报告》(*The Growth Report*, 2008)是由增长与发展国际委员会(Commission on Growth and Development)撰写的一份为期两年的研究成果,委员会由 16 个国家的 18 位杰出成员组成,其中包括两位诺贝尔经济学奖获得者。其赞助者声名显赫,以世界银行为主。这些赞助者可以作为对经济增长主流共识的代表,也就是说,它们可以看作对终极目的的一个最佳近似。《人口与发展评论》(*Population and Development Review*)邀请我对《增长报告》进行评论。我的评论(Daly, 2008)很尖锐。我期待收到来自报告作者或是委员会主席的驳论,至少是一个回复,而期刊编辑也曾礼貌地邀请委员会主席就我的评论做出回复。但他们并未给出任何答复。这其实微不足道,但也许像大侦探福尔摩斯故事中的那条一到半夜就不叫的狗一样①,正是解决这个谜题的线索。诚然,有很多问题、很多人理应被无视。但经济学家是否可以无视这样的问题:增长是否已经令财富的增长速度超过了恶的发展速度,就像在过去的空世界里那样,或者在新的满世界中是否恶的发展速度已经超过了财富的增长速度?在字面意义上,增长是否仍是经济的,或者说增长已然成为不经济的?这些在我的评论中反复被提及的问题并没有出现在报告中。毋庸置疑,我提出的问题并不是没有价值的,但看到这些问题再次被忽视时,令我感到不舒服的已经不仅仅是单纯被轻视的愤怒了。我的批评并未带来一场与报告作者的对话,我相信,这喻示了经济学专业的一种更深层次的道德失败。道德包含在追寻真理过程中的讨论。

我提及以上种种,是为了说明公众关于经济学问题(Daly, 2013)对话的缺失。鲜见关于《增长报告》的评论,更遑论回复或答辩。为什么要对别人的成果评头论足?这对学术信用并无益处,一不小心还

---

① 源于柯南·道尔的福尔摩斯系列小说之《银色马》(*Silver Blaze*)。一匹著名的赛马被盗,驯马师被杀,福尔摩斯注意到,没有一位目击者听到当晚看门狗的叫声。他以此为突破口,侦破了这一案件。

会树敌。通过开放辩论纠正错误是学术伦理的基本部分。但经济学勉强算得上科学，为什么还要费心思考虑这么多呢？无论如何，专家们的共识被看成是一门成熟科学的特征。因此，通过提前宣布"所有能胜任的经济学家"都已经达成共识，并避免公开讨论关键性问题，经济学家先发制人地宣告了经济学成熟科学的地位。

拥有"成熟科学"的名头，经济学家就可以把自己包装成能够提高信誉的专业咨询师，并将其成果向各种利益集团出售。这至少是经济学家的一种职业道德。根据经济学家推断的个人利己主义，这种职业道德与经济活动中的其他参与者别无二致。

经济学研究这样的问题：如何在物理极限内，运用稀缺资源获得尽可能多的有序价值，同时避免将资源用于满足低级价值而忽视更高级价值，及其导致的资源浪费。稀缺性存在于我们的环境中，环境是有限的、不可增长的、物质封闭的，只有固定比例的太阳能流入，并依照热力学定律运转。经济学伦理的大问题是如何将我们有限的最终资源，服务于依据终极目的自上而下排列的目的。用于满足我们需求的最终资源是一种低熵物质能，在净值意义上无法再生，只能被耗尽(Georgescu-Roegen, 1971)。从根本上来说，我们有两类低熵能：太阳能和地球储备。它们具有不同的稀缺性：太阳能流量有限但总量充足，而地球资源储备总量有限但短期流量充足。我们可以以极快的速率用光有限的地球低熵能，将未来的化石燃料在今天用尽，然后等待未来接收到的太阳能。我们无法储备太阳能，因此，我们不得不面对新的特殊的道德拷问，虽然现在和未来之间的利益平衡及资源分配问题是伦理学或经济学的传统议题。

如何平衡现在与未来的利益？在经济学教育中，这个问题也被提了出来。在每代人之间，大量的知识传递是一种不可避免的必需。这种传递并不是自发的，需要两个道德决策。上一代必须决定什么知识值得他们花时间教授，下一代也要决定什么知识值得他们花时间学习。一些知识被两代人同时筛选出，成为指导未来、发现新知的基础。另外一些知识则未能通过筛选，最终丢失。正如一次歉收就可能导致大饥荒，知识在两代人之间的一次传递失败，则可能导致大众的无知。

对于两代人之间的知识过滤器，我们了解多少？哪些知识能通过这些过滤器，哪些知识又被滤出？这些问题的答案，我不得而知。但根据舒马赫对托马斯·阿奎纳（Thomas Aquinas）[①] 和勒内·笛卡尔（Rene Descartes）的反思，我有一个推断。阿奎纳说，对于高级事物，即使是不确定的知识，也比低级事物的确定知识更有价值。笛卡尔则恰恰相反，他认为只有几何学上确定的知识才值得保留，而对于不确定的知识，即使这些知识是关于高级事物的，也应该被抛弃。两种过滤方式代表了两种选择偏差，在极端情况下，它们代表了两种相互对立的关于判断知识去存的错误。

我们更容易犯哪种错误呢？我相信笛卡尔的观点在今天被过度关注，而阿奎纳的观点受到的关注较少。且将阿奎纳的"高级事物"认作是目的，是对正确目的的认识。"低级事物"我认为是指技术——如何高效地完成某件应该被首先完成的事情。我们过度开发技术知识，却对我们并不确定、但更高级的"正确的目的"鲜少关心。相对于正确的目的，上一代人似乎对教授技术更加卖力，而相应地，下一代人也对学习技术更有兴趣。因此，我们开发更多的能源，但开发能源的目的却越来越少。正如物理学家温伯格（Steven Weinberg）[②] 所说：科学令宇宙更容易理解，令我们对宇宙的控制力更强，同时也令科学本身变得更加无意义，令我们对宇宙的控制变得缺乏目的。

生态学与道德

现在考虑另一个领域——环境伦理学，或者说是单一的道德中与环境相关的部分。生态学及其母学科生物学都和经济学一样，将利己主义作为基本承诺。在经济学中，通过竞争这只"看不见的手"，利己主义被认为最终将促成公共利益。在生物学中，"自私的基因"通过自

---

① 阿奎纳（约1225—1274），中世纪经院哲学的哲学家、神学家。他把理性引进神学，用"自然法则"来论证"君权神圣"说，是自然神学最早的提倡者之一，也是托马斯哲学学派的创立者，成为天主教长期以来研究哲学的重要根据。去世后被封为天使博士（天使圣师）或全能博士。他所撰写的最知名著作是《神学大全》（*Summa Theologiae*）。

② 温伯格（1933—），美国物理学家，1979年诺贝尔物理学奖得主。

然选择，在竞争的环境中推动着生物进化，并使生物适应环境。当然，也存在与之不同的声音，譬如亚当·斯密的《道德情操论》和彼得·克鲁泡特金的《互助：一个进化的因素》。但无论如何，学界理论的主流仍然支持自私，生物对环境的不断适应以及生殖成功就是这条主线的最好佐证。生态学，甚至生物学、化学、物理学，对于这些学科来说，道德的土地似乎比经济学更加贫瘠。

如果我们生活的世界只是一个完全偶然而又不真实的短暂事件，就像自然主义者所说的那样：这个世界经历了漫长的演变，最终将趋向瓦解。而我们作为这个世界的一员，很可能也是由一个短暂的偶然事件所产生的，那么道德将变成一个谎言。道德要求有目的、对客观价值的需求以及相关行动的层级关系、最终的因果关系、技术和对终极目的的理解——自然主义者支持而唯物主义者反对的所有东西。最普遍的观点是，一切都是注定的。这个观点来自古老的伊壁鸠鲁（Epicurus）①，他认为原子在空虚中按照既定轨道运行，这个理论被现代科学唯物主义重新构建。按照伊壁鸠鲁的理论，任何不适合这个理论的事物会被"解释"成是由原子没有按事先预定轨道运行的"偶微偏"（clinamen）以及无法解释的"偏离"（swerve）所造成的。由于这种观点认为获得价值的行动是可以自由选择的，因此取缔了道德所要求的终极目的以及价值的优先级。也许这种偶微偏可以被视作一种"经验系数"。而道德则被双重排除在外——如果一切都是注定的，那么意志就是一种幻象；如果善与恶并不存在，那么即使可以选择，如何道德地选择也将失去标准。甚至对于快乐——伊壁鸠鲁所声称的终极目的也是注定的，那么任何关于其他可能性的辩护都将是无意义的。

客观价值或终极目的的观点令我们感到恐慌，因为我们认为这可能会令那些有不同终极价值的人难以忍受，甚至招致他们的批驳。这当然很危险，但更危险的是，在我们试图说服这些反对者时，我们否定了客观价值的存在，变得不再坚持任何事。这只是我的主观偏好对

---

① 伊壁鸠鲁（公元前341—前270），古希腊哲学家。他提出了享乐主义哲学，认为人生的意义就在于享乐，原子的运动没有章法。

比你的偏好，既然前提是偏好没有更权威之分，那么说服者将无所指向，被说服者则无所接受。没有另一种选择，只有你死我活的斗争，无论是通过武力还是通过谎言。对现实存在的客观价值的坚信，包括我们思考这些价值的能力——虽然这些能力我们还知之甚少——对避免专制的暴力统治尤为必要。

一些唯物主义生物学家认为，道德以及自由意志只是幻象，而生存价值则好处多多。他们推测这些生物的选择条件是是否能够成功繁殖，从而适应环境——更准确地说是随机变化的环境。但他们并没有更深入地思考洞悉这些幻象的后果。如果幻象被视为幻象，那么还能迷惑人吗？我对此保持怀疑。饮下这杯毒酒的后果之一于1924年发生。在这一年，两个年轻的尼采-达尔文主义虚无论者，为了证明他们不受客观道德幻象的影响，谋杀了另一个年轻人。他们的律师是著名的克莱伦斯·丹诺（Clarence Darrow）①，他辩护的唯一依据是，这两个青年的行为是注定的，是从一系列严格因果关系链中"滑出去的"（或者说是突然转向，正如偶微偏所"解释"的那样）。但是，如果没有客观准则的制约，又怎么会"滑出去"呢？丹诺是一个宿命论者，因此他应该是或者就是法律惩罚的反对者，这些惩罚不仅限于死刑，因为对宿命论者来说，有罪是不存在的。

为什么讨论经济学，或者环境、医疗、农业伦理是无用的？原因是任何道德的基础都被哲学唯物主义者否定了，这些哲学唯物主义者如今风头正盛，至少在学术界是如此。在自然主义—唯物主义的世界观里，善与恶、更好与更坏是毫无意义的概念，如果这种世界观占主导，那么任何对道德的讨论都不得不以事先拒绝唯物主义世界观为前提。理查德·道金斯（Richard Dawkins）②、威尔逊（E. O. Wilson）③、

① 丹诺（1857—1938），美国大律师，以擅长为棘手的"铁案"翻案而闻名，曾多次成功地为民怨沸腾的恶性犯罪嫌疑人辩护。

② 道金斯（1941—），生物学家和哲学家，牛津大学教授。他的著作当中，最为著名的是《自私的基因》（*The Selfish Gene*，1976）和《上帝的迷思》（*The God Delusion*，2006）。他是著名的无神论者，曾与坎特伯雷大主教有过著名的辩论，极大地扩展了无神论在英国的影响力。

③ 威尔逊（1929—），美国生物学家。他以善于将生物学的研究成果应用于分析人类社会而闻名。

丹尼尔·丹尼特（Daniel Dennett）[①]、克里斯托弗·希钦斯（Christopher Hitchens）[②]，以及最近的亚历克斯·罗森堡（Alexander Rosenberg）[③]，领导了唯物主义者对有神论者的攻击。现在的问题不是他们的无神论观点本身，而是导致这种观点的世界观，即哲学唯物主义。这种观点不仅将上帝排除在外，任何关于目的的概念也被去除，更不要说道德所要求的终极目的了。你也许会说，机会、生存、快乐或者利己主义就是"终极目的"。但在此前提下，唯物主义无法找到任何有说服力的道德。尽管如此，唯物主义者似乎仍然不愿意放弃道德，当然罗森堡除外。作为一个哲学唯物主义者，罗森堡否认在道德、不道德行为之间存在有意义的区别，并将这种否认一以贯之，这很令人钦佩。但即使是他，也同样倡导"美好的虚无主义"，无论这个巧言令色的词汇可能意味着什么，这显然是与"可恶的虚无主义"相对应的。

引用莱昂·魏塞梯尔（Leon Wieseltier）对罗森堡的评论，可以更清楚地阐明其中的矛盾：

> "上帝存在吗？不。什么是现实的本质？物理学家能够给出答案。什么是宇宙的意志？没有意志。什么是生活的意义？生活并没有意义。我为什么存在？运气罢了。灵魂存在吗？如果存在的话，灵魂是不朽的吗？开玩笑吧？自由意志存在吗？不可能存在！正与误、善与恶之间是否有区别？没有区别。那为什么我应该是道德的？因为这让你感觉良好……历史是否有意义或者意志？历史充斥着各种声音和愤怒，但没有意义。"这段前沿智慧选自年度最差图书，名为《无神论者通往现实指南：享受生活、拒绝幻象》（*The Atheist's Guide to Reality: Enjoying Life Without Illusions*）的一本浅薄而愚蠢的书，作者是亚历克斯·罗森堡，杜克大学科学哲学家。这本书是写给那些认为自己已经从问答中解放出来的人们的一本问答书。这本书武断阐述的中心思想正是科学主义。

---

① 丹尼特（1942—），美国哲学家和生物学家，和道金斯是好友，二人同时名列"新时代无神论四巨头"。

② 希钦斯（1949—2011），英国、美国双国籍哲学家和社会活动家，著名的无神论者和马克思主义者。

③ 罗森堡（1946—），美国哲学家和小说家，杜克大学教授。

此书向我们证实了科学的宗教是如何把一个聪明人变成了傻瓜。(Wieseltier，2011)

不幸的是，科学主义（以科学唯物主义为世界观），已经在很多聪明人的脑中扎根，经济学家也包括在内。他们将不动脑筋得到的新达尔文主义逻辑带入解释解释本身的自我矛盾之中。在此过程中，他们扬弃了正与误等诸如此类的道德概念。因此，如果不在最初就将道德从科学主义以及"好的虚无主义"中解救出来，道德概念便失去意义，"经济学家的职业道德"也失去意义。

一个相似的问题在很久以前就得到了阿尔弗雷德·诺斯·怀特海（Alfred North Whitehead）[①] 的注意与讨论。怀特海把它归结为"潜在的不一致性"。他在如下这段话中讨论了这个问题，值得细读：

> 一个科学实在论者，根据其理论机理，通常会坚定不移地相信世上的人与高等动物是由有机体构成的，然而这种有机体却是自我决定的。这种极端的不一致性存在于现代思想的基石中，使得现代思想无精打采、摇摆不定……这种潜在的不一致性使思想变得虚弱……譬如欧洲各国，用其个人主义能量创造出企业，他们假定物理行为才是这些企业得以被创建的最终原因。虽然包含于发展之中的科学，是基于"物理成因至高无上"的这样一种哲学，但他们却将物理成因与最终结果割裂开。对于隐含其中的绝对矛盾，却鲜有人愿意深掘。（Whitehead，1925，p.76）

换句话说，我们对自然的科学理解是基于机械论基础之上的，完全基于物质和足够的原因，而不去考虑最终目的，无论是在目的论的层面还是目的本身。但是，我们人类，或者说所有高等动物，都能够直接感受到目的，并且在允许的范围内按照自我决定的方式行事。这恰恰是我们关注道德的明证。如果我们是自然的一部分，那么目的也是；如果目的不是自然的一部分，那么我们也不是自然的一部分。怀特海（1925，ibid.）把上述矛盾表述得更加简洁："科学家的目的是证明自己是没有目的的，他们为这个有趣的研究命题感到兴奋。"生物学

---

① 怀特海（1861—1947），英国数学家、哲学家、生态学家，认为世界是一个紧密联系的有机整体，他也是环境保护最早的倡导者之一。

家查尔斯·伯奇（Charles Birch, 1990）① 是怀特海的忠实门生，在他充满真知灼见的著作《论目的》（*On Purpose*）中，曾将这个潜在的矛盾阐述为"由于在我们如何思考自己，以及我们如何思考其他万物并采取行动之间存在现代性错配，目的已经成为现代思考的核心问题"。但显然，并非所有生物学家都对这个潜在的矛盾感到不安。

在唯物主义视角下，关于目的或者最终原因的直接现实体验必须是一个"偶然事件"，一个由于偶得的生殖优势而得以被选择的幻象。奇怪的是，关于目的的幻象被认为会提供一种选择优势，但是目的本身又被认为是非因的（non-causative），二者之间的矛盾是新达尔文主义者所面临的问题。唯物主义认为目的并非原因，应用在政策上就是自由放任（laissez faire），这比最自由主义的经济学家的最自由主义的模型还要自由主义。唯一与这个观点一致的"政策"是"让它发生吧，反正它也会发生"。而要求新达尔文主义者推论新达尔文主义本身对那些接受新达尔文主义形而上学世界观的物种而言，其生存价值是否已经为负，恐怕并不过分吧？这种潜在的矛盾是否会导致致命的后果呢？

宿命论自身当然有局限性。自启蒙运动后，很明显，唯物主义已经为生物学构建了一个宏大的、强有力的研究范式。评估一个成功的研究范式是否达到了形而上的世界观，这种诱惑可能是无法抵挡的。但是唯物主义者也有自身的局限性。仅由于这种经验与形而上的唯物主义假设不符，就否认我们最直接和普世的经验（关于目的的经验），这本身就是极其反实证的。更不理性的是，拒绝承认由这种否认导致的毁灭性的逻辑和道德后果。那些将科学视为由理性和实证构筑的摩天大楼的人们，也会感到困惑。而另一些人已经恬不知耻地将他们智力的主要目的设定为否认目的的存在，这些人现在应当注意到，他们对无目的世界里偶然事件的价值评估是不连贯的复合。

如果目的并不存在，那么想想我们该如何体验价值的幻觉？有目的，意味着是在为一个最终结果、一个价值服务，这个价值是由那个结果所完成的更深远的成就所导出的。相反，如果客观价值存在，那么价值的成就应该成为一个共同目的。新达尔文主义生物学家和生态

---

① 伯奇（1918—2009），澳大利亚神学家和生态学家。

学家不接受目的的事实，并将其归结为其他人对价值的沉默和保护。

经济学家与生物学家不同，他们并不经常走否认价值存在的极端。他们认为目的并非幻象，而是隐藏在个人偏好之下。但同时，他们认为偏好是纯粹主观的，因此不能评价偏的好与坏。根据他们的假设，没有客观价值标准能够评判偏好，因此与公共事实不同，私人偏好不分好坏。而且，根据经济学家的观点，偏好是价值的终极标准。经济学家通过询问消费者愿意付出多少来拯救或补偿一个濒临灭绝的物种，从而试图以此评估一个物种的价值。事实上，两种"条件价值"都仅仅是物种灭绝这个悲剧的调剂品，是将偏好价值的减少加上收入权重。

经济学同样遭受了怀特海所说的潜在矛盾的影响，但并没有发展到生物学的程度。目的没有被排除在外，仅仅是降低到了偏好的价值。但即使是一个未经检验的无价值的目的，譬如永远增加的国内生产总值——一个不加约束地将无知的私人偏好的满足程度以收入加权并汇总的结果——也将导致价值的缺失。因此，在对公共政策的讨论中，经济学家与其正在减弱的主观概念"目的"（这种概念被认为至少是某种诱因），将会统治新达尔文主义生物学家，而后者还在证明自己是无目的的目的中蹒跚。作为后果，国内生产总值的增长将会继续统治对自然的保护。

怀特海对此观察道（1925，ibid.），"发觉此间包含的绝对矛盾，并不是一件很受欢迎的事"。这句话在 85 年后的今天更加被印证。这种有意识的忽视，令潜在的矛盾摇身一变成为现代计量。启蒙运动，通过对宿命论的拒绝，的确点亮了一些黑暗年代的迷信神龛。但是这缕寒冷的光线同样为现代世界投下一道深深的阴影，使目的变得模糊。为了保护上帝造物（Creation），我们首先不得不重新唤醒隐藏在黑暗中的目的。我故意用上帝造物一词，这并不是说我否认进化论的常识。如果我们的世界和我们的生活并非是被创造的天地，只是一个无目的的偶然事件——一个在无数可能性中，通过无数次尝试发生的统计学上的一个随机偶然事件，那么我们没有去寻找、去关心这个世界的愿望和动机。

确实，我们中做出决策的那些精英们，已经静悄悄地了解到增长已然变为不经济的。但是显然他们也想出了如何保留他们逐渐萎缩的额外好处，同时将突增的额外成本与穷人、我们的下一代以及其他物种"分享"。为什么不这样做呢？如果这个世界仅仅是一个没有目的的偶然事件。精英人士所掌握的媒体、企业资助的思想家以及受控制的高学术水平经济学家，以及世界银行——更不用说高盛和华尔街——所有这些都为与阶级利益和贪婪一致的增长唱起赞歌。大众被这种极具技巧的混淆所愚弄，他们甚至被哄骗认为，正是由于增长，他们有一天也会变得富有。知识的混淆确实存在，而被自然主义科学主义怂恿的道德虚无主义可能才是更大的问题。如果没有理解目的、终点的强烈呼吁，没有提出其宇宙暗示，这种虚无主义很难被反驳。

结　论

经济学家以及普通人，对道德做出过很多严肃的思考。这些思考从对现代科学主义文化的批判开始，这种批判强调了决定论，而将目的放到了很低的地位，甚至道德和希望都消失不见。一种宇宙范围的形而上学的期盼，传达出这样的观点：现今世界的道德只是一个对未来的客观价值的幻象，于是我们热切地期盼能够进入新世界。当然，这种观点与这个时代的自然主义（哲学唯物主义）相悖。但是却与传统的人类精神智慧相统一。对前者来说，道德毫无依据，然而对后者，道德仍然有迹可循。

参考文献

Birch, C. (1990), *On Purpose*, Kensington, NSW: New South Wales University Press, Ltd.

Commission on Growth and Development (2008), *The Growth Report: Strategies for Sustained Growth and Inclusive Development*, Washington DC: The World Bank.

Daly, H. E. (2008), Growth and development: critique of a credo, *Population and Development Review*, **34** (3), 511–18.

Daly, H. E. (2013), A further critique of growth economics, *Ecological Economics*, **88**, 20–24.

Daly, H. E. and K. Townsend, eds. (1993), *Valuing the Earth*, Cambridge, MA: MIT Press.

Georgescu-Roegen, N. (1971), *The Entropy Law and the Economic Process*, Cambridge, MA: Harvard University Press.

Moltmann, J. (2012), *Ethics of Hope*, Minneapolis, MN: Fortress Press.

Polkinghorne, J. (2003), *The God of Hope and the End of the World*, New Haven, CT: Yale University Press.

Whitehead, A. (1925), *Science and the Modern World*, New York: Macmillan.

Wieseltier, L. (2011), Washington Diarist: 'The Answers'. Review of *The Atheist's Guide to Reality: Enjoying Life Without Illusions*, by Alex Rosenberg, *New Republic*, December 14.

Wright, N. T. (2008), *Surprised by Hope*, New York: Harper Collins.

第五部分
关于增长和稳态相关问题的短文

A. "增长"的意义

1. "经济增长"的两种含义

"经济增长"（economic growth）这一术语有两种截然不同的含义。有些时候经济增长指的是我们通常认为的"经济"的增长。这里的"经济"指的是由人口和财富组成的物质子系统以及生产和消费的流动。当这种"经济"在物质层面扩大时，我们就称之为"经济增长"。这是"经济增长"一词的常用含义。但是这一术语有另一层非常不同的含义：当某一事物或行为的增长所带来的收益比成本增加得更快时，我们称其为"增长是经济的"，也就是说，增长是"经济的"意味着它能带来净收益或利润。这是这一术语的另一用法。

那么，"经济增长"是否就意味着"增长是经济的"呢？不，绝不是这样的！前一层面的"经济增长"（"经济"在物理维度的扩大）恰恰与后一层面中增长是"不经济的"的情况更为接近，即这种物质层面"经济"的增长反而使成本增速大于收益增速，从而使得人们更加贫瘠了。然而，我们的假设是一个更大的经济体一定会使人们更加富裕，这就形成了一种纯粹的混淆。

令人感到疑惑的是，经济学家们居然仍旧需要为解决这种混淆做出贡献。原因在于整个微观经济学都在致力于找到某一给定行为的最佳规模，即找到边际成本开始大于边际收益、进一步的增长开始变为"不经济"的那一个转折点。"边际收益等于边际成本"甚至被称为指导企业何时停止扩大和增长的准则。为什么这种简单的优化逻辑会在宏观经济学中消失？为什么宏观经济的增长不受制于类似的"何时停止增长"的准则？

我们认识到，所有的微观经济活动都是宏观经济系统的组成部分，它们的增长导致了系统中其他部分的取代和牺牲。但宏观经济却被认为是整个整体，它是向虚无扩张，不替代任何东西，也就没有机会成本。但这种说法当然是错误的。宏观经济也只是一个部分而并非整体，它是生物圈的一个子系统，是自然生态系统更广义的"经济"的一部分。宏观经济的增长同样会造成机会成本上升，当到达某一临界点时，这种增长也会受到限制。

但有些人会说，如果我们对于增长的实证衡量标准是国内生产总值，且基于在自由的市场上自愿地购买和出售最终商品和服务，那么这应当能够保证增长是由好东西而非坏东西构成的。这是由于人们只会自愿购买好东西，如果他们确实购买了坏东西，那我们就不得不将其重新定义为一个好东西。确实一直如此，还不算太离谱。自由市场不会为坏东西定价，这是真的，但无论如何，坏东西总是会不可避免地作为副产品与好东西一同被生产出来。由于坏东西是未被定价的，国内生产总值的核算中就不能扣除它们，相反地，还使得为了对抗这些坏东西而生产的物品额外增加，并将其以正常商品计入。例如，我们没有扣除污染的成本，但我们确实增加了治理污染这一部分的价值。这是一种非对称的会计。此外，我们还将自然资本的消耗（如矿山、水井、含水层、森林、渔场、表层土壤等的耗竭）统计在内，就好像这种消耗是收入一样。因此矛盾的是，无论国内生产总值能够衡量什么，它都是我们在污染、损耗、拥堵和生物多样性丧失等方面所拥有的最好的统计指数。经济学家肯尼斯·博尔丁略开玩笑地建议，我们应当将国内生产总值（Gross Domestic Product, GDP）改名为国内成本总值（Gross Domestic Cost, GDC）。至少，我们应该把成本和收益放在分开的账户中进行比较。不足为奇的是，现在经济学家和心理学家开始发现，在超过了足够高的阈值后，国内生产总值与自我认知的幸福感之间的正相关关系消失了。

总而言之，第一个意义层面上的"经济增长"是可以变成第二个意义层面上的"不经济的增长"的——在美国已然如此。而真正重要的是"经济增长"的第二层意义。

2. 什么是"绿色经济"?

绿色经济是一种尽可能模仿绿色植物的经济。植物利用地球上的稀缺物质来获取大量的太阳能，并且小心地回收这些材料再做利用。尽管人类不能进行光合作用，但我们可以在策略方面模仿植物，在最大化地利用太阳能的同时尽量节约地利用陆地矿物、化石燃料和生态服务。然而自从工业革命以来，我们的策略一直是相反的。幸运的是，正如经济学家尼古拉斯·杰库洛根所指出的，我们尚未学会如何"开采"太阳，还没能为了当前的经济增长耗尽未来的太阳能。但是我们已经可以开采地球，并且提前透支了未来的化石燃料、矿产资源和废物吸收代谢能力。我们迫不及待地这样做以实现经济增长，却忽略了这样一个事实：这种做法的成本已经超过了其收益。换句话说，所谓的增长已经变成"不经济的"了。

事实上，尽管植物并没有大脑，但它们却成功避免了过度依赖不断减少的可用资源这一错误。绿色经济也必须如此，要追求丰富的太阳能低熵流量的最大限度利用，而尽量节约稀缺的陆地低熵存量。具体来说，绿色经济应当把稀缺的陆地矿物投资在诸如风车、光伏电池和耕地的犁（或播种机）之类的东西上，而不是把它们浪费在军备武器、汽车和载人航天技术上。绿色经济可以是充足、可持续，甚至是富有的，但它绝不能是一个以增长为基础的经济。绿色经济要追求的是在没有数量增长的情况下得到质上的发展，不用变得更大更多，却可以变得更好。

还有一种所谓的"绿色经济"，寻求的是绿色美钞的"绿色"，而非绿色植物的"绿色"。绿色的美钞与绿色植物不同，它们是不能进行光合作用的。但是，通过银行的复利计算，美元可以奇迹般地被凭空创造出来，并以指数级增长。然而，亚里士多德指出，这种增长是非常可疑的，因为钱没有再生的本事。与绿色植物不同的是，绿色钞票寻求的是在抽象的交换价值领域中永远增长下去，哪怕我们在具体的使用价值领域遇到了限制。在交换价值领域，金钱仍旧是"可靠"一词的代表和象征。

最近，通过扩大象征性的金融帝国，经济得到了不断的增长，或者说是"膨胀"。债务仅仅是一个数字（正如负数猪），并且可以轻易地比真正的财富（正数猪）更快地增长，而债务需要用真正的财富来赎回。华尔街已经买进、卖出了天文数字的负面的、甚至未经核查确认的债务，正如温德尔·拜瑞（Wendell Berry）简洁地指出，他们已经"把赌注押在了债务上，并称之为资产"。我们刚刚经历了这种强行扩张的欺骗性企图带来的失败。然而到目前为止，我们还没有去考虑任何别的政策，只会一味地重启旧的经济增长政策，从而导致历史重演。下一场危机过后，我们应该设法避免"庞氏骗局"，建立一个稳态经济——一个能为人们带来可持续的、公平的、富足的优质生活的绿色经济。

3. 财富、贫瘠和净福利

幸福应该以净值计算——也就是说，我们不仅要考虑财富的积累，还要考虑其所带来的贫瘠（illth）的堆积，不仅要考虑好东西的年流量，还要考虑坏东西的年流量。我们不得不扩展英语的说法，找到"贫瘠""坏东西"（bads）这样的词汇来命名生产的负面影响，而这些影响应当从生产的积极正面成果中被扣除。这表明我们常常忽视了这些词背后的事实。坏东西和贫瘠包括诸如核废料、墨西哥湾的死亡地带、生物多样性丧失、大气二氧化碳含量过高、废弃的矿井、被侵蚀的表层土壤、干涸的枯井、令人筋疲力尽和危险的工作、交通堵塞等等。

A. "增长"的意义

我们感谢约翰·拉斯金（John Ruskin）① 创造出"illth"这一词，也感谢一位匿名的经济学家，或许是肯尼斯·博尔丁，创造出"bads"一词。在过去的空世界中，这些概念和它们的名字不是那么必要，因为相对于自然世界而言，经济的规模是如此之小，以至于我们的生产并没有带来任何由于经济对自然其他部分的替代而造成的重大机会成本。但现在我们生活在一个满世界，这个世界充满了人类和我们制造的东西。那么这些机会成本就应当被计算在内，并与增长带来的好处相互抵消，否则很可能会导致我们最终获得的坏东西多于好东西，贫瘠的增长大于财富的增长。过去的经济增长可能会变成不经济的增长——也就是说，当生产增长的边际成本大于边际收益时，增长在实际上将会使我们变得更贫瘠，而不是更富有。没有人拒绝变得更富有。但问题在于，现在的增长真的还在使我们变得更加富有吗？又或者增长已经开始使我们变得更加贫瘠？

我怀疑增长已经在使我们变穷了，至少对于一些高国内生产总值的国家来说是这样的，可我们还未意识到这一点。事实上，当我们的国民收入和生产核算只衡量"经济活动"时，我们又怎么可能意识到这一点呢？这些经济活动没有被分为成本和收益两部分，所有东西都计入国内生产总值中，没有任何东西被减去。坏东西和带来贫瘠的那些事物，作为正常商品和财富不可避免的联产物，即使在当下这个满世界上不再可以忽略不计，却依然未被计算和计入。其原因在于，显然没有人愿意购买它们，因此它们没有市场，从而也就没有对它们进行估价。但更糟糕的是，坏东西是确实存在的，而人们非常乐意去购买对抗坏东西的产品或服务（下文中统一称为"反坏东西"，anti-bads）以保护自己不受坏东西的影响。举例来说，污染是一种未被定价、未被计入的坏东西，但是污染治理是一种反坏东西，它们又作为正常品被计入。污染治理是有定价的，我们愿意以某种价格购买它并将其计入国内生产总值当中。恰恰是有污染才使得清理变得必要，可是我们却没有同时扣除掉污染本身的负价值。这种不对称的会计隐藏的东西要多于其揭示的东西。

---

① 拉斯金（1819—1900），英国艺术评论家。

除了对于反坏东西不对称的会计之外，我们还将自然资本损耗看作收入，这进一步误导了我们自己。如果我们今年砍掉所有的树木，捕捞所有的鱼，烧掉所有的石油和煤，等等，那么国内生产总值就会把所有这些都算为今年的收入。但是，真正的收入被定义为一个社会在明年仍然生产和消费相同数量的产品的前提下，今年可以消费的最大限度，即最大化产量的同时保持完整的未来生产能力（广义上的资本）。不仅是自然资本的消耗被错误地计算为收入，未能维护和重修像道路和桥梁这一类人造资本的损耗，也会带来相同的效果。这导致我们在国内生产总值中计入的大部分都是资本消耗和反坏东西。

正如上文所说，增长可能是不经济的一个原因是我们发现它被忽视的那部分成本比我们想象的要大。而另一个原因是，我们发现增长带来的额外收益比我们想象的要少。第二个原因在自我评估的幸福研究中得到了强调，该研究表明，当人的年收入为 20 000～25 000 美元时，进一步的增长并不会增加幸福感。超过这个阈值，幸福就绝对会成为我们社会关系质量的一个函数，而我们的社会关系质量更多的是由我们的个人特质所决定的，并非是我们消费商品的数量。一个人相对收入的增加仍会增加个人幸福感，然而总体增长却无力带动每个人相对收入的增加。追求相对收入的增长就像一场军备竞赛，一方的进步会使得另一方的进步减少，二者相互抵消。这就像在一个足球场中，每个人都站起来伸长脖子看，并没有比每个人都舒服地坐着观看比赛获得更好的视野。

过于充分的增长失去了增加福利的能力，反而增加了产生"贫瘠"的能力。这是因为为了保持同样的增长率，在经济过程中必须开采和加工更多的物质和能量，这导致了更多的损耗、更多的浪费，并且需要使用更强大和暴力的技术来开采越来越贫乏、越来越难以获得的矿藏。相比一个在墨西哥湾地下一英里深的难以开采的矿井，东得克萨斯的一个很容易开采的矿井需要更少的劳动力和资本作为开采成本，因而国内生产总值的直接增加更少。在墨西哥湾开采一桶石油的额外劳动力和资本，既不是正常商品，也不是财富的增加。它接近一种由于过度消耗的不利影响和经济自然补贴的缺失而变得必需的"反坏东西"。在充分就业的经济中，开采石油所需的这些额外的劳动力和资本将从其他行业中被抽走，因此实际国内生产总值可能会下降。但随着自然对其补贴的减少，石油部门对国内生产总值的贡献将相应增加。因此我们会倾向于把这种情况看作具有更高而非更低的生产率。

下一次，一些经济学家或政治家告诉你，我们必须竭尽所能地发展（为了战胜贫困，赢得战争，开拓殖民地，治愈癌症……），提醒他，当一个东西在增长的时候，它也在变大！问问他，相对于生态圈，他认为现在的经济有多大，他认为经济应该达到什么水平。问问他是什么让他认为经济增长仍会使财富的增加速度大于贫瘠的增加速度？他又是如何知道现在我们还没有进入不经济增长的时代呢？如果我们已经进入，那么现在分享的为何不是面对已有贫瘠的解决方法，而是对未来经济增长的空洞承诺呢？如果你得到一个合理的、连贯的答案，也请发给我一份！

4. 增长的极限——还有 40 多年？

40 年前，当我读到《增长的极限》这本书时，我已经相信，总体可用资源（人口总数乘以人均资源使用）将会在未来的 40 年内停止增长。梅多斯（Meadows）团队的建模分析作为一种强有力的证明，证实了基于经济学基本原则的常识，而这些常识至少曾被马尔萨斯及一些古典经济学家所认可。

然而现在 40 年过去了，经济增长仍然是几乎所有国家的首要政策目标，这是不可否认的。增长派的经济学家认为倡导控制人口的"新马尔萨斯主义"是完全错误的，人口仍需要不断地增长。但我认为，经济的增长已经结束，因为持续的增长现在已经不再是经济的了——它的边际成本超过了它的边际效用，使我们变得更加贫穷，而不是更加富有。在一种糊涂的认知里（即增长必须永远是经济的），我们仍然把它称为经济增长，或者仅仅是"增长"。我认为，我们已经达到了经济增长的极限，在富裕国家尤其如此。但我们不知道这一点，有缺陷的国家账户被用来掩盖事实真相，因为增长是我们的偶像，停止对增长的崇拜在我们看来是一种离经叛道。

有人问我是否宁愿住在一个洞穴里，宁可在黑暗中被冻僵，也不愿接受所有的经济增长带来的好处，这并不是一种反驳。因为我也不愿这样，在我看来，增长的总累积收益大于总累积成本，尽管一些经济历史学家对这一观点进行了辩论。无论如何，我们不能抹杀过去，应该感谢那些为创造我们现在所享受的财富付出代价的人。然而，正如所有经济学家都应该知道的那样，决定增长何时开始变得不经济的重要因素是边际成本和边际收益，而不是总成本和总收益。边际收益下降是因为我们首先满足了最迫切的需求；而边际成本上升，因为我们首先使用最易获得的资源，并在我们的增长过程中牺牲了最重要的生态系统服务（将自然转化为人工制品）。拥有第三辆车的边际效益是否值得付出气候破坏和海平面上升的边际成本？边际收益的下降相当于边际成本的上升，而此时净收益仍是正的——事实上，过去增长的累积净收益达到最大值的时候恰恰如此！没有人反对变得更富有，至少要达到足够的财富水平。富有比贫穷好，这是一个确凿的真理。然而即使在主流经济学的基本逻辑中，增长总是让我们变得更富有也是一个基本错误。

正如上面所提到的，我们并不真正想知道经济增长何时会变得不经济，因为那时我们就应该停止增长；我们不知道如何运行一个稳态经济，并且虔诚地致力于保持一种"没有限制"的意识形态。我们希望相信，增长可以"治愈贫困"，不需要分享，也不用限制人类在所有自然造物中所占生态位的比例。为了保持这种错觉，我们混淆了"经济增长"这个词的两种不同含义。有时它指的是我们所说的"经济"这一主体的增长，这里的"经济"指的是由人口和财富组成的物质子系统以及生产和消费的流动。当这种"经济"在物质层面扩大时，我们就称之为"经济增长"。但是这一术语有另一种非常不同的含义：当某一事物或行为的增长所带来的收益比成本增加得更快时，我们称其为"增长是经济的"，也就是说，增长是"经济的"意味着它能带来净收益或利润。那么，"经济增长"是否就意味着"增长是经济的"呢？不，绝不是这样的！一个更大的经济体一定会使人们更加富裕，这种观点是一种纯粹的混淆。

令人感到疑惑的是，经济学家们居然仍旧需要为解决这种混淆做出贡献。因为整个微观经济学都在致力于找到某一给定行为的最佳规模，即找到边际成本开始大于边际收益、进一步的增长开始变为"不经济"的转折点。"边际收益等于边际成本"甚至被称为指导企业何时停止扩大和增长的准则。为什么这种简单的优化逻辑会在宏观经济学中消失？为什么宏观经济的增长不受制于类似的"何时停止增长"的准则？

我们能够认识到，所有的微观经济活动都是宏观经济系统的组成部分，它们的增长导致了系统对其他部分的取代和牺牲。但是宏观经济本身已经被认为是全部了，当它不断扩张时——大概是向着虚无扩张——它并没有取代其他东西，因此也没有产生机会成本。但这种说法当然是错误的。宏观经济也只是一个部分，并非整体，它是生物圈的一个子系统，是自然生态系统更广义的"经济"的一部分。宏观经济的增长同样会造成机会成本上升，当到达某一临界点时，这种增长也会受到限制。

但有人会说，如果我们对于增长的实证衡量标准是国内生产总值，基于在自由的市场上自愿地购买和出售最终商品和服务，那么这应当能够保证增长是由好东西而非坏东西构成的。这是由于人们只会自愿购买好东西，如果实际上他们真的购买了坏东西，那我们就不得不将其重新定义为一个好东西。确实一直如此，还不算太离谱。自由市场不会为坏东西定价，这是真的，但无论如何，坏东西总是会不可避免地作为副产品与好东西一同被生产出来。由于坏东西是未被定价的，国内生产总值的核算中就不能扣除它们，相反地，还使得为了对抗这些坏东西而生产的物品额外增加，并将其以正常商品计入。例如，我们没有扣除污染的成本，但我们确实增加了治理污染这一部分的价值。这是一种非对称的会计。此外，我们还将自然资本的消耗（如矿山、水井、含水层、森林、渔场、表层土壤等的耗竭）统计在内，就好像这种消耗是收入一样。因此矛盾的是，无论国内生产总值还能够衡量什么，它都是我们在污染、损耗、拥堵和生物多样性丧失等方面所拥有的最好的统计指数。经济学家肯尼斯·博尔丁略带开玩笑意味地建议，我们应当将国内生产总值（Gross Domestic Product，GDP）改名为国内成本总值（Gross Domestic Cost，GDC）。至少，我们还是应该把成本和收益放在分开的账户中进行比较。不足为奇的是，现在经济学家和心理学家开始发现，在超过了足够高的阈值后，国内生产总值与自我认知的幸福感之间的正相关关系消失了。这并不令人惊讶，因为国内生产总值从来就不是衡量幸福或福利的标准，仅仅可以衡量人类活动。而这些活动有些是快乐的，有些是有益的，有些是令人遗憾的，有些是补救性的，有些是微不足道的，有些是有害的，有些是愚蠢的。

总而言之，第一个意义（总量）上的"经济增长"可以变成第二个意义（净收益）上的"不经济的增长"——在美国已然如此。而真正重要的是"经济增长"的第二个意义。我认为第二个意义层面上的"增长的极限"在过去40年中已经达到了，但是我们故意否认它。尽管对于大多数人来说这都是有害的，但是对于少数精英群体来说这是有利的，因此他们不断推动"增长"这一意识形态。我最大的问题是，否认、欺骗和混淆是否还能再持续另一个40年？而如果我们继续否认经济增长的极限，那么我们在陷入更多不连贯的和灾难性的生物物理极限之前，还能剩下多少时日呢？我希望在未来的40年里，我们能够最终认识到并适应更宽容的经济极限。适应将意味着从经济增长转向稳态经济，几乎可以肯定的是，稳态经济的规模要比现在小得多。这里的规模指的是经济相对于生态系统的物理规模——最好是通过资源吞吐量来衡量的。而且，具有讽刺意味的是，我们现有的最好吞吐量指标可能就是真实国内生产总值！

我必须承认，对于这种否认已经持续了40年，我感到非常惊讶。我认为唤醒人们需要类似宗教中的忏悔和皈依这类东西。"预言"我们是否会拥有精神力量和理性上的清醒去完成这种转变是徒劳的。对历史走向的预测是基于一种决定论，它否定了目的和努力是互相独立、并无因果关系的。没有人因为预测自己的行为而获得奖励，而对他人行为的预测是有问题的，因为它们会更倾向于类似预测者本身的情况。而且如果我们是真正的决定论者，那么我们预测什么并不重要——甚至我们的预测都是早被决定的。作为一个非决定论者，我希望，也将努力在未来的 40 年里结束这种增长狂热。这是我个人对中期未来的押注。我有多少自信能赢得这场赌局？或许有 30％的可能性吧。我们完全可以想象，在为了达到永久增长的代价高昂的尝试中，我们将彻底耗尽地球的资源和生命维持系统：这些尝试也许是通过军事征服获取其他国家的资源和剩余的地球公地；也许是试图征服太空的"高级疆域"。仅仅因为我们以巨大的代价进行了几次特技式的载人航天飞行，许多人就认为科幻小说式的开拓外太空，在技术上、经济上、政治上和伦理上都是可行的。而也正是这些人告诉我们，建成地球上的稳态经济是很难完成的任务。

5. 克鲁格曼的增长理论

保罗·克鲁格曼（Paul Krugman）经常明确而中肯地写一些关于经济政策方面的文章。但和许多经济学家一样，他在论述经济增长的问题时也会变得不合逻辑。请看以下的文字（*New York Times*，April 17，2014）：

> ……让我们来谈一谈经济增长与环境之间的总体关系。
>
> 其他因素相同时，更多的国内生产总值意味着更多的污染。是什么把中国变成了世界上最大的温室气体排放国？爆炸性的经济增长。但是其他因素不一定总是相等的。因而增长和污染之间没有必然的一一对应关系。
>
> 无论"左派"或是"右派"通常都无法理解这一点。……站在"左派"的角度，你有时会发现，环保主义者断言，为了拯救地球，我们必须放弃不断增长的经济的想法；而站在"右派"的角度，你经常会发现任何限制污染的尝试都会对经济增长产生毁灭性的影响。……（克鲁格曼说二者都是错误的。）……但是我们没有理由不能在减少对环境影响的同时变得更富有。

克鲁格曼将自己与"左派"的环保主义者进行区别，"左派"的环保主义者认为我们必须放弃不断增长的经济这一想法，而克鲁格曼显然不愿意放弃这一想法。但他同时认为，"右派分子"认为保护环境会破坏经济增长也是错误的。克鲁格曼随后提出一个更合理的目标——"变得更富有"，但没有就国内生产总值增长是否真的让我们变得更富有提出疑问。他似乎把"国内生产总值增长"与"变得更富有"等同起来，或者说至少没有把二者区分开来。他是否做了这样的假定：由于国内生产总值的增长确实使我们在过去的空世界中更加富有，在当今的满世界里，它就会依然如此？许多经济学家都有一个寻常但不合理的假设：国内生产总值的增长会使可衡量的财富数量比不可衡量的"贫瘠"（约翰·拉斯金创造的一个词，指的是财富的对立面）增加得更快。

详细地说，"贫瘠"是财富的副产品。从目前的边际来看，国内生产总值流中坏东西的部分使"贫瘠"的增速似乎要高于国内生产总值流中好东西的部分使财富不断积累的速度。我们无法衡量坏东西和"贫瘠"，因为它们没有需求，从而没有市场、没有价格，也没有简单的衡量负价值的方法。然而，不能被测量的事物，并不会因此消失。它还会继续存在，甚至还在增长。既然我们不能衡量"贫瘠"，我就无法像克鲁格曼那样，证明经济增长正在使我们变得更穷。我只是想指出，他的国内生产总值增长理论有一个命题作为前提假设，这个命题虽然在过去是正确的，但如今在美国是很值得怀疑的。

要想知道为什么这是值得怀疑的，只需要考虑一份负面副产品的目录，这些负面副产品的价值应当被考虑在"贫瘠"的范畴当中。其中包括：大气中过量的碳排放导致的气候变化；放射性废物和核电站的风险；生物多样性的丧失；枯竭的矿山；森林砍伐；土壤侵蚀；干涸的水井、河流和蓄水层；墨西哥湾的死亡地带；海洋中的塑料垃圾；臭氧空洞；沉重及危险的劳动；以及由于试图推动象征性金融部门的增长，使其超出现实的可能性，从而导致的无法偿还的债务（更不用提通过军事支出来维持对全球资源的获取）。

这些国内生产总值增长的负面副产品远远超出了克鲁格曼所描述的"污染"。这些公共的坏东西不仅没有被扣除，而且个人由于它们而产生的"反坏东西"的需求也被加入国内生产总值中！例如，受侵蚀的表层土非但未作为"劣等品"被扣除，反而将肥料作为"反坏东西"添加进去。海湾地区和北极地区的石油泄漏并没有被扣除，反而增加了清理油污的工作的价值。矿山、水井、森林和渔业的自然资本损耗被错误地计入收入，而非资本减少。

仅指出这样的不对称会计就足以反驳增长论。但值得注意的是，增长论者也忽略了经济学最基本的规律，即收入的边际效益递减和生产的边际成本递增。为什么他们认为这两条曲线永远不会相交？克鲁格曼鼓吹的是通过暂时的经济增长达到某种程度上的最优或富足，还是真正不断增长的经济？如果是后者，那么地球的表面积必须以接近利率的速度增长，否则实际国内生产总值就一定会变成"虚拟国内生产总值"，而不存在任何物理维度。

在"增长和污染之间没有必然的一一对应关系"这一点上，克鲁格曼是正确的。但是，实际国内生产总值增长与资源吞吐量之间确实存在着很强的正相关关系，其中资源吞吐量指的是以开始消耗起始、以最终污染结束的熵的物理流。从什么时候开始，经济学家们开始忽视重要的相关性，仅仅因为它们不是"一一对应"的？

正如克鲁格曼所希望的那样，也许我们确实可以变得更富有（增加净财富），同时减少我们对环境的影响。但这将是通过减少不经济的增长（吞吐量和与其密切相关的国内生产总值）而不是通过增加这种不经济的增长来实现的。如果这是克鲁格曼的想法，我会很高兴，但我怀疑并不是这样的。

在任何情况下，如果他能详细指出他是否认为当前的实际国内生产总值增长仍然是经济的——从字面意义上说，其边际收益超过了边际成本——那将是一件好事。是什么让他执意认为事情就该如此？换句话说，国内生产总值的增长使我们更富有还是更贫穷，我们如何得知？

既然国内生产总值由"消耗成本"和"获得收益"两方面活动合成，我们不应该把成本和收益分成不同的账户，并把它们进行比较吗？为什么要把它们加在一起呢？如果我们不知道相关收益的增长速度是否快于相关成本，我们又怎么知道国内生产总值的增长是一个合理的目标呢？包括克鲁格曼在内的主流经济学家需要从国内生产总值增长的教条中解放他们的思想。

B. 生物物理极限

6. 经济学的热力学基础

　　热力学第一和第二定律同样也应当被视作经济学的第一和第二定律。原因何在？如果没有它们，经济学里的基本概念——稀缺性将不复存在，更不用谈及经济学本身。让我们先来讨论热力学第一定律：如果我们能够根据自身的需要创造有用的能源与物质，如果某些能源或物质妨碍了我们的发展进程，我们便将其摧毁，如果我们有这种本事，那么我们就会有极其丰富的资源和用于填埋废弃物的废水池，没有损耗，没有污染。想要什么就有什么，至于不想要的东西，也不用为找地方放置它们而发愁。但是，热力学第一定律直接排除了无视稀缺性的可能。再来考虑热力学第二定律：即便我们不能凭空创造和毁灭物质和能量，我们也能间接排斥稀缺性——只要我们能够为了相同的目的不断重复使用同样的物质与能量，即完美回收利用。但是在物理学的世界里，熵定律是一支在时间轴上的飞矢，不可逆转。所以，正如经济学中的稀缺性有其心理层面的基础，即我们的需求与期望一样，稀缺性在物理层面也有其基础。

　　经济学家花费了大量精力讨论价值的心理基础（比如，边际效用

150

递减法则），但是对其物理学基础却讨论得很少。通常他们假定生物物理世界相对于其经济子系统是如此广大，以至于物理约束（热力学定律与生态的相互依存性）是没有约束力的。但是它们在事实上总是具有强大的约束力，而这样的约束伴随着经济系统的扩大而越来越强大。因此，对于经济体的热力学约束的关注，尤其是对经济过程的熵本质的关注，在目前是极其重要的，正如尼古拉斯·杰库洛根在他的权威著作《熵定律与经济过程》(*The Entropy Law and the Economic Process*, 1971) 中所强调的那样。

为什么他如此重要的贡献被悄无声息地埋没了 40 多年呢？因为当经济增长越来越受到生物物理环境的限制时，曾经将推动经济增长奉为万能灵药的经济学家们开始坐立不安了。事实上，确实是只有当我们认识到经济增长存在基本的限制时，许多有名望的经济学家在一些基本的问题上长期坚持的观点才应当被视作是错误的。重要的经济学家，像大多数人一样，拒绝认错。他们甚至依然吹嘘自己已经受到威胁的名声，通过使用"瑞典国家银行纪念阿尔弗雷德·诺贝尔经济学奖"，即新闻中常提到的"诺贝尔经济学奖"，依靠物理学这样真正的科学为诺奖树立起来的名声狐假虎威。但恰恰是在忽视最基本的物理学定律的基础上，增长经济学才得以苟延残喘。应该奖励经济学家有价值的贡献，而不是奖励这样的废话。

我曾经问杰库洛根为什么"麻省理工—哈佛黑手党"（他的原话）中那些研究增长理论的经济学家们从来不引用他的书。他用一个罗马尼亚的谚语机智地回答，这是因为，"一屋子死囚聚在一起，绝不会讨论刽子手"。

7. 二元经济学

弗雷德里克·索迪 (Frederick Soddy, 1877—1956) 发现了同位素的存在，并对原子理论做出了重要的贡献。他因此获得了 1921 年的诺贝尔化学奖。他预见到原子弹的发展，并且困惑于为什么社会总是倾向于为了破坏性目的而使用科学成就（尤其是他需要承担部分责任的成就)。在索迪的观点里，这是错误的经济学导致的结果。所以，年过八旬之际，索迪开始着手重建经济学。索迪是系统阐述完全准备金制度的第一人。后来他的观点被芝加哥学派的经济学家和耶鲁大学的欧文·费雪（Irving Fisher）沿用。时至今日，这仍然是一个极妙的想法。在主流经济学家眼中索迪是一个经济学的门外汉和"货币怪人"。但是，他对于货币的观点是掷地有声的，并且与目前的金融危机有高度的相关性（详见本书第 207 页"货币国家化，而非银行国家化"）。索迪的另一个被忽视，但是也越来越重要的贡献，是他对于经济学在广大知识版图上应该处于何种位置的问题的哲学讨论。

索迪认为，经济学处于物质与精神世界之间，或者使用他的说法"在电子与灵魂之间"：

> 在每一个领域，科学极力获取知识的可能无限延伸，但是与此截然相反的是，每一个领域对于生命问题的回答也越来越少。经济学处在这样的一个中间位置，不因为其终极哲学观是来源于电子还是灵魂而受到影响，而是关心物理与精神世界在最普通的日常实践里所发生的相互作用。一方面，物质和能量的使用需要遵循无生命宇宙所展示的数学概率法则，另一方面，在这些无意识的力量的指引和驱动下，走向预定的目的。（*Cartesian Economics*，p. 6）

索迪并不认为经济学家们应该无视电子与精神这两个终极世界——恰恰相反，他坚持财富的生产与创造必须反映这两个终极世界之间紧密关联的现实基础。应当反对趋向于唯物主义或唯心主义的"一元论强迫症"。我们应该认识物质世界与精神世界这种基本的二元构成，而不是偏执地将某一方的内容强加于另一方上。

财富拥有物理与效用两个维度。在物理维度上，物质和能量遵守无生命宇宙中的规律，尤其是热力学定律，而在效用维度上，财富遵循意愿与精神的控制。索迪关乎财富的概念反映了他的二元论观点，这也是为什么他最初的经济学讲座题为"笛卡尔主义经济学"，意在说明"二元论经济学"（当代人可能会误以为这个名称是指经济学的图形表示来源于笛卡尔的二维直角坐标系）。"笛卡尔主义经济学"的副标题为"物理科学与国家治理之间的关系"，将"物理科学"与"国家治理"进行比较更加突出反映了他的二元论观点。

在哲学上，勒内·笛卡尔将二元论作为一种粗糙的现实加以接受，尽管精神与物质、灵魂与身体、思维与存在之间的关系仍然是含混而模糊的。在索迪的观点中，随后的哲学家屈从于简单的还原论与一元论，献身于唯物主义与唯心主义二者之一，但是两者所单独遇到的哲学问题，并不比二元论所遇到的问题少，与此同时也引起了在常识与经验领域的巨大冲突和矛盾。以人类是"身心整合"的说法来拒绝二元论在当前是很时髦的，尽管在整合的过程中发现了"极性"（polarity）的存在。然而，电子与灵魂的两极事实上远远地分离，而在连接两者的链条上，正如索迪所讨论的那样，存在两个断点。如果我们确切地意识到"整合"的重要意义，那么，在"心一身"之间加上两个长连字符是二元论的正当要求（见图 B7.1）。

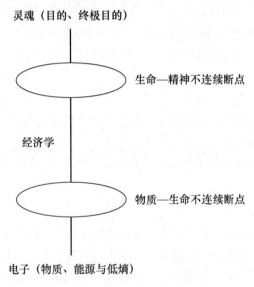

图 B7.1　索迪的二元论经济学

索迪的观点能够用一条直线来表示，最底端连接电子（物质世界、有用的能源、终极手段），最上端连接着灵魂（精神、目的、终极目的）。在中间是经济学（日常生活的努力，用终极手段服务终极目的）。虽然索迪没有画过这样的图，但类似的含义已经在他的著作中清晰地表示出来。这条垂直的连接线有两个神秘的不连续断点，它们的存在阻碍了一元论从电子直接推出灵魂或者从灵魂直接推出物质存在的企图。第一个不连续断点是在非生命机制与生命之间,第二个不连续断点是在生命和自我意识(意志、灵魂)之间。一元论者不断地尝试跨越两道鸿沟,也不断失败。而二元论者将其当作不可抹除的事实、一种反映世界本来面目的事实而加以接受。

二元论者使用二元性公理去解释现实问题,而不是虚无地追寻简单还原论的幻梦。时至今日,主要的一元论痴迷者是唯物主义阵营的,他们受到物理科学杰出成就的鼓舞,当然也有来自生物达尔文主义者虽然较小但仍然有力的推动。唯心主义在目前则没有这样强有力的支持,尽管现代的理论物理学和宇宙学将电子和基本元素转化为数学等式和柏拉图式思考的想法更多地存在于理论物理学家的脑海里,而不是现实的外部世界,从而这些想法可能将连接精神与物质的垂线弯曲成类似于圆环的事物。同时,怀特海主义者对于世界的解释中更多包含的是最为基本的"经验的存在",而不是物质,这是一个通向二元论的途径。但这只有假设在每一个"经验的存在"中精神与物质"极性"广泛分离并神秘结合的前提下才能实现。尽管这些是富有挑战性并且重要的哲学发展,但是唯物主义仍然占据上风,并且主导了一个不断扩大的一元论帝国,涵盖处于中间领域的经济学。除此之外,物理学的唯心主义现代复兴至今看起来在伦理上与唯物主义同样空虚——通过物理学中的数学等式与柏拉图式的奇幻思维没有找到正义与善的理念,甚至没有找到目的,只有二元论的事实——价值维度保留下来。

正如索迪坚持的那样,经济学占据了二元极端之间的中间领域。经济学在日常生活实践中"没有受到物质或精神终极哲学的影响",但是这也可能会成为经济学最大的弱点——短视导致了永恒增长的观点。每个终极世界的存在都反映出中间领域所无法识别的限制——来自底层物质世界可能性的限制与来自上层精神世界需求的限制。经济学倾向于假设如果某事物是可能的,那么一定是存在需求的。事实上,这样的想法是很勉强的。类似地,经济学也假设如果某事物是存在需求的,那么在物理上一定是可能的。所以,所有可能的事物都被认为是存在对应的需求,所有拥有需求的事物都是可能存在的。经济学无视精神与物质两极共同对于可能性与需求性的限制,从而假设了一个放纵式增长的经济，而这样的想法本来应该被证伪。对于索迪而言，这实际反映了我们货币体系中的传统惯例——部分准备金制度，这种制度的存在让我们能够炼金术一般地通过发放生息私募债的方式来创造金钱与货币："你不能永远地沉溺于荒诞的幻觉之中，就像以为永远能够通过发行债务自发增加财富（复利），而违反自然中财富自发减少的定律（熵定律）"（*Cartesian Economics*，p. 30）。

债务与财富相混淆。相对于债务而言，财富与债务之间存在的最大区别是物理维度的限制掣肘了其增长。这反映出经济学对于物质世界的主要误解以及物质世界对于财富的制约。但与此同时，索迪也看到了来自终极精神世界的限制。"在我的理论模型中，我不得不在生命与机械模式之间放置一个障碍，其原因在于我意识到从原子到生命之间并没有一个连续的进化链条，所以在同样的逻辑下，我也在知识的同化与创造之间设置了一个障碍"（*Cartesian Economics*，p. 28）。

对于索迪而言，知识的同化与吸收纯粹只是一种模仿，与创造或发现新的知识之间存在不连续的断点。索迪将发现新知识的过程视为受到来自精神世界自上而下的影响，而这种影响来源于灵魂、来源于并非直接从生命的连续进化过程中产生的神秘自我意识。索迪没有怎么谈及生命—意识不连续断点与物质—生命不连续断点之间的相关性，但是很明显，这是他哲学体系中的一部分，并且成为现代哲学界"意识难题"讨论的先驱。

对于在当时就占据学界统治地位的机械主义生物学家，索迪曾有以下尖锐的评论：

> 我无法想象，仅仅遵循概率的法则和无生命的机械法则，就能实现自我选择和自我繁殖。这就好像说一架机器可以自我进化、自我繁殖一样荒谬。我本来以为会有人指责我的说法过于武断。但很不幸的是，在这个争论上，无生命机制成为我个人独特的研究领域，而不是那些生物学家的。离开哲学家们最为熟悉的、能够获得第一手资料的领域，寻找其他领域中无解问题的解释，是所有肤浅而浮夸的哲学恒常不变的通病。（*Cartesian Economics*，p. 6）

概括来说，否认了存在两个不连续的间断点的一元论者，受到部分领域肤浅而浮夸的吸引，试图在这些领域中寻找一些根本无法解决的问题的解决方式，而远离了哲学家拥有第一手经验的领域。这是一个严肃的指责——这是真实的吗？这个问题是开放式的，但是我将顺着索迪的思路，注意到物质—生命的不连续性，弗朗西斯·克里克(Francis Crick)[1] 显然认为，第一个生命更有可能是从外太空到达地球（定向泛种论），而不是由地球上的非生命物质自发形成的。并且巴斯德(Pasteur)[2] 和廷德尔(Tyndall)[3] 已经给出论证，认为"在当今的地球上找不到自发出现生命现象的例子"。除此之外，就像之前所提及的，大量的哲学家和神经科学家［包括约翰·埃克尔斯(John Eccles)[4] 和卡尔·波普(Karl Popper)[5]］已经申明生命—精神不连续性展现了"意识难题"，这个问题已经被很多人认为是无法逾越的鸿沟。

索迪的二元经济学与稳态经济学之间的相关性在于，两者承认了存在两个主要的不可分割的增长限制：由下至上的生物物理学限制，以及由上至下的伦理经济学限制。生物物理学限制指出，真实国内生产总值不可能无限期地增长下去，伦理经济学限制则指出国内生产总值增长超过一定的限度时，继续增长所带来的效用将不再比它所替代、所消耗的资源更有价值。尽管从生物物理学看，这样的增长依然是可能的。确切来说，索迪没有任何一个词眼谈及二元论与一元论之间的关系是对立的。但是，他确实是生态经济学领域的先锋，而生态经济学正是作为物质世界与精神世界之间领域的一门学科。尽管到目前为止，还没有生态经济学家获得那个假冒伪劣的"瑞典国家银行纪

---

① 克里克（1916—2004），英国生物学家，1962 年诺贝尔生理学或医学奖得主。他在探究生命起源方面做出了突出贡献，但始终没有破解 DNA 最初起源的谜团。克里克和莱斯利·欧戈（Leslie Orgel）在 1973 年提出一个观点，认为生命出现的条件过于严苛，因此地球上的生命可能是宇宙中其他有智慧生命有意散布的结果。这就是定向泛种论（directed panspermia）。

② 路易斯·巴斯德（Louis Pasteur, 1822—1895），法国生物学家、化学家。

③ 约翰·廷德尔（John Tyndall, 1820—1893），爱尔兰物理学家。

④ 埃克尔斯（1903—1997），澳大利亚神经学家，1963 年诺贝尔生理学或医学奖得主。

⑤ 波普（1902—1994），生于奥地利，英国哲学家，20 世纪最伟大的哲学家之一，研究领域为科学哲学和政治哲学。代表作有《开放社会及其敌人》(The Open Society and Its Enemies, 1945) 和《科学发现的逻辑》(The Logic of Scientific Discovery, 1959)。

念阿尔弗雷德·诺贝尔经济学奖"，生态经济学领域的先驱者弗雷德里克·索迪，已经获得过货真价实的诺贝尔化学奖。这并不代表他对于二元经济学的观点一定正确，但我认为他的思考值得我们认真地倾听。

8. 智慧的地球？

"让我们共建智慧的地球"。这是 IBM 富有激情的广告标语，这句缓缓吟诵出来的祝愿，成为 2010—2014 年所有广告的结束语。他们没有说"让我们更好地适应这个创造我们并与之共生的地球"，而是认为地球不够智慧，它那些在演化历程中获取最终胜利的、拥有强健的大脑的租客却足够聪明。

什么让 IBM 认为地球是个笨蛋呢？显然是因为这个在智力上受到挑战的地球不知道应如何跟上我们经济快速增长的节奏，所以我们要用我们脑海里诞生的补救措施来重新设计这个星球。比如，我们的增长需要更多的化石能源，但燃烧大量的化石能源导致二氧化碳等温室气体的大量排放，减缓了热辐射向外太空的排放过程，从而使地球变暖，导致巨大的气候变化。那么为了给化石能源足够的燃烧空间，只好减少进入地球的太阳能，以便让热辐射释放到外太空。这样的做法更加容易。所以，一个智慧的地球应该有更高的反射率以反射那些烦人的太阳辐射。在平流层或者对流层中释放易反光的硫颗粒来提高地球的智慧是一个不错的主意。

这种让地球智慧起来的复杂而成熟的方法，就是著名的地球工程学。让英国石油公司在更多危险的地方钻探更深的油井，助燃经济增长的神圣火焰。这反过来将会为美国国家航空航天局提供更多的资源来建造火箭，进而为我们实现自身的天命更进一步——逃离这个注定迟钝的星球，在外太空寻找另一个更好的安居之所，从而建造一个真正智慧的星球。科学家在很久之前就已经认识到，地球工程学和其他类似的改造措施一样，要为安全的撤离创造更多时间，但这不是对这个迟钝星球的最终解决方法。如果现在一个石油油井突然泄漏，减少了墨西哥湾生物的光合作用能力，那么也不要紧，我们这个星球早已经消化了如此多的太阳能，所以，如果我们减少太阳能流入，那么我们就不需要为了将它转化成食物中的能量而烦恼。当美国国家航空航天局、英国石油公司和 IBM 完成我们新的智慧星球的建造时，那个星球上一定会有一个新的并且更加智慧的墨西哥湾。

总而言之，就像被一双无形的手控制一样，像 IBM 一样的全球公司仅仅为了经济增长而服务，已经当仁不让地领导世界构建智慧的地球。当然，与亚当·斯密不同，他们并不真正相信存在任何神圣的上帝能够通过"看不见的手"来将个人的私利转化为公共的福利。他们知道现代科学中的随机突变加上自然选择解释了任何事物的存在与发展，以至自由意志和终极目的都是幻想。但是，这些幻想之中有一部分依然存在生存价值并且必须被有力地宣传，以获得纳税人的支持（科学是昂贵的）——至少直到 IBM、英国石油公司和美国国家航空航天局完成智慧星球的构建，到那时星球本身足够聪明，星球上的居民就可以饱食终日、无所顾虑了。

9. 地球工程学或者宇宙保护主义？

因为太阳和其他恒星没有给我们分红，切断与它们的联系也无所谓。

——凯恩斯（John Maynard Keynes，1933）

弗雷德里克·巴斯泰德（Frederic Bastiat）① 的经典讽刺"蜡烛工匠反对太阳的请愿书"已经有了新的案例。这个讽刺写于 1845 年，当时是为了反对法国的贸易保护主义，捍卫自由贸易原则。今天，它恰好适用于那些宇宙保护主义者，宇宙保护主义者为了保护以全球化石能源作为增长基础的经济，而反对太阳光——一个免费商品的"不公平"竞争。

---

① 巴斯泰德（1801—1850），法国经济学家，支持亚当·斯密的自由贸易理论。他的思想成了后来奥地利学派的支柱之一。

我们"蜡烛制造"式的经济增长要让大气层充满吸热的气体，根据一些人的建议，因为来自太阳的能量威胁了我们的增长目的，这些免费的辐射应该被适当地削减，尽管太阳能为地球生命提供了源源不断的能量。这些人中包括了美国企业研究所的特恩斯特伦（S. Thernstrom, *Washington Post*, 13 June 2009, p. A15）。保护主义者的观点是希望能够减少部分太阳光（通过增加大气的颗粒污染以提高大气的反射率），这种做法确实能够为我们碳燃烧的"蜡烛工业"提供更多热量排放的空间。尽管这么做可能增加 GDP 和就业率，可不幸的是，所有的生物都由于数百万年的进化而适应了太阳能量的流动。削减太阳能将带来这些适应性的大量减少——就像全球气候变暖减少了无数对于温度的适应状况一样。人为减少我们最为基础和充足的低熵能源（太阳能），仅仅是为了更加稳定地消耗稀缺的地球能源（化石能源），这种做法不论是与物种，还是与生命本质，都是相背离的。除此之外，"蜡烛"以及其他国内生产总值的组成部分，这些产品的边际效用已经处于递减阶段，它们是昂贵的，并且需要激进的广告营销和庞氏骗局式的债务融资才能卖出。所以，一个人一定会由此得出结论，用地球工程学的方式让世界拥有更多的"蜡烛"和更少的阳光，这是比信用违约交换更加糟糕的主意。

为什么现在有一些重要而聪明的人推广地球工程学呢？他们的回答是，相比于静候灾难的降临、坐等气候灾害的临近，使用地球工程学的方法更加善良。美国企业研究所现在停止向科学家提供争辩全球气候变暖问题的经费，而事实上争论开始有利于认为气候变化是糟糕的一方，那么他们为什么不倡议通过碳税或者线上拍卖交易限额的方式来解决问题呢？原因在于，他们认为技术性地修复地球更为划算，而且这将给我们争取时间和增长以更好地解决未来的问题。再开两瓶威士忌，让它们给我们面对增长成瘾的足够勇气！可能我们是没有退路的。也许，我们不可避免地要面对严重的气候变化，那么我们就只有忍受并适应高昂的成本，然后加快我们在一个可持续的（更小的）限度内转向稳态经济的步伐。地球工程师们为了维持下一轮增长而焦虑不安地实施保护主义型干预，可能将事情弄得更加糟糕。

在世俗的层面上，我不是一个自由贸易的倡导者，也不是凯恩斯，但是"切断与太阳和其他恒星的联系"来保护以化石能源为基础的经济，是将贸易保护主义推向了宇宙深处。现实比讽刺文学更加荒谬。

C. 道德与哲学的限制

10. 政策的前提假设

　　正值你毕业，我想提醒你一些你早已知道的事。因为你不仅仅选择学习公共政策，而且将要获得硕士学位，你一定早已拒绝了长期以来哲学式的决定论与虚无主义说教。这就是我想提醒你务必知道的。

　　决定论者断言，我们只有一种可能的未来，这种未来已经被原子的运动、自私的基因、辩证唯物主义、如厕训练般严酷的规训或者被先验神灵的木偶线冷冰冰地决定了。如果在未来，我们的世界只有一种可能的状态，没有其他选择的余地，那么也就没有实施政策的必要，更不用说需要一所设有公共政策课程的大学，或者公共政策硕士生。要是那样，你现在纯粹是在迈进失业大军！你必须是一个非决定论者，你必须认识到，我们的未来世界至少有一种可能的替代方案，而有目的的政策将引导我们逼近另一种更好的方案。

　　当然，其中也有很多只是设想的未来方案，由于几乎不可能，不应予以考虑——比如，在一个资源有限的星球上假设永恒的增长，这样的假设与热力学定律和生态系统相互依存的状态是完全背离的。我们将无限增长幻梦的承诺作为所有国家的政策基础，现在看来，各国都应该重新考虑之前所列的重大事项清单。但这是另外一个问题了。我个人目前的观点是，即便我们丢弃所有不切实际的未来方案，我们也还有不少选项。

为了从具备可能性的剩余未来方案中进行选择，我们需要一个价值尺度。通过它，我们能够区分出方案的优劣。虚无主义者，或者极端相对主义者，否定任何价值尺度的存在。对他们而言，所谓的价值尺度都只是个人主观偏好，取决于支付能力的大小，或者随着性别、种族和阶级利益而粉饰扭曲。虚无主义者认为，并不存在所谓的公共利益或客观价值，因此，我们无法区分未来方案的好坏。所以，即使存在真正的替代方案，但离开了客观价值体系或者公共利益的取向，政策的实施也没有任何意义。

没有选择，也就没有责任，所以决定论者和虚无主义者经常沉溺在他们不负责任的虚构里，不负责任地自我满足。"不知道去往何方，也就永远不会迷路"。我可以肯定地说，作为一个未来政策的制定者，你将要与一些自以为是的决定论者和虚无主义者对抗，他们可能伪装成政治民意测验专家、电视机里的世纪灾难预言家、成本收益评估师、生态伦理学家、进化论神经心理学家或者增长经济学家。他们会从一个或者多个角度坚持论证，我们的未来没有一个可替代的方案，或者即便这样的方案存在，那也没有任何意义。这样的人明显不屑于公开讨论他们自身早已视而不见的逻辑悖论。这导致了难以与他们展开理性对话。

但是，正如我在之前所说的，这一定是你早已提前知道的，否则你也不会站在这里。我现在只是在你的道路上又一次提醒你，就像你的妈妈告诉你不要忘记带伞一样，再三叮嘱。

11. 经济人与共同体人

经济人（homo economicus）假设的问题（经济学对人的抽象假设，经济学的大厦搭建于这一基础之上）在于，其假设的人是原子化的个人，仅仅通过外在的联系，以个人为单位与其他人或物进行交流。

约翰·柯布（John Cobb）[①] 和我建议不如使用通过内在联系联结起来的"共同体人"（person-in-community）概念（参见 *For the Common Good*）。我只能通过谈论共同体中的人的关系来定义自我。我是谁？我是……的儿子，……的丈夫，……的父亲，……的朋友，……的公民，……的成员，等等。如果除去这些关系，那就不剩下什么"我"了。我是被这些关系所定义的，所以，这些关系是作为一种内在身份的自我意识、自我意愿而存在，而不是一种外在的、构建于抽象的、原子的、独立的"我"与其他人、地区或者事物之间的关系。类似地，我与自然环境之间的关系也不仅仅是外在的，尽管经济学家有"形式主义"的术语。我是一步一步被环境所塑造，依靠自然环境提供给我的养分来自我成长。我与空气之间的关系不仅仅是外部的，从我的肺就能够看出其事实上是内生的——我是一个呼吸氧气的人，就像我是……的兄弟一样。这是一种本体论的陈述，一种关于世界是什么、人是什么的论断，而不是一种人应该是什么的期待。而经济人假设是一种期望，是在新古典主义经济学的框架内对于假设"人应该是什么"的一种回答。经济人假设是对人误导的想象，所以建立于其上的新古典主义经济学是一种误导的理论，而基于新古典主义经济分析的政策具有更恶劣的误导影响。

通过共同体中的人的概念来理解我们是谁，这样的理解方式意味着相比于通过购买消费商品与服务所获得的外在关系，自身福利更多地来源于那些使我之为我的内部人际网络。如果广告商一定要让我相信我与商品之间的关系是内部的，并塑造了我的存在——我是一个抽万宝路香烟的人或者是一个拥有雷克萨斯轿车的人——那样对于我来说更加糟糕。如果说公共福利能够通过年复一年加总消费基础上的边际效用而得出，这些边际效用全部来自通过外在的交换关系而联结起来的原子化个人，那么这种说法是非常荒诞的。

共同体远远超过个体的加总。共同体的边界既具有包容性，也具有排他性。将我们定义为"共同体人"的那些关系，来源于我们认识

[①] 柯布（1925—），美国哲学家、神学家，1989 年与戴利合著《21 世纪生态经济学》（*For the Common Good: Redirecting the Economy Toward Community, Environment, and a Sustainable Future*）。

的人和地区，来源于与我们拥有同样的历史、语言、文化、法律的人和集体。这些只是通过极其抽象和脆弱的方式涵盖全球所有人、所有可能的关系，还远远不足。世界共同体应该被看作一种国家的联合，一个共同体的共同体，而不是一个通过人与人之间直接关系建立起来的共同体。"我是地球村中的一员"这样的说法听起来很美妙，但是，除非我能被更加区域化的关系界定，否则这样的说法毫无意义。

全球共同体应当自下而上，建立在相互依赖的地区与国家共同体相互联合的基础之上。不可能存在一个单一的、集成的、由上至下的、反历史的、抽象的全球俱乐部。自由贸易、自由资本流动和自由移民并没有建立一个全球共同体，它们只是简单地摧毁了国家共同体的边界罢了。全球化仅仅是新古典主义原子论个人主义的大写方式。全球化破坏了区域内部通过历史构建起来的共同体关系，而原本我们能够通过人们为彼此生产产品或提供服务，通过遵循"辅助性"原则，逐步联结成共同体的全球共同体。有一条法则是说，问题的解决应该在当地能够解决的最小共同体内进行。气候变化是不可复归的全球化问题，那么就让我们初出茅庐的世界联盟来处理这个问题吧，而不是将注意力放在如何通过全球化占领食品、服装、金融等领域的地区市场，导致跨国公司之间不必要的相互依赖与国家主权的丧失。即使我们失去统一的全球机制带来的少量商品（虽然这也不太可能），共同体式联合的整体将增进我们的福利。更何况，大一统式的全球化机制本身就是需要质疑的。共同体式的联合容许我们提升相互关系的质量，但又不丧失身份认同。

12. 潜在的不一致性

除了有经济学基础，生态经济学当然也在生态和生物领域有生发的源头。大多数生态经济学家和稳态经济学家都花费了大量的时间，用生态和生物的智慧来纠正经济学。但是，尽管如此，在纠正和澄清问题的道路上，依然有大量的工作需要完成。不过，需要注意的是，在生物学上，我们要避免引入一些频繁出现的、深奥的形而上学偏见，尽管它们有其科学的事实。

对于生物学家而言，任何物种的存在都是一场意外，一个物种的持续生存常常由于强大的随机突变与自然选择过程而被终止，这样的过程在相互依赖、不可分割的生态系统中时刻发生。如此盲目的过程，长期看来，不仅揭示了所有的生物都是由同一种共同的祖先进化而来，还在一些观点下，解释了我们的共同祖先从"原始化学汤"里"自发生成"的过程。就人类的独特性而言，大家相信随机突变和自然选择的过程不仅决定了眼睛的颜色和身高，同时也决定了智商、自我意识、道德和理性思维的能力。新达尔文主义者以偏概全，将这个能够解释许多问题的理论，推广成为全宇宙的普遍法则。

尽管的确有力，但是新达尔文主义者的理论并不能够解释自我意识和终极目的的存在。即使是在纯物质领域，这个理论也存在一些瑕疵。我想通过一个复杂组织中相互依赖的部分来说明这个问题。单独来看，这个组织的各个部分都没有独立生存的价值，它们只有相互依赖、共同出现并且共同生存，直到整个组织都被一个复杂的功能单元集合起来的时候，才有生存的可能并且被自然所选择。当然，还存在一种叫利他主义的反常现象。亲属选择的原则无法解释特蕾莎修女（Mother Teresa）和奥斯卡·辛德勒（Oskar Schindler）的存在，这也是生物学家一直在争论的话题。但是，请允许我将这些都留作未来讨论。我现在的观点是，那些在周一、周三、周五为大学二年级的学生讲授唯物的新达尔文主义世界观，又花费周二、周四、周六的宝贵时间请求国会和公众启动法律来保护这个或那个濒危物种的生物学家和生态学家们，正处于深深的不一致和矛盾当中。

自然，公众会询问生物学家，保护这些受威胁的物种的目的或原因是什么？因为很多权威的生物学家，比如科学唯物主义者，声称不要相信目的（或者宇宙终极目的，或者仅仅认为在物理世界中只有独立因果的个人偏好），这对于他们而言不是一个简单的问题。他们告诉我们生物多样性、生态系统的稳定性和适应性，不由分说地声称在我们的基因程式里存在一种热爱其他生命（biophilia）的本能（尽管我们有组织地将其他物种推向灭亡）。但是生物学家并不能够将其中任何一个描述性的概念作为一种不变的目的或者客观价值，因为这样的做法和他们整个学科体系的基础假设相矛盾。比方说，热爱其他生命的天性能像一种美德、一种令人信服的价值一样持之以恒，而不是一个存在于期望里的决定性基因的想象片段。但是这么做将承认目的的存在。相反，生物学家尝试找出一些之前被忽视的机械论原因，告诉我们为什么我们要去做我们相信、我们应该要去完成的事情，但是如果不知道现实的目的，这样的原因是无法被逻辑推理所检验的。缺少了目的和价值，生物学家在国会和公众层面的努力不仅没有说服力，也非常情绪化且脆弱。

其他人已经在过去注意到了这一点，术语"潜在不一致"以及它的含义来自阿尔弗雷德·诺斯·怀特海（Alfred North Whitehead, *Science and the Modern World*, 1925, p. 76）。他在后面所引的段落里表达了这个观点，若要理解其含义可能需要细致的阅读：

> 以机械论为基础，科学现实主义与这样的一种坚定不移的观念相结合，这种观念认为，人类的世界与高等动物的世界能够共同组成一个自觉的组织。在现代思想的基础上，这种激进的不一致性在我们的文明中占有很大的份额，是一种一心二用式的动摇。……因为思想背景里潜在的不一致性，使思想变得脆弱……举例而言，由欧洲人所特有的个人主义能量催生出来的进取精神，预先假定物理运动是由终极原因推动的。但是在他们的发展过程中所奉行的科学是建立在一种认为"物理因果联系是超验的"哲学基础之上，这种哲学将物理原因和终极目的相分离。处在这样一个完全相互冲突的认知里并不是一种受欢迎的行为。

从另一个角度看，我们对于自然科学的理解基于机械论的观点，基于物质本身和有效的因果联系，而没有留给目的论的终极原因任何想象的空间。但是，我们自己和大多数高等动物一样，直接受目的的指引，并且在一定的约束条件内自觉地行动。如果我们是自然的一部分，那么目的也是，如果目的不是自然的一部分，那么至少从某种非常重要的意义上讲，我们也不是。在其他的文本中，怀特海更加一针见血地指出这个矛盾，"科学家们热切地想要证明他们是无目的的做法构成了一个有趣的研究课题"。生物学家查尔斯·伯奇（Charles Birch），是怀特海的忠诚的学生，他在他颇具洞察力的著作《论目的》

（*On Purpose*）中重新阐述了潜在不一致性的观点："目的成为当代思想的一个中心问题，因为在'我们如何看待我们自己'和'我们如何看待这个世界并与之进行交流'这二者之间，存在现代主义式的错配。"但是，很显然，并不是所有的生物学家都对潜在不一致性感到苦恼。

在唯物主义者的观点里，对于目的或者是终极原因的直接体验必然只是一个"偶发现象"———一种碰巧在魔法下被迷惑，从而具备生殖优势并获得自然选择的幻觉。这是古怪的，因为在真实的生物学世界里，目的的幻觉被认为具有选择优势，而科学家又坚持认为目的本身是无因果的"偶发现象"——但这是新达尔文主义者的问题，而不是我的问题。唯物主义教条所认为的"目的是无起因的"政策含义，是比最自由主义经济学家最宽泛的模型还要自由放任的观点。在这样的观点里，唯一"政策"的连续性在于："让它发生，因为它迟早将会发生。"对于那些把新达尔文主义奉为形而上学世界观圭臬的物种，新达尔文主义本身的存在价值是否为负，这样的问法过分吗？难道潜在的不一致性在任何政策层面上不会带来可怕致命的后果吗？

目的论有其局限性。当然，自启蒙运动以来，唯物主义已经建立了一个庞大而强有力的生物学范式。在形而上学世界观层面上建造一个以实验为基础的科学范式是极其诱人的。但是唯物主义也有其局限性。仅仅因为我们最为直观、最为广泛的经验现实（对于目的而言的）无法契合唯物主义的方法论，所以要对其加以反对，这样的做法是完全反经验的。拒绝承认否定目的所带来的逻辑上和伦理上的破坏性后果，是反理性的。对于把科学当作理性和经验的事业的人来说，上述观点是很麻烦的。那些将思考的主要目标定为否定目的的存在的人，却对这个无意义的世界中偶然发生的琐事的相对价值深表忧虑，这就更加矛盾重重了。

通过指出自然选择在自然中的重要地位，我们无法将新达尔文主义者从无意义与随机性的泥淖里解救出来。"选择"可能听上去具有目的性，但是在公认的自然选择理论中，"随机"才是真正的主导。随机突变的过程为自然选择提供了可供选择的菜单，自然选择的手运用生存困境尺度与在随机改变的环境中进行的再生产对物种进行选择（包括随机变化的地理条件，以及其他随机进化的物种）。从这里层层向下剖析，这完完全全是一个关于随机的形而上学。

潜在不一致性与生物保护学和稳态经济之间的关系是很明显的——环境保护和可持续规模是一种目的，而在一个被随机概率操纵的世界里，这样的目的是完全不被考虑的。

如果没有目的的存在，那么很难想象价值对我们有什么吸引力。拥有一个目的，意味着为了一个结果而服务，价值就是任何能够促成我们达到那个结果的事物。换句话说，如果存在客观的价值，那么可以肯定的是，获得价值将成为我们的目的。新达尔文主义生物学家和生态学家否认了目的，认为我们应该对关乎价值、关乎保护的问题保持沉默。如果他们不是简单地保持沉默，那么他们或许应该重新思考一下他们的决定论的唯物主义。著名哲学家托马斯·内格尔（Thomas Nagel，2012）就在他最近的著作《思维与宇宙：为什么大多数唯物新达尔文主义者的概念与观点是完全错误的》(*Mind and Cosmos：Why the Materialist Neo-Darwinist Conception of Nature is Almost Certainly Wrong*）中给他们提供了帮助。但是他的"帮助"要求自然主义者撤回的主张要超过他们所能够忍受的范围，即使内格尔是一个无神论者，他仍然被看作异端而被新达尔文主义者逐出师门。

经济学家，与大多数生物学家不同，并不经常走极端地去否认目的存在。他们认为，目的以个体偏好削弱版的形式出现，并且也不认为目的是一种幻觉。但是，偏好被认为是纯粹主观的，所以一个人的偏好与另外一个人的偏好同样好。不像公共事实，私人偏好无法评判好坏——因此，通过假设来看，因为偏好不能度量，所以没有客观的价值标准存在。除此之外，根据经济学家的说法，个人偏好即终极价值准则。我们见证了经济学家尝试通过挨个询问消费者他们愿意出多少钱来拯救一个濒危的物种，或者在一个物种消失以后他们愿意获得多少补偿的方式来衡量一个物种的价值。事实上，这样两个"相机抉择价值"（contingent valuation）会给出多种多样的答案，仅仅是面对潜在危机的一种广泛宽慰，通过收入来衡量的偏好大大低估了价值本身。

经济学家也在潜在的不一致性中饱受折磨，但是没有达到生物学那样严重的程度。在经济学家的观点里，目的没有被排除在外，仅仅是由于偏好的衡量从而在一定程度上的高估或者低估。但即使是一个没有经过检验或无价值的目的，就像不受约束地加总未经规训的、仅仅通过收入来衡量的私人偏好一样——国内生产总值的永久增长也将支配无目的的世界。所以，在公共政策的论坛上，经济学家和他们脆弱的、主观的目的概念（至少被认为是具备因果联系的）将支配仍然困于自相矛盾的目的，并希望证明自身无目的的新达尔文主义生物学。因此国内生产总值的增长将继续主导生态环境保护的过程。

怀特海观察到："处于在此提及的完全矛盾的境地是不受欢迎的"，这种观点在 85 年后依然作为真理熠熠生辉。这种故意忽视导致潜在的不一致性深入到现代的骨髓里。启蒙运动通过拒绝目的论将光辉照亮所谓黑暗时代一些隐藏的迷信角落。但是它寒冷的光芒也在现代世界里投射了深长的阴影，使得目的的现实模糊不清。为了保存上帝造物留下的成果，我们首先要在黑暗中重新寻找我们的目的。我建议使用"上帝造物"，这不是对于进化论的否定。相反，如果我们的世界、我们的生命、我们的自我意识、我们的自我反应思考仅仅是一个偶然运动的随机发生——一个短暂的统计意义上由带着一长串小数的无穷小概率相乘的偶发现象，那么很难想象为什么我们要做出巨大的牺牲来使地球保持支持生命与可持续发展的能力，或者我们应该从哪里获得强烈的动机来保护自然。这是潜在不一致性在生物保护学和稳态经济上所产生的净结果。我们的问题不是在于错误的经济学或者生物学，而在于更加深刻地隐藏在其背后的形而上学与哲学冲突。

13. 可再生的无知

我们生来无知。一旦我们积累了一生的知识，我们就会离开这个世界。无知的孩童会取代博学的长者。知识是一个会耗损的资源；无知是可再生的。是的，图书馆和数据库不断扩大，但是知识终究要在生者的大脑里进化、保持活力——没有看过的书，没有观看的影片、没有访问过的硬盘都是无生命的。它们都会被时间磨蚀：火灾、洪水、霉菌和苔藓，以及电脑病毒。

就像西西弗斯一样，我们将巨石推上山，然后又让巨石滚下山来，往返不止。进步并不完全是幻觉。但这是一个前进 3 步，后退 2.5 步的过程。后来者重复了前人的错误。他们也同样发明了新的错误。对于任何特定的错误，所得到的解决方案总是会在两代或者三代人之中遗忘，由此我们又需要重新学习。但这并不全然是坏的——毕竟，婴儿是快乐开心的，相对而言，老年人是脾气暴躁的——无知是一种极乐。生命比知识重要。随着预期寿命的增加，老人们离去的时候知道得更多，留下更多的知识需要孩子们学习。

从一代到另一代，大量的知识传输具有不可避免的必要性，这个传输过程不是原子式的，它要求做出两个决断。老的一代必须决定有哪些知识是值得付出努力教给孩子们的，而年轻一代则要决定哪些知识是值得他们去学习的。一些知识通过了两个过滤器并成为指引未来、发现新知识的基础。另一些知识在通过一个或者两个过滤器的过程中失败了，并且遗失。只要有一次收成不好，世界就会陷入饥荒，同样，只要知识的传输失败一次，我们就会重新陷入大规模的无知。

我们现在对于这两代知识过滤器都知道些什么呢？它们是怎样让知识通过，又是怎样让知识被过滤掉的？我不完全明白答案，但是我有一个猜想，这个猜想来自舒马赫对阿奎纳和笛卡尔的评论。阿奎纳认为，相比于确切事物的准确知识，对于最高事物的未知知识更值得去学习。而笛卡尔相信，只有几何学上的确定性知识是值得被保留的，不确定的知识应该被抛弃，即使它们可能是为更高事物的发现而做准备的。这两个过滤器有不同选择的偏见。它们的极端形式分别代表了恰好相反的价值错误，关于什么知识应该被保留，而什么知识应该被抛弃的价值错误。

哪一类错误是我们在今天最可能犯下的？我认为我们过高地强调了笛卡尔的观点，而对于阿奎纳的观点倾注的注意力太少。我将阿奎纳"更高的事物"解释为目的，对于正确目的的认识。将"更低的事物"解释为技术——如何有效率地完成某事，前提是这件事需要被完成。我们已经过度发展了我们关于技术的确切知识，但是我们对于正义目的的认识却没有得到有效的发展。相较于传授目的，老一代更倾向于传授纯粹的技术知识，而年轻一代则看起来顺从地表现出对于学习技术的偏好更甚于目的。所以，我们发展出越来越多的权威、越来越少的目的。正如物理学家温伯格（S. Weinberg）所说，更多的科学让这个宇宙和宇宙中的事物变得可以理解，可以被我们控制，但是我们的控制越来越不受目的的影响。

这让我记起了 20 世纪 70 年代我曾经于路易斯安那州立大学参与的一场公众辩论，辩论的内容是关于在路易斯安那首府巴顿鲁治（Baton Rouge）附近建设河湾核电站的议题。我提出，出于经济和安全的考虑，核电站不应该建设，因为巴顿鲁治附近有更加便宜和安全的替代发电能源，等等。我的发言结束以后，一位来自麻省理工学院的核电工程顾问代表海湾公用设备公司（Gulf States Utilities）做出了反驳。他的发言包含了展示整个核反应堆的比例模型并介绍它是如何运作的。他没有回答我的任何问题，也完全没有提及为什么我们应该建设核反应堆。但是他对于核能技术的展示，让他很轻松地赢得了辩论。每个人都围着他的核反应堆模型问这问那，想知道核反应堆是怎么工作的。技术（"如何做"）的问题取代了目的（"为什么做"）的问题。可能我需要一个熔解核反应堆的模型！可能我需要学习公共关系方面的课程。我可能也要先学会自吹自擂。

我也想起了我曾经和我的朋友、国会图书馆影像馆馆长之间的对话。他告诉我，数字录像技术已经发展到了非常先进的地步，借助它们，图书馆将能够很快以先进并廉价的方式记录并保存电视、收音机、YouTube、推特上的一切素材。然后，历史学家和学者决定什么是重要的、什么是有价值的。图书管理员可以避免困难的筛选过程，而与此同时能够对不用向未来的历史学家强加他们自身的价值取向这一点感到宽心。当我明白了这个观点的重点以后，我无法分享由此带来的快乐，因为这对于我而言是另一个鲜明的例子，证明"如何做"的问题取代了"为什么做"的问题——这种替代趋势可能将会由于那些招摇着"价值自由"的未来学者出于自身的福利而留存无穷无尽的古典垃圾。

知识像一种万能药一样被大量供给。年轻人被催促着在讨论中更加深入，从而能够"获得学位"，并且确保经济增长能够允许他们通过利益的方式回馈社会，与此同时，经济增长的水平依然能保持领先。但是事实上，很多人已经失望了，而未来将会有更多人失望。作为一个已经在大学校园中度过了超过 40 个年头的人，我非常怀疑这种对于知识的狂热，即使我们讨论一种稳态经济，我也是借助于物理的限制，而不是知识的限制，这给我们留下了开放式的问题：在不讨论数量增长的前提下，我们生物物理的稳态模式将支持多大程度上质量的增长。当然，我所借助的"知识的极限"本身就是知识——物理限制的知识，主要是热力学定律，而不是任何知识内在的约束。

尽管我热切追求知识，并尽可能寻找可替代性的物理增长，但是可再生的无知让我怀疑知识是否可以挽救我们增长的经济。此外，知识，甚至在增加的时候，也不会像银行中的货币一样呈指数增长。有一些陈旧的知识被新的知识证伪或代替，而新的知识则由于新的生物物理或者社会对增长的限制而被发现。新的知识必然是令人惊喜的——如果我们能够预知它的内容，那么我们一定在之前已经了解它，而它也不能够被称作是全新的。相比于共同的期待，新的知识对于经济增长总是令人欣喜的惊奇——虽然经常是坏消息。比如，正如臭氧层空洞的发现一样，温室气体所带来的气候变化也是最近的一个新知识。

我从大学中所学到的事情之一是，很多大学里传授的知识是基于劳动价值论的观点——"对于我而言学习它很难，所以值得我把这个知识教给你"。这样脆弱的世代过滤器，即便在经济学中也能看到它的身影，正如所有的教条都应该被更好地了解一样！当然，大量本应被删去的知识出乎意料地得到保留。事实上，整个经济思想史都被学校课程去除，以让位于更多的计量经济学——在一个需要被度量的关系变化速度快于其数据的累积速度的世界里，假装测量定义不明的变量之间短暂而脆弱的相关性的艺术。古典经济学家关于稳态经济的概念没有全部消失，但是已经大部分消失。

将所有的事物都保留下来的做法，是一种解决问题的方式吗？不是的。我是否有一个解决问题的办法呢？没有。所以我会在这里停下来，并且简单地要求我们所有人，年轻人和老年人，停下来，明智地在"为什么做"与"如何做"的问题之间寻找一个适当的平衡，并将其作为一个知识隔代传递的过滤器。让我们帮助孩子们更好地处理这个常年存在的、可再生的无知问题吧。

14. 道德资本的耗损：一种增长的限制

弗雷德·赫什（Fred Hirsch）在其著作《增长的社会限制》（*Social Limits to Growth*，Harvard University Press，1976）中阐述道："市场运行所必要的最低限度的秩序道德是被提前设定的，几乎总是隐含的。这种道德被认为是一种永久免费的商品，是一种不会损耗的自然资源。"

在详细阐述亚当·斯密的《道德情操论》（*Theory of Moral Sentiments*）与《国民财富的性质和原因的研究》（简称《国富论》，*Wealth of Nations*）的关系后，赫什指出，对于斯密而言，人们之所以可以获得在追求自身利益的过程中不去破坏集体利益这方面的信任，不仅在于有竞争那只无形的手，还因为存在源于共同道德、宗教、习俗和教育层面的内在约束。赫什发现的问题在于"增长的延续取决于某些确切的先决条件，它的成功正在威胁个人主义精神，经济增长正在毁坏其社会基础"。

对道德约束的破坏，来源于商品市场的需求和供给两个方面。密山（E. J. Mishan）的文章《富裕的增长与福利的流失》（The growth of affluence and the decline of welfare, in H. Daly, ed., *Economics*, *Ecology*, *Ethic*, W. H. Freeman Co., San Francisco, 1980）中曾经指出"一个'一切皆可'的社会，事实上是一个什么都能够销售贩卖的社会"。此观点的一个必然结论是，任何以高于消费的名义对及时行乐做出的自我约束或者禁欲行为，对产品的销售与贩卖是不利的，因此也是不利于生产的，不利于就业、不利于税收和其他许许多多经济活动的。一个增长的经济，除非它能够销售，否则无法增长。有些产品因为其不务正业、有辱人格、粗俗或不道德而不能够销售，这样的想法对于增长的权威性无疑是一种颠覆。要维持经济增长速度，就必须有旺盛的需求，那么每一件东西都必须能够销售，这就要求经济"一切皆可"。

在供给方面，基于科学技术已经成功建立了美其名曰"科学主义"的流派，从另一个角度而言，拔高决定论、唯物主义、机械论和还原论的行为将科学的调查研究变成了一尊终极世界观的雕像。不可否认的是，科学唯物主义的方法论让我们在技术领域取得了非凡造诣。实践上的成功为它从工具假设或者调查研究本身向世界观扩展而据理力争。但是，科学唯物主义世界观没有给目的留下任何空间，没有给善或恶、更好或更糟糕的世界留下讨论的余地。特别是它腐蚀了广泛意义上的道德和经济生活中的道德约束。它的力量越强大，目的越沉沦。

我们就像摧毁生态秩序一样在耗损我们的道德秩序，由此带来的道德碎片化的后果，正如密山所指出的："如果不再存在一个可以努力说服其他人的公共的终极价值或信仰，那么我们有效的（关于政策的）争论将越来越难以进行。"正如物理世界所有的研究必须无条件地假定物理世界中存在客观的秩序，政策研究也必须假定道德世界中存在客观的价值。政策一定要为促进事物变好的目的而服务，否则政策就是无意义的。如果"更好的"与"更糟糕的"没有任何客观意义，那么依据它们制定的政策也只能是武断而随意的。刘易斯（C. S. Lewis）在《人的废黜》（*The Abolition of Man*，Macmillan, New York, 1965）中强调了这样一个基本事实："在评判一项规则是否是苛政，或者顺从是否是奴役的时候，对客观价值无条件的信仰是必要的。"

同样地，密山主张："只有在其自身神圣的源头里，持久而有效的道德共识才是信仰的产物。"换句话说，长久的道德伦理一定要超越社会传统惯例。这种伦理一定拥有一些客观的超验权威，不论这个权威被称作是"上帝"还是"强力"或者其他。所有企图将道德价值看作自然的一部分的尝试，希望能够通过心理学或者基因学来操作和演绎其原因的做法，都不可避免地陷入了循环论证的逻辑中。

道德价值不能同时既成为遗传学偶然或者自然选择的结果，同时又不丧失它的权威。即使我们知道如何像构造人工制品一样重塑道德价值，也必定仍然存在一个决定标准，我们依靠它能够知道哪些价值应该被强调，而哪些道德价值应该在新秩序中废止。但是，如果这个必要的准则本身是一个可以人为改变和选择的人工制品，那么它也就成为另一个需要重塑的对象了。这样的说法是无法成立的。

C. 道德与哲学的限制

　　有一种错误的观点认为，道德除了特定环境下的随机突变和自然选择之外没有其他的基础，这种观点一旦盛行，事实上早已如此，它就似乎具有了某种虚假的权威性与真实性。总而言之，科学唯物主义与文化相对主义积极削弱客观价值、超验信仰的基础，它们同时也在削弱我们的道德共识。值得注意的是，如果缺少这样的共识，那么将不再有亚当·斯密和他的追随者们作为假设前提的"市场运行所必要的最低限度的道德秩序"了。

D. 真实世界经济学

15. 不是生产，不是消费，只是转化

花言巧语总是容易产生误导。在经济学中"生产和消费"的概念如此简单，以至于我们常常忘记它们实际上并不等同于字面的含义。站在物理学的角度来看，我们不生产任何东西，我们仅仅使用能源并重新对事物进行安排，以让它们以最有效率的形式运行。生产事实上意味着将某些早已存在的事物进行转化。类似地，消费也仅仅反映了通过一系列磨损与分裂式的运用将细致组合起来的事物变为更加无用的形式——另一种转化形式，在这种情况下，有用的产品被耗用为无用的废弃物。当然，有人会说，我们生产和消费"价值"与"效用"，而不是事实上的物理事物。但是，价值总要依托一些物理事物，我们称它们为资源，我们同时也需要使用像劳动和资本这样最终来自同样低熵的能量和物质的物理事物，以将价值附加于商品中。服务业也不能摆脱物理的维度。服务总是由某人或者某事物所提供。从物理维度抽象出来而仅仅讨论效用，是一种本末倒置的做法。

如果我们不再说生产运行过程而是说"转化过程"，那么自然而然，我们需要特别注意的是，什么被转化了？被转化成什么？因为什

么动机或中介机制而进行的转化？自然资源流被转化为产品（和废弃物）流，这样的转化过程是通过劳动和资本作为中介的形式进行的。一个转化过程既要有完整的转化中介（劳动和资本并不直接作为资源参与到产品转换的过程中，但是产品转化过程需要它们为其运行施加影响与提供动力），也要有确确实实从物理上参与到产品流或者废弃物流转化过程中的资源流本体。投资（fund）和流量（flow）之间的区别显现了它们互补的角色关系——"效率原因"和"物质原因"——两者之间的任何替代都是非常有限的。仅通过加倍厨具的数量和烤炉的大小而减半面粉和其他原料，你是无法烘焙出同样分量的蛋糕的。一种自然资源经常能够代替另一种，资本也时常能够代替劳动，反之亦然。然而，更多的劳动和资本几乎不能够替补很少的资源流，除非是非常有限的扫除并重新利用废料、锯屑等，这种技术上有效的生产方式应该被特别考虑。在大多数教科书里的生产函数中，产出被描述为投入的一种函数，没有区分它们之间投资和流量的本质，而将全部资源都基本上考虑为可替代的。

但是，如果常规的生产函数没有从被转换的自然资源流中区分转换投资中介，那么如何设想一个将投入元素转化为产品从而产出的完整过程呢？经济学中时常用柯布-道格拉斯函数和其他类似的生产函数，将要素相乘到一起来解释这样的问题。还有什么比仅仅通过相乘"要素"而获得一个"产品"更加顺理成章的？但这只是数学，不是经济学。事实上，在我们传统意义上称为"生产"的过程中没有任何类似于乘法公式的过程发生——这里有的仅仅是转化。如果尝试通过劳动或者资本乘以资源流来获得产品产出流，那么你会发现，你的"生产方程"已经与质量守恒定律发生冲突了。也许摆脱这种不协调的方法就是让生产方程仅仅包含劳动和资本，而完全忽视资源。我们现在只需用厨具和烤炉来烤面包了，完全不需要任何用来转化的原料！你可以用厨具乘以烤炉来获得所有你想要的，只是你仍然无法得到一份美味的午饭罢了。

这样的胡言乱语是如何进入经济学的呢？我猜想，它代表了两种生产函数的混淆，一种方法是理论上分析性地描述物理转化过程，另一种方法仅仅是投入和产出之间的统计学相关关系的考量。后一种在宏观经济学中是普遍存在的，而前者是微观经济学中出现的，但这并不是一个精确的区分准则，因为事实上理论描述和统计相关关系之间的区别总是被忽略。统计方法时常像包含投入要素一样包含了劳动和资本，之后发现这两个要素事实上仅仅"解释"了产出60％的历史变化，剩余40％的残差留给"其他的事物"。没问题，正如增长经济学家所说，这样大的残差"显然"是一个衡量技术进步的指标。但是，统计上的残差事实上是除资本和劳动之外的所有东西——尤其是包括被转换资源的数量和质量。增长使用的资源被算入残差并为技术的发展做出贡献。然后这样的技术测量过程被用来证明资源是不重要的！如果我们不去理会生产函数的无中生有，而从转化函数中考虑，那么我们事实上很难犯这样的错误。

这个基础的观点由杰库洛根在40年前从他的投资—流量模型中提出，对于新古典主义生产函数展开批判并加以发展。新古典主义增长经济学家从来没有回应他的批判。或许有人会问，为什么我们在这里再次提及，而这又与稳态经济有什么相关性？的确应该在当前再次提出这个议题，因为它从来没有得到过正式回答。什么样的科学能够完全忽视一个基本的批判将近40年，并将之视若无物？因为这个批判在承认生物物理限制和热力学定律的前提下，将生产过程看作一种物理的转化，所以它与稳态经济息息相关。当然，它也展示了资源稀缺性是约束要素的本质，而我们不能够如此简单地通过资本对于资源的替代而摆脱约束，但这却是新古典主义增长经济学家总是宣扬的观点。

16. 约束要素是什么？

过去，资本的稀缺是经济增长的限制，当时我们生活在空世界，但是今天我们已经生活在一个满世界里。

仔细想一想：什么限制了每年的捕鱼量——捕鱼船的数量（资本）还是海里剩下的鱼类（自然资源）？很明显是后者。什么限制了我们的原油开采量——是石油钻探设备和油泵（资本）吗？或者是剩余的可开采石油存量呢——或者是大气层吸收来自石油燃烧而产生的二氧化碳的能力呢（两者均是自然资源）？什么限制了我们的伐木量？链锯和伐木场的数量，还是现存的森林及其增长率？什么限制了我们的灌溉农业——水泵和洒水器的数量，还是含水层补给量和河流径流量？这些至少已经非常明显地说明，我们生活在一个自然资源约束的世界里，而不是一个资本约束的世界里。

经济学的逻辑告诉我们，要投资于约束要素并节约使用。经济学的逻辑没有变化；变化的是构成约束的要素。现在，约束要素是自然资源而不是资本，我们应该投资于自然资源并节省地加以使用。在稀缺性模型中，经济学家没有认识到这样一个基本的改变。诺贝尔化学奖得主、民间经济学家——弗雷德里克·索迪在80年前就预测了这样的转变。他认为人类最终是在植物、土壤和水资源的帮助下，在当前的阳光下生活。目前，这种永恒的生命基本条件是通过释放古生代时期夏季成熟地保存在燃料中的太阳能而得以维持的，他将那种燃料称为"绚烂的年代"。但是，我们对这类短期替代性措施已经十分上瘾，有一些技术官僚甚至开始公然叫嚣切断部分往来地球的太阳能，从而能够提供更多的热力空间来燃烧化石能源。这些博学的傻瓜也忙于使用化学的方法降解表土和污染水源，同时修改植物的基因，所有这一切都是为了维持短期的增长。正如韦斯·杰克逊（Wes Jackson）所说，农业植物现在拥有由芝加哥商品交易所选择的基因，而不是由周遭生物和地理生态环境所自然选择的更加强健的基因群。

什么妨碍经济学家认识到索迪所提出的观点？他们的观点是一种仇视自然依赖关系的观点，是一种对于权威的屈从。而今天新古典主义经济学家对于要素可替代性的承诺和互补性的无视直接助长了这种基本的态度——如果资本和自然资源在生产领域是能够相互替代的，那么就没有什么存在限制——如果其中一个缺乏短期供给，那么你就应该用另一个将之替代，并继续开展生产。如果它们是互补品，那么其中一个在短期内缺乏就会引发限制的出现。

经济学家们过去习惯于相信资本是限制要素。所以，让我们反推，如果回到"空世界"时代的经济，他们一定相信资本和自然资源之间是互补关系的。但是，当资源在"满世界"中变得越来越成为一种限制的时候，经济学家们没有在稀缺模型上认识到要素状况的转变或者新的限制性要素的出现，相反，他们完全抛弃了原来限制性要素的观点，强调可替代性来排斥互补性的存在。他们强调资本高于自然资源的基本原因在于，他们声称资本是对自然资源近乎完美的替代品。

诺德豪斯和托宾（William Nordhaus and James Tobin，1972）已经非常清楚地说明了：

> 现行的标准增长模型假定在扩大非人类生产要素的供给时没有可行性方面的限制。这是基本的双要素模型，生产仅仅取决于劳动和可以不断再生产的资本。土地和资源，古典三位一体的第三位成员已经被完全地抛弃了……在经济学中，经济学家已经达成了一个心照不宣的共识，即可再生产的资本是对土地和其他可消耗资源的一种几乎完美的替代。

宣称资本是自然资源的近乎完美替代的说法是荒唐的。其中一个原因是，真正的替代过程应该是可逆的，而这里的"替代"却不是。如果资本是自然资源近乎完美的替代，那么自然资源也应该是资本的一个近乎完美的替代——所以，既然自然已经赠予我们一个几乎完美的替代，为什么我们仍然要费半天劲去积累足够多的资本呢？

将我们的系统称为"资本主义"而不是"自然资源主义"，这不是毫无由来的。对于资本主义而言，资本如果不再是约束要素的话，在意识形态上就会带来很大的不便。但是，因为声称资本对于自然资源是一个好的替代品，这种不便被掩盖了。永远忠实于它的基本意图，否认自然中相互依赖的基本关系，新古典主义经济学仅仅看到了两个选项——自然资源不是稀缺的，资本是有限的，或者自然资源的稀缺性完全无所谓，因为人造资本能够成为自然资源一个近乎完美的替代品。无论在哪一个情形中，自然资源都在人的掌控之中，感谢资本，它是让我们如此有控制力的关键。我们完全不需要在意其实人造资本也是由自然资源创造出来的。

声明资本和自然资源是好的替代品的荒唐性被杰库洛根在他的投资—流量生产理论中进一步证明了。杰库洛根发现，定性而言，生产的要素主要分为两种不同的类型：（1）资源流物理转化为产品流和废弃物流；（2）资本和劳动作为转化的投资、中介或者工具，它们在物理上并不完全被转化到产品内。如果有人在一个汤罐头里发现一个机器螺丝或者一个工人手指，这会引起一场法律诉讼，而不是一个使我们相信"资本"和"劳动"在某种程度上是能够被"包含"在产品中的形而上学观念的确认！

在不同的自然资源流之间，在劳动与资本的投资之间有很多不同层面的替代。但是自然资源流和资本（或者劳动）投资之间的基本关系是互补性的。效率要素（资本）无法替代物质要素（资源）。你不能够通过加倍或者三倍厨具和烤炉的数量，而只用一半的原材料烤出相同的面包。投资和流量之间的关系是互补关系。

更进一步，资本是用当前过剩的生产来交换未来生产的留置权——而未来生产在物理上是由自然资源制成的。对于它们而言，替代自然资源是不容易的，因为我们所假定的替代品本身就是由自然资源制成的。

现在全世界包括经济学家都已经广泛认识到，不论是在公共层面还是私人层面，世界都已经背负了过多的债务。招致如此多债务的原因主要是我们过去对资本推动实际经济增长的能力抱有荒唐而不现实的幻想，由此产生了大量的需要兑现的债务，而债务是"资本"的另一种称呼。从另一个层面上说，由于财富增长的速度无法匹配债务堆积的速度，债台高筑是经济增长存在约束的明证。但在现实的经济活动当中，人们非但没有认清这一点，反而以债务过多为主要理由，仍然尝试为了实现更多的经济增长而发行更多的债务，然后通过将不良资产从私人银行的资产负债表划到公共财富的资产负债表里，将其有效地货币化。

强烈的意愿导致了不切实际的增长期待，这是一种相信我们能够无须分享而治愈贫困的执念。贫困的人能够变得富有，富有的人能够变得更加富有！很少有人认为加总式的经济将会变得"规模不经济"，将在边际上花费比其价值更多的成本，让我们集体都变得更贫穷而非更富裕。但是，事实上正是这样。尽管如此，我们的经济学家、银行家和政治家仍然对于增长抱有不切实际的幻想。就像一个失意的赌徒，他们仍然想要获得更多的增长，要下双倍的赌注，直到一无所有。

我们能不能从经济增长的轮盘赌中抽出短暂的一段中场休息时间来重新考虑一下稳态经济呢？毕竟，这个想法植根于古典经济学、物理学与生物学。永动机一般的、无限的增长不是经济政策应有的合理假设前提。

从某种层面上说，许多人当然知道这一点。那么，我们为什么仍然坚持将增长作为国家最高优先级的战略呢？第一，我们被衡量增长的指标所误导，国内生产总值计算了所有的"经济活动"，因此合并计算了成本和收益，而不是将其在边际上进行比较。第二，过去经济增长的累积净收益恰好达到了极值点（递减的边际收益恰好等于递增的边际成本），极值点之后的增长将是规模不经济的增长，在这个方面，过去的经验不能作为未来的正面向导。第三，即使未来增长所带来的收益暂时低于成本，但是制定决策的精英们已经发现如何为他们自身维持正在减少的额外收益，与此同时，与贫困者、未来和其他物种"分享"爆炸式的额外成本。精英们所控制的媒体、企业支持的智库、高校的经济学家、世界银行——更不用提及高盛和华尔街——一致为增长高唱赞歌，哄骗老百姓。

那么接下来会发生什么呢？

17. 增长的机会成本

经济学是计算成本的科学，应该被计入的成本是"机会成本"，"机会成本"可以被看作是经济学中最为基本的概念。它的定义是：排除已经做出的选择之外的最好选择。换句话说，为了做出一个选择所牺牲的最优可替代方案。你选择了最优方案，那么机会成本就是次优方案——最优方案无法选择时，你会选择的那个方案。如果没有稀缺性，选择将不再是必要的，那么就不会有机会成本，经济学也将不复存在。如果每一事物都极为丰富而无须进行选择，这意味着机会成本为零，对于经济学而言这是根本的否定。但是"每一事物都变得更加丰富"却是所谓"增长经济学"的目的。当经济整体增长时，增长经济学家说我们将获得更多的产品与劳务。那么，在宏观经济的整体增长过程中是否存在机会成本呢？在主流宏观经济学家的观点里，显然是没有机会成本的。他们认为，经济就是一切，而自然（矿山、水井、草地、渔场、森林……）只是经济的一部分。被耗尽的部分能够被新的部分所替代；天然的部分能够被人造的部分所替代；自然资源能够被资本所替代。整个宏观经济没有被看作虽宏大但仍有极限的生态系统的一部分或其子系统，正是在这样的生态系统中，经济才开始不断地增长与侵占。这些经济学家想象宏观经济增长是一种无约束的虚幻存在，增长并不在生态系统的生物物理约束下进行。很多人坚持认为，宏观经济增长导致了机会成本的消失（被经济增长取代的无非是毫无价值的虚无！），对此，一位明智的人必定总结道，"增长经济学"不是真正的"经济学"——它几乎是经济学的对立面！

但是，还是保留了一点点的稀缺性。增长经济学家认为我们不能够马上使所有的产品与服务都变得更多。为了获得更多的产出，我们需要投资和等待。投资的机会成本是放弃当前的消费。但这只是暂时的成本。不久之后，我们就将拥有更多的产品。再过一段时间，拥有再次增多的产品，如此反复。这样的过程是否有一个终结？对于正统的宏观经济学家而言，不存在终结。在他们的观点里，只有可能出现增长过热的问题，而不可能有增长太大这样的说法。快速增长所需要的投资机会成本可能过高，因为抛弃了现在消费。但是这种错配可能只是临时的，快速的增长和它所带来的所有未来产品与服务的增加——更多的投资和更多的消费很快就会使这种错配所带来的影响烟消云散。这就是增长经济学家们的理论。

但是，经济系统对于生态系统日益强化的接管是宏观经济物理增长的必然结果。这种替代是生态系统到经济系统物理层面的转换。树木被物理转化为桌子和椅子；土壤、雨水和阳光被物理转化为粮食和食物，继而进入人体；石油被物理转化为动力、塑料与二氧化碳。由于能量守恒定律的存在，经济所占有的物质和能量越多，构建与维持经济活动运行的生态系统中的物质与能量就越少。由于熵定律的存在，经济中的耗散结构（人体和人造制品）越多，生态系统需要承受的伴随着人口增长所带来的熵侵蚀的耗损与污染率也就越大。这些都是关于世界是如何运作的基本事实。但是经济学家们的花言巧语将它们完全地无视，只要宏观经济与生态系统之间几乎没有什么关系，并且前者对于后者的侵蚀没有带来值得关注的机会成本，经济学家们的谎言就不会被揭穿。但是，我们现在所处的是一个满世界，而不是一个空世界——这也是一个在很大程度上被经济所占据的有限生态系统。剩下的生态系统服务和自然资本目前都是非常稀缺的，它们在未来的减少将导致增长方面显著的机会成本。

经济学的新问题是：将生态系统物理转化为经济系统所带来的额外收益是否大于失去生态系统服务所带来的边际成本呢？宏观经济与涵养它并支持它的生态系统之间的关系是否已经达到或者超过了它的最优生物物理规模？在人类福利最大化的观点下，经济对于生态系统而言是否已经过大？如果站在我们所熟知的所有生命和生物圈和谐运行的角度而言呢？如果这些关于增长的机会成本的问题过于抽象，想一想下面这些具体的例子：大规模物种灭绝、气候变化、石油峰值、水资源短缺、水土流失、森林破坏、更加强大的科技所带来的威胁、争夺世界资源的大规模军事冲突，以及资源紧张所带来的战争风险。

增长的边际成本正在上升，那么其边际收益又是什么样的情况呢？美国和其他一些国家的调查显示，当增长超过了一定的门槛后，真实国内生产总值的增长将不再能够带来幸福度的提高。总的来说，增长在边际上变得规模不经济，让我们更加贫穷而不是富裕。不经济的增长模式导致了我们能够分享给穷人或者其他人的财富变少。这样的经济增长伴随着美国收入和财富不平等差距的加大——增长的边际收益压倒性地集中到富人手里（第三台汽车和第二套住房等等），而边际成本（被污染的居住环境、失业和赎取权的丧失）则主要由穷人承担。

经济学家们一定已经思考过这样简单而基础的问题——相比于生态系统，经济是否在物理维度上增长得过大？而且，增长的边际成本现在是否已经超过了边际收益？经济学家们当然对于这些问题已经有非常明确的答案！好了，亲爱的读者，我请你们向你们最喜爱的经济学教授或者研究人员问这几个问题。如果你得到了比较合理的答案，我非常欢迎你将它们与我分享。如果你得到的大多是令人困惑的回答，那就看看你敢不敢对这些经济学家说"闭嘴"！虽然我们常说以宽广的心态与胸怀去学习——但是，当有些事物需要指责的时候也要毫不吝惜自己的批判（只要应该，也要敢于展示自己的不敬）。

18. 维持自然与知识的公共财富

让我们从一个习语开始："维持我们的公共财富"（sustaining our commonwealth）。我使用维持一词，并不是说要一成不变地全部保留；我的意思是在不完全消耗的前提下利用。在维持与补充的前提下使用，是经济学中的一个重要概念。这是关于收入非常基本的概念，因为收入是今天你所能够消费的最大额度，而你在明天能够生产和消费同样的数量——广义上不考虑消耗资本时，未来生产能力所能支持的最大消费量。而公共财富的含义，是指那种不是由人所创造出来的财富，或者由每个人所实际创造出来的财富。所以，不论是自然——没有人创造它们，但是我们共同继承自然——还是知识——每个人都对知识的创造有所贡献，每个人对整体的贡献是如此之小，并且贡献的衡量在很大程度上取决于其他人的贡献水平。为了能够很好地管理自然公共财富，很大的问题在于我们倾向于将这个本来是稀缺的资源当作充足的资源来使用。而在知识公共财富中则出现了相反的问题，我们倾向于将这个完全不稀缺的资源当作完全稀缺的资源来看待。

重新厘清稀缺性

对于商品，有两种重要的区分维度，它们促成了四个交叉分类（请看图 D18.1）。产品既可能是竞争性的，也可能是非竞争性的；可能是排他性的，也可能是非排他性的。比方说，我的衬衫是一个竞争性商品，因为你不能在我穿它的同时穿它。来自太阳的温暖不是竞争性的，因为任何人都能够在我享受阳光的同时享受阳光所带来的温暖。竞争性是指有形财产在物理上预先排除被多于一个人所同时使用的性质。商品也可能是排他性或者非排他性的。这不是一个物理概念，而是一个法律概念，是一个关于产权的问题。比方说，如果我允许，你明天就能穿我的衬衫，但是决定权在我手中，因为这是我的财产。我的衬衫既是竞争性的也是排他性的，而这也是市场上大多数产品的特性。与此同时，太阳光所带来的温暖既是非竞争性的也是非排他性的。我们不能买卖太阳光的温度；我们不能把它装在瓶子里并对其标价。兼具竞争性与排他性的产品是市场商品。非竞争性和非排他性的产品是公共品。那么，还剩下两种分类。

使用该物品物理上是否会阻止其他人同时使用？

	是 竞争性	否 非竞争性
是 排他性	**市场商品** （比如汽车和渔线轮）让市场交换分配这些物品	**人为稀缺性的悲剧** （比如药品专利和大脑中的想法与知识） 减少专利垄断和知识产权——分享这些物品
否 非排他性	**公地的悲剧** （比如百年老树和海洋里的鱼类） 设计产权机制，并限量拍卖交易来分配这些物品	**公共品** （比如国家安全和免费公路） 通过征收消耗和污染税，政府能够供给公共品

（左侧纵向标注：法律是否限制这些物品的准入）

图 D18.1　不同类型的物品以及对应实现可持续、公平、有效经济的政策

海洋中的鱼类就是一种竞争性但非排他性的物品。它们是竞争性的，因为如果我抓住了鱼，那么你就不能抓到它。但它们是非排他性的，因为我不能够阻止你在开放的海洋里捕鱼。对于这样既有竞争性又是非排他性物品的管理总是容易导致著名的"公地的悲剧"——或者更加精确地说，是开放获取资源的悲剧。现在，最后一个难以捉摸的分类包括非竞争性但具有排他性的物品。让我们来举一些例子，如果我使用毕达哥拉斯定理，我没有阻止你同时使用它。知识是非竞争性的，但它总是由于知识产权和专利权而变得具有排他性。所以，这里有两种分类导致了难以解决的问题。一个是导致开放获取悲剧的竞争性公共品，另一个是被我们称为非竞争性公共品（人造稀缺性）的产权圈地所导致的悲剧。

自然公共财富

　　海洋中的鱼类是自然界中公共财富的一个天然例子。我认为这些既具有竞争性同时又是非排他性的自然物品和服务需要进行市场定价以避免不可持续的使用。排他性能够以个人产权或者社会产权的形式出现——需要避免公开索取。到目前为止，为了解决这个广义的竞争性但是非排他性的物品问题，以市场为基础所建立的限量拍卖交易机制是值得考虑的。

　　抛开它的使用价值，限量拍卖交易机制也阐明了经济学领域中逻辑上相互独立的基本议题：配置、分配、规模。新古典主义经济学主要处理的是配置的问题。配置主要是阐明资源的竞争性利用方式的问题：有多少资源用于生产蚕豆、多少用于生产汽车、多少用于理发。或多或少，产权运作所支持的市场能够有效率地配置资源。但是有效率配置的前提是假设了一个给定的分配。分配是指如何将资源分给不同的人：多少资源分给你、多少资源分给其他人。评判一个分配是好是坏的标准是这种分配是否公平或者正义——不是效率，而是公平。第三个方面是规模：经济相对于支持它的生态系统的物理规模大小。我们的人口是多少，相对于维持生态圈的自然周期而言，我们用于生产的所有商品所消耗的物质—能量流达到了多大的规模。在新古典主义经济学中，规模完全不会出现在他们监测经济的雷达屏幕上。

　　限量拍卖交易机制是这样工作的。一些环境资产，比如捕鱼权或者二氧化硫排放权，应该被当作非排他性免费物品来对待。伴随着经济的增长提高了经济相对于生物圈的规模，我们也逐渐开始认识到这些物品事实上在物理上是竞争性的。第一步就是设置一个上限——一个最大值——在环境可持续的前提下设定上限，并设立资源的使用目的。这个上限——它应该为多少——不是由市场决定，而是由社会和生态决定的。那么，由于限额的存在，抽取资源或者排放污染的权利就变为一种稀缺资产。它曾是免费品。但是现在拥有了价格。我们已经创造了一个新的有价值的资产，那么问题来了：谁拥有它？这同样应该由政策来决定，而不是通过市场。这种新资产的所有权原本是具有公共性的，然后在进入公共财政的过程中，被竞拍给出价最高者。有时候权利被简单地由于历史原因分配给过去曾经占有这种权利的私人使用者——我认为这不是一个完美的做法，但是这样的做法却在"溯往原则"标签的误导下越发多见。限量拍卖交易机制本身不是"自由市场环境主义"，但经常被很多人误以为是。它事实上是有约束的市场环境主义。资产被交易之前一定有其所有者，这是一个关于分配的命题。只有规模问题得到解答之后，才轮到分配问题，之后我们才能用市场交换来回答配置的问题。

另一个有效管理自然公共财富的办法是生态税收制度。这意味着将不再以劳动和资本所得收入衡量税基，而是将自然资源流作为税制的基础。向那些我们希望减少的东西征税，比如耗损和污染，相比于向我们更希望获得的收入征税而言，这看上去是一个更好的想法。与限量拍卖系统机制不同，生态税收制度只会在经济相对于生态圈的尺度上施加间接且不明确的限制。但是，这将有助于改善配置与分配的效率。

知识公共财富

如果你站在马里兰大学图书馆前，你会看到在其中的一个石头上刻着托马斯·杰斐逊（Thomas Jefferson）的名言："知识是人类共同的财富。"我认为杰斐逊先生的话是正确的。知识从存在开始，就是非竞争性的，这意味着它的机会成本为零。一方面正如我们从价格理论中所学习到的，价格是一种对于机会成本的度量，如果机会成本为零，那么价格也将为零。当然，新的知识即使应该被自由分配，也有生产成本。有时候，生产成本是巨大的，比如火星上没有生命的太空发现。另一方面，一种新的发现往往会在你完全不知道的情况下突然袭来，可能你当时躺在床上，眼睛注视着天花板，突然一个灵感击中你，而这几乎是零成本的，这就像笛卡尔发明解析几何学一样。很多新的发现完全是一场意外。还有一些新的发现完全是由研究的热情与兴趣所推动的，而没有任何物质激励。但主流的观点是，除非知识足够稀缺，以至获得一个很高的价格，否则市场上将没有人有动力去生产它。专利垄断权和知识产权是一种知识生产的外在奖励。即使在这样狭隘的视野里，保持知识的稀缺性仍然没有什么意义。因为投入知识生产的资源来源于知识体系内部。如果你让现有的知识如此昂贵，那么这也将会减缓新知识的生产进程。

总　结

管理自然和知识公共财富给我们呈现出两个几乎对立的问题以及相应的解决办法。一方面，我已经讨论过，对于自然公共财富，我们应该明晰其产权，让其尽可能多地作为公共产权存在，管理它，并为公共福利收取稀缺租金。自然公共品的例子包括：矿藏、林木、放牧权、电磁频谱、大气层的吸收力、人造卫星的轨道位置。另一方面，知识的公共财富应当从明晰产权中解放出来，知识应该被当作非竞争性物品使用。明天废除所有的知识产权，这样的做法不仅过于残忍也无法达成，但我认为我们能够减少垄断性"发明"的覆盖范围，并逐渐缩短专利垄断的期限。

19. 规模不经济的增长方式加剧大萧条

美国和西欧正陷入一场经济衰退，同时我们对于这场衰退是否将会演变成20世纪30年代那场大萧条般惨烈感到恐慌。因此，我们将凯恩斯主义政策视作良方，也就是刺激消费和投资——从而刺激经济增长。这在过去看来是有效的，但是为什么现在却失灵了？鉴于目前的危机，生态经济学和稳态经济的观点难道还应该让路给凯恩斯主义增长经济学？

当然不是！为什么？因为我们不再如20世纪30年代那样生活在一个空世界里了——我们生活在一个满世界。再者，那个时期的目标是充分就业，而增长正是实现充分就业的一种方法。但是今天，增长本身却成为目的之一，而实现它的手段是工作外包、自动化、并购、解散工会、进口廉价劳动力和其他削减就业的政策。先前充分就业的目标已经被现代"股东价值成长"的意识形态所牺牲。

增长用人口和我们的产品填充了我们的世界。我出生于1938年，从出生到现在，世界人口已经变为原来的三倍。这是前所未有的。而更加空前爆炸性增长的是人工制品的数量——"我们的物品"——汽车、房屋、冰箱、电视机、手机、轮船、飞机等等。这些东西的数量甚至是原来的三倍还要多。融入这些生命与非生命物品的物质与能量均是从生态系统中抽取而来的。维持和代替这些库存的物质与能量也来源于生态系统。所有的人口和产品库存都有一个共同的特点，它们均是物理学家称之为"耗散结构"的结构——换句话来说，根据熵定律，它们是自然趋向于灭亡、毁灭、消散的结构。散失的物质与能量作为废弃物返回生态系统中，被自然循环重新吸收，或者作为污染慢慢积累。所有的这些耗散结构存在于物质能量的熵循环之中，均在这个有限的生态圈内耗损和污染，而经济只是一个被生态圈完全包含的子系统。当子系统的边界超出了母系统的再生能力时，未来的增长在生物物理上也将不再可能。

但是在增长变得不可能之前，它早已变得规模不经济——增长所耗费的边际成本开始超过其边际收益。我们将经济中的增长称为"经济增长"——即使在这样的增长开始变得越来越不经济，在更为基本的意义上，贫瘠的增长快于财富的增长之时。这是我们现在所处的困境，但是我们中的很多人没有认识到这一点。

为什么认识不到？部分原因是我们的国家计算体系，国内生产总值仅仅测量了"经济活动"，而不是真实的收入，更不用提财富了。国内生产总值并没有区分成本与收益，将它们在边际的角度上展开比较，我们仅仅是将所有最终产品和服务加总，包括防止坏事的支出（尽管坏事让防止坏事的支出变得必要，但是防止坏事的支出并没有减少坏事的发生），而自然资本与服务的耗损也被算入收入，正如同金融交易一样——除了不断进行债务赌博，又将未来的赌注下注在当前的赌注上之外，什么都没有。

当然，因为没有人愿意购买贫瘠，所以它没有市场价格，并且总是被忽视。但贫瘠是财富的一个副产品，并且无处不在：核废料，墨西哥湾的死亡地带，海洋环流中的塑料垃圾，臭氧层空洞，生物多样性减少，大气中过量碳排放所带来的气候变化，矿山枯竭，水土流失，水井干涸，疲惫不堪而危险的劳动力，债务爆炸式增长，等等。正统的经济学家们声称解决贫困的方法是实现更多的增长——而完全不考虑经济增长是否还如过去在匮乏的世界中一样，能够让我们富裕起来，我们的目标是否还是充分就业，而非增长本身。或者在这个过于拥挤的满世界里，不论非收入有没有算入国内生产总值，我们已经被我们的产品团团包围，增长是不是已经开始让我们变穷了？

经济增长增加贫瘠的速度是否比增加财富的速度更快？这是一个沉重的问题，如果增长已经规模不经济，那么解决贫困的方法应该是分享，而不是未来的增长。分享经常被称作"阶级斗争"，但它实际上是阶级斗争的替代品，而阶级斗争的产生是由于当前不经济的增长促使精英阶层将逐渐减少的收益增长完全据为己有，同时爆炸式增长的成本又被完全社会化分配给穷人、未来和其他物种。

最后，我热切地期望，即使我们从量上限制了物理吞吐量（增长），通过科技进步和偏好上的道德改善，仍然有可能实现质的提高（发展）。所以，我认为，我们应通过利用我们的政策来限制经济数量上的一味增长，提高资源的价格以提高其利用效率，推动经济从增长走向发展，从更大走向更好，而阻止当下愚蠢的不经济增长。因为效率的提高，数量上限制吞吐量的限量拍卖交易政策同样也将阻止对于初始资源存量的过度侵蚀（反弹效应或者杰文斯悖论）。在这里，拍卖将会提高回报率，并且能够使附加于劳动和资本的增值税减少成为可能，因为我们事实上将税基转移到了资源吞吐量上。增值是值得提倡的，所以我们应该停止向它征税。耗损和污染，这两个吞吐量的最终过程是需要避免的，所以需要向它们征税以减少它们的量。如果你是技术最优化理论者，请带着你坚信的勇气加入我们，推动那些能够激励资源保护技术发展的政策，这对于你而言触手可及。你是正确的——我希望你是。让我们拭目以待。如果你最终被证明是错误的，我们的做法也不是下下策，因为这仍然将限制吞吐量，进而避免不经济的增长。

E. 人　口

20.　巨大的人口问题

　　更多人口总比更少人口要好——只要他们不是生活在同一时间内！可持续意味着人类的长久发展——更多代的更多人在美好的一生中享受充足的消费——而不是生活在同一个时代的人在这颗星球上相互掣肘。这也不代表世代永恒的序列。在当下我们的创造中没有什么是全然永恒的。科学虽然与希望无关，但是科学主义也将廉价的乐观作为一种替代品进行兜售。我支持基督教的信仰，也同样接受科学对于当下人类创造的描述以及它对于熵和有限性的征服。经济学家杰库洛根评论说，可持续性和稳态经济宣扬的是永恒性（perpetuity）（或者"某物种不朽的生命"）而不是长久性（longevity）。可能有些人会对两者之间的区别感到困惑，但是这种困惑是很容易区分开来的。

　　在过去，"尽我们所能"看起来意味着一个越来越大规模的人口，消费越来越多的产品。现在，看起来有太多的人共同生活在同一时间，人均消费过多，这些减少了地球对于其他生命的承载力。任由其发展可能意味着未来更少的人口和（或）更低的人均消费，更少的世代累积人口能够在充足消费的前提下美好地生活。如果我们对于长久性

（"可持续性"）价值的道德理解是最大化可以存活的累计生命数，能够维持美好生活的人均消费量，那么我们一定要在任意一个时间点都限制我们置于地球上的产品。更少的人、更少的人均消费，促使当前更加公平的分配，意味着更多、更富足的生命能够生活在更长的、虽然并非无限的未来。在悲惨中生活的累计生命数不会存在最大优化点，所以"足够好的生活"的限定条件是非常重要的，这要求我们重新深刻地思考经济学，并将注意力从增长方面的讨论转向富足方面的讨论。

考虑人口数量问题应该从所有的人口数入手——人口数以及人工制品的数量（汽车、房屋、手机，等等）——简而言之，是考虑所有由人产生、哺育或者建造出来的"耗散结构"的数量；换句话说，人的身体以及其扩展的数量。或者可以换一种说法，所有支持人类生命并促使人类享受的全部组织数，不论是体内（皮肤以内）的还是体外（皮肤以外）的组织都应算入总数里。

所有这些器官都是能够支持我们生命的资本装置。体内的装置——心脏、肺、肾脏——非常直接地支持我们的生命。体外的组织——农场、工厂、电网、交通网络——间接地支持我们的生命。我们也应该将"自然资本"（比方说，水循环、碳循环等等）考虑在内，这些体外资本由与体内组织互补的结构所组成，而不是由人类制成（森林、河流、土壤和大气）。

将"人口问题"扩展到所有耗散结构，其原因有二。第一，所有这些结构都需要从环境中提取低熵资源作为代谢吞吐量，之后又以高熵废弃物的形式返回环境，受到损耗和污染的约束。在物理学中，经济活动的最终产品将自然转化成我们自己和我们的商品，那些我们制成的物品被用尽或者损坏后，便成为废弃物。第二，让这样一个无休止地将世界变成废弃物的活动不被看作一个愚蠢至极的活动的原因是，所有耗散结构都拥有共同的目的——维持生命和享受生活。

正如洛特卡（A. J. Lotka）所指出的，对于每个人而言，体内组织的所有权是被公平分配的，但体外组织不是。后者的所有权既有可能是公有的也有可能是私人的，被平等或者不平等地分配。控制这些外部组织的方式既有可能是民主的，也有可能是独裁的。如果无法接触到来自河流、湖泊或者降雨所带来的水，或者这些互补性的体外组织由于稀缺性或者被垄断所控制，那么人仅仅拥有自己的肾脏是不足以维持生命的。如果没有像绿色植物和大气中的氧气这样互补性的自然资本，那么我们的肺也几乎没有什么价值。因此，所有的生命支持组织，包括自然资本，组成了一个整体。不论是在人类皮肤的界线以内还是以外，它们都有一个共同的运作过程。除了由于共同的目的而构成一个整体外，它们也因为同为耗散结构的角色而整合在一起。根据熵定律，它们都是具有消散或者毁灭倾向的物理结构。

我们的生活品质是被皮肤外与皮肤内资本的比率——人造制品与人类身体的比率、一种耗散结构与另一种耗散结构之间的比率粗略地衡量的。皮肤内资本是完完全全由可再生资源创造并维持的，而皮肤外资本则大部分依赖于不可再生的资源。体内组织的进化速率非常缓慢；而体外资源的进化速率则变得越来越迅速。事实上，目前人类的进化在很大程度上以体外组织为中心。这种进化是目的明确的，而不是随机的，并且它所朝向的目的已经变为"经济增长"，并且这种增长在很大程度上是依赖不可再生资源的消耗才得以达成的。

尽管人类目前的进化是由目的导向所决定的，但是我们仍然被新达尔文主义者对于目的论的憎恶和对随机性的忠诚所吸引。经济增长，通过承诺"最终每个人都会获得更多"的口号，成为事实上的目的和使社会不至于完全分裂的胶水。如果增长变得规模不经济，成本的增长超过收益的增长，这会导致什么样的后果？我们如何知道情况早已与想象的不同了？如果被问及这样的问题，一个人会得到一些答非所问的回答，比如太空火星移民，或者冷融聚（cold fusion）所带来的无限能量，或者地球工程学，或者全球化的奇迹，并且请记住所有这些光荣的目的都需要现在的增长，并且有能够持续供应的更多未来增长。增长是好的，讨论到此为止，别再说了！

让我们在这些事实的启发下重新考虑人口统计上的转换。根据定义，这是一个由高生育率、高死亡率向低生育率、低死亡率转换的过程，从而导致了人口从低预期寿命转换为高预期寿命。从统计上来说，这种转换已经伴随着生活品质（体外资本与体内资本之间的比率）的提高而被发现。很多研究尝试解释这个事实，其中很多人希望这将是一个过量人口自愈的过程。"发展是最好的避孕药"是与之相关的标语，一半植根于事实，另一半植根于想象。

我仍然想要在人口结构转变的讨论上加入自己的一些观点。第一个，也是最明显的一个观点是，人工制品的数量同样会经历一个类似的转换过程，从高生产率、高折旧率转换为低生产率、低折旧率的状态。更低的水平将会维持一个更加长期的、拥有更多耐用品的稳定数量规模。

我们的经济以增长为导向，集中产量流（人工制品的出生率）的最大化从而使得我们保持在转型前的状态里，这使我们拥有不断增长的人造制品、低的产品生命周期、高国内生产总值和高吞吐量，但与此同时也导致环境破坏性的后果。从高维持吞吐量到低维持吞吐量的转换分别发生在人类和人工制品上。从环境的视角来说，更低的吞吐量在两个情形下均是可取的，至少根据一些遥远的限制而言是如此。

第二个我想要在这个讨论中提及的想法是：正如通常所假设的，由于生活品质的提高，我们人口结构转变的过程是否增加或者减少了环境所能承载的所有耗散结构的总额？尤其是，如果印度的生育率控制在瑞典的水平，那么印度人均人工制品的拥有量（生活品质）是否一定会到达瑞典的水平呢？如果答案是肯定的，这是否有可能不增加印度环境所承载的耗散结构总负荷，还是会超过维持所需的吞吐量的承载力？

这个怀疑的主要关注点在于，在"解决"人口问题方面，从耗散结构角度来考虑，依靠人口结构的转型降低生育率问题，相比于直接减少人类生育率，可能会带来更大的环境压力。当然，通过与生活品质自动联结的方式来降低生育率，在政治上是易于实行的，而直接减少生育率则是相当困难的。但是，政治上易于实行的方式可能恰恰会带来严重的环境破坏。

换种方式来说，考虑公式 I＝PAT。P（population），是人口数，这是一组耗散结构。A（affluence），即富裕程度，或者人均国内生产总值，这反映了另一组耗散结构——汽车、建筑、船只、面包机、iPad、手机等等（暂时不提及牲畜和农作物的数量）。在一个有限的世界中，有一些"人口"需要以其他人口为代价才能够增长。今天人类需要和汽车争夺土地、水、阳光，来决定究竟是生产更多食物还是更多燃料。越来越多的非人类耗散结构迟早将会增长到某一点，强迫另一种耗散结构，即人体减少以为它们的生存提供空间。相比于通过减少受抚养者来提高生活品质的自愿的人口结构转变，这种强制性的转换更不乐观。在空世界中，为了追求更高的生活质量，我们面临着人工制品与人类本身之间的权衡取舍。而在满世界里，权衡取舍的推动者是争夺有限资源的竞争。

对于这些想法的通常回答是，技术能够提高效率。通过提高效率，吞吐量能够维持耗散结构〔公式中的 T（throughput），衡量每单位国内生产总值的吞吐量〕。比方说，一辆汽车即便能够留存更久，行驶更远的里程，它仍然是一个耗散结构，但是一个有效率的新陈代谢允许它以更低的吞吐率存在。

类似地，人类有机体可能在遗传上重新设计为只需要更少的食物、空气和水。的确，体型更小的人将是一个增加新陈代谢效率（通过给定的资源吞吐量所能维持的人类数量）最为简单的方案。在我的知识范围内，没有人，包括我，会建议养育体型更小的人作为限制生育的替代方式。但是，我们确实在忙于喂养并通过基因工程创造出更大并且生长更快的植物和牲畜。目前为止，后一种耗散结构与人口数还是互补关系，但是在一个有限而拥挤的世界中，这种关系将很快会变成竞争关系。

的确，如果我们将人口看作生存人类的世代累积数，那么很多人工制品的数量规模早已经与人类竞争。因此，将陆地上的低熵资源更多地消费在不必要的方面（凯迪拉克、火箭、武器），意味着在未来陆地上只有更少的可供用于获取太阳能的低熵资源（耕地、太阳能收集器、生态系统再生）。太阳能仍然将伴随着太阳光照射到地球，但是千百年之后，捕获能量的必要材料与结构已经消失，这些太阳能将被白白浪费，它们就像被照射在月球一样无法利用。

生态圈所能够支持的耗散结构数量存在一个上限——更多的体内资本必须最终取代一些体外资本，反之亦然。有一些体外资本是非常重要的——比方说，那些能够进行光合作用的部分，绿色植物。我们的体内资本如果没有关键体外资本——绿色植物（包括土壤和水源、当然也包括阳光）的支持，将难以长时间维系。总而言之，人口统计学家应该将他们的研究兴趣拓展到所有耗散结构的数量上，研究它们的代谢吞吐量和耗散结构群际间的互补性与替代性关系。经济学家应该分析在这个有限的、无增长的、熵的、仅仅对太阳能稳定供给开放的生态环境背景里，所有这些数量规模的供给、需求、生产与消费过程。这反映了从"空世界"世界观向"满世界"世界观转换的新范式——满世界里充满了人工耗散结构，这些结构既依赖于自然，同时又将取代自然。在不同的范式内观察，增长具有非常不同的含义。

承载力的要求来自各种各样的耗散结构。一些人会对另一些人说："你不能拥有一杯红酒或一片肉，因为我需要用制作你的美味午餐的食材来喂养我的三个饥饿的孩子。"而其相应的回答可能是："你不能因为要喂养你的三个孩子，而牺牲我和我一个孩子的适中生活标准。"这两个说法都具有强有力的论点。而两者之间的冲突将难以解决，但是我们现在还远远没有到达讨论这个问题的时候。

或者，现在有些人说："你不能够拥有三座房子、乘飞机环游全球两次，因为我需要你的这些资源来喂养我的八个孩子"，而现在所对应的回答是："你不能因为要喂养你的八个孩子而牺牲掉我的小家庭的奢侈生活水平"。在第二种情况中，两者都无法博得同情，两者都存在一个广大的妥协空间来限制过多的人口和过高的人均消费。在权衡取舍变得过于残酷之前，我们最好对人类和人工制品两者的数量规模进行限制。

21. 开放的边界和公地的悲剧

"开放的边界"意味着一个没有限制或者自由迁移的政策。我在这里想讨论的是，我认为这是一个坏政策。如果你很贫穷，你的国家无法为你提供社会保障网，那么你就向拥有这些条件的国家迁移。如果你很富裕，而你的国家让你支付高昂的税收，那么你将搬迁（或者至少你的钱将会搬迁）到低税收的国土上。因此，社会保障网，由于既负担过重又缺乏资金，都会消失。这就是"没有边界的世界"，也没有共同体的概念。这是开放边界的"公地的悲剧"。

一些人会认为我是在攻击一个不存在的稻草人，因为他们会说，没有一个理性的人会真正赞成开放的边界。他们只是会简单拥护"更加慷慨的移民水平，对现有的非法移民者进行合理的赦免"。我承认一些极端条件下的大赦是必要的，比方说为了减少犯罪，或者解决由于过去不执行移民政策所带来的僵局。遣返1 200万名经过长途跋涉而定居下来的居民十分极端，相比于纠正他们的过激行为，允许他们留下将会带来更多的不公正。除非我们在未来使我们移民法生效，那么我们很快就需要另一次新的大赦（第一次大赦总是被遗忘，是在1986年），然后，又需要另一次大赦——一个事实上开放边界的政策。尽管如此，开放边界的政策应该被公平讨论，不仅仅是因为一些人明确拥护它，而且是因为很多人由于掣肘于不愿意接受另一个替代方案而勉强接受它。

移民政策是一个容易引起分歧的话题。一个展开讨论的很好切入点是，认识到当今世界上的每一个国家都有限制移民的政策。移民通常被看作人权，但是迁入的实现却要求接收移民国的许可。一些国家接纳很多国家的合法移民，而另一些国家则很少允许。正如世界银行在《全球双边移民数据》（*Global Bilateral Migration Database*）报告中所指出的，"美国仍然是全世界最为重要的移民目的国，是全世界五分之一移民者的住所，移民者来源不少于60个国家。迁往西欧的移民则大部分来自欧洲其他地方"。

对于移民方面的开放边界也值得讨论，如果移民是人权，那么它是否应该是无约束的呢？作为"人才流失"群体的移民者在向更加肥沃的人口牧场迁移之前，是否有义务为生养他们、教育他们、投资于他们的国家贡献些什么？

移民者是人，也应该受到公正的对待。移民是一项政策，应该站在公众利益的角度上理性地分析。但是以上两个期望似乎没有哪一个能够实现，这可能部分是因为世界已经从一个空的状态转向了一个满的状态了。当我出生的时候，全世界只有20亿左右人口，在过去所适用的事物与规则，在当前70亿人口的世界里已经不再适用。除了人口，爆炸式增长的汽车、房屋、牲畜、船只、冰箱、手机，甚至玉米秸秆和大豆植物，所有的这些事物都像人体一样，让这个世界充满"耗散结构"，不仅要求空间，同时也要求有充足的自然资源流以维持其新陈代谢过程，并以损耗资源开始，以污染结束。这种增长的熵吞吐量早已超过了生态吸收与再生的能力，也降低了生态圈的生命支持能力。

美国的确是一个"移民国家"，尽管相比于欧洲殖民者，美洲印第安人的生存空间频繁受到挤压是一个更为消极的历史过程。而对于那些父辈被非自愿地带到这里的非洲裔美国人而言，这同样不是一个有积极共鸣的词眼。包括我在内的很多美国人都认为这些非洲裔美国人在美国劳动力市场（包括职业培训）上，应该比新移民，尤其是非法移民的人具有优先权。而对于生活在贫困中的所有种族的美国人都应该如此。很不幸，一些美国人认为，如果我们不能拥有奴隶，那么充足的廉价劳动力不失为一个次优选择。

在美国，我们有着将移民（尤其是非法移民）用作廉价劳动力的强大游说势力，要求削减工资，打压工会，当然也包括降低劳动保障标准。这不是移民的过错，而是我们精英的雇主阶层与流氓政治家的诡计。美国的移民问题很大程度上是国家内部劳动与资本之间的阶级斗争，而移民者在这场斗争中仅仅是一枚棋子。在美国现行的移民政策中。尽管种族和民族分化仍然存在，阶级分化是更为基础的。美国的进步主义者虽然具有令人钦佩的对于历史上种族正义的关注，却迟迟没能认识到移民问题中的阶级议题正慢慢上升到主导地位。《华尔街日报》、商会和一般的大公司并不介意看到阶级问题淹没在赞成宽松移民的种族与民族政治中，因为这将为离岸外包提供充足的国内劳动力供给。它哺育了无阶级的神话，纵然它将增加我们的收入不平等程度。同时，鉴于最近选举活动中与之相关的内容，一些在民族问题上的迎合往往具有政治上的决定性作用。

美国也是一个法治国家，或者至少努力成为一个法治国家。非法移民落在了法律边界之外，并使所有基于民主程序，以促进公共福祉为目的的移民政策讨论沦为空谈。像其他法律一样，即使出现困难的移民个案，拒绝实行法律就是不民主的。为困难情形所准备的人道主义条款必须制定出来，比如，那些被他们的父母在 20 年前非法带到这里的孩子们。我们有法官和在某一特定时间段关于某一法律生效的限制性法规来处理这些困难情形，而这个原则同样可适用于移民法律。

下一个开放边界游说势力试图阻止生效的民主法律将会是什么？反对财务欺诈的法律吗？部分受到全球化和外国避税，以及大而不倒银行的教唆，我们明显已经放弃制定这些法律。接受非法移民只是由于边界模糊并且依赖这样模糊的边界而逃避罪责的广泛趋势中的一部分。对于流氓银行的有罪不罚比对非法移民及其雇佣者不给予严惩更加糟糕，但后者仍然在很大程度上破坏了法律的基本精神。

当然，我们的移民政策应该改进。的确，在移民制度改革的问题上，由得克萨斯州女议员芭芭拉·乔丹（Barbara Jordan）主持的1995年美国国会开了良好的先例，但是由于之前所提及的原因而被忽视。她呼吁降低法定移民限额，严格家庭重组的标准，加强边境管控力度，同样也要加大对于雇用非法移民的企业主的制裁力度。最后一条法令事实上同样确认如果没有国家安全身份辨识系统，那么基于族裔背景的身份预警系统（ethnic profiling）① 就是不可避免的后果。因为如果缺乏安全身份辨识系统，雇佣者将无法辨别档案是否可信。一个安全身份辨识系统当然将使识别非法移民的任务变得简单，但是它也总是被开放边界的拥护者和自由主义者所反对。现在的国会应该在乔丹良好的工作基础上继续前行，但是议员们好像早已遗忘了这件事情。

如果真的发生的话，开放边界是否有利于日本、中国、希腊或者一个独立的加泰罗尼亚？考虑到其他国家的共同利益，是否在欧盟成员国中也有政治团体呼吁让欧盟开放边界？亚马孙流域中那些为当地土著所留存的地区是否也应该免费向移民开放？像不丹这样的国土被夹在两个人口最多的国家之间同时又希望保留自己的文化和生态环境的国家，是否应颁布一个开放边界的政策？或者我们只是呼吁美国开放边界？

在发达国家，移民政策的推动者们对于向青年工作者开放边界尤其感兴趣，因为他们希望通过开放边界来弥补由于缓慢的人口增长导致的人口老龄化所造成的未来社会保险资金缺口。廉价退休游说势力加入了廉价劳动力游说者的阵营。很明显，他们希望这些移民者一到

① 基于族裔背景的身份预警系统是指，一旦执法对象属于某一犯罪率较高的族裔，执法部门的信息系统就会自动预警。这会增加警察针对某些特定族裔实施暴力的可能性，因而被认为是种族主义的政策，美国各界一直呼吁执法部门禁止采纳这种系统。

达退休年龄并准备享受社会保险的时候，就立即去世或者回到他们原来的家园。在他们的工作期间，移民者也被期待能够将生育率和人口增长速度提到足够高的水平，以推迟必须提高退休年龄或降低福利的期限。人口被期待能够，也的确需要无限期持续地增长下去。

除了廉价劳动力和廉价退休游说势力以外，开放边界的拥护者中，既有政治正确的左翼经济学家，也有来自右翼经济学家中的自由主义者。前者认为任何对于移民数量的限制都是"精致伪装的种族主义"。他们将所有的罪恶都归罪于种族主义，并声称其总是以"伪装"的面目出现。而自由主义经济学家则将所有加诸移民的限制都贴上"市场扭曲"的标签，在他们口中市场扭曲就是规则的同义词。

我们早已经为资本打开了边界（同时也为商品），所以如果我们也向劳动力开放边界，那么这将完善全球整合机制——放松对于限制的管制。这不是"自由贸易"或者像1945年《布雷顿森林协定》一样，是对于多个分离的贸易经济体之间相互依存关系的承认。它事实上是一个依照绝对优势而非比较优势原则，简单整合的全球经济。这也是跨国公司自上而下地经由非民主的世界贸易组织而推动的整合过程。

净移民必然是美国人口增长的重要原因。美国人口应该增长到多大规模？我们现在是世界第三人口大国。我们是否准备超过中国和印度？多大的数字才能够称得上是"最慷慨的移民政策"，这种政策是谁对谁慷慨，又是谁来买单？我们的精英对于他们自身慷慨，却让美国工薪阶层买单，我们不要忘记，工薪阶层中包括了很多合法的移民。

对新移民的任何数量限制，仍然要求对于移民法律的选择与执行。它也要求对许多有价值的申请者说"不"，而这是困难的，这也是为什么一些人道主义者被怂恿去拥护开放边界。共同体既是包容性的，也是排外性的，它要求一个边界，但是自由主义，或者大写为"全球主义"的观点则并不如此。它们完全没有考虑到，美国的经济增长在边际上已经变得规模不经济，社会成本和环境成本的增加快于收益的增长。稳态经济中组织共同体的观点仍然被自由主义者们拒之门外，而他们习惯性的增长狂热病则愈演愈烈。

如果美国刚好能够作为一个在生态圈限制中存活的公正而可持续（换句话说，一个稳态经济）的经济体的标准案例，那么这将成为对世界的绝妙贡献。但是，我们离这样的榜样还有很远的距离——事实上我们几乎没有在朝着这个方向努力。

22. 廉价劳动力政策与精英阶层的增长

《华盛顿邮报》(*Washington Post*) 曾经刊登过一篇头条新闻，它不是单纯申明我们的经济增长"过慢"，而是从不同的视角考虑为什么经济增长没有带来更高的就业率。第一，因为雇主寻找廉价的劳动力，很多工人们本应该获得的工作大部分被离岸外包给海外。第二，通过非法移民进入美国的廉价外国劳动力非常受那些想要填补国内剩余工作岗位空缺的美国雇佣者的欢迎。第三，工作被"外包"给消费者(廉价劳动力的最终来源)，消费者现在自己成为自己的收银员、旅游代理、行李搬运员、银行出纳员、加油站工作人员等等。

这些明显但又未被提及的事实表明，我们需要其他能够提振就业的举措，而不是无意识地呼吁更多的"增长"，不是当整体经济增长已经规模不经济的时候，仍然毫无根据地贴上"经济增长"的标签。

让我来更加详细地考虑以上三种原因以及对应的政策。

第一，离岸外包不是"贸易"。离岸外包生产出来的产品在美国销售，与在国内生产目的一样，满足同样的市场。但是现在，由于廉价劳动力的存在，基于此的生产利润更大并且（或者）价格更低，主要是前者。离岸外包增加了美国的进口，因为没有产品出口作为交换，这也导致了美国的贸易赤字。因为产品的生产发生在国外，在美国实施的经济刺激强烈刺激了美国的进口和海外就业量。美国国内对于劳动力的需求由此减少，降低了美国的就业率和（或）工资。许多人打着"自由贸易"的旗号为离岸外包辩护，这样的做法是很荒唐的，并没有任何商品处于贸易中。这种荒唐性是基于以下事实：离岸外包需要将资本转移到海外，全球资本无法自由流动本来就是比较优势的教条所依托的前提之一——而自由贸易正是建立在比较优势的基础之上！如果我们信仰自由贸易，那就一定要对资本的自由流动和离岸外包服务加以限制。财政赤字、印发货币和其他刺激增长的措施都不再能有效地提高美国的就业率。

第二，对于那些还没有或者难以轻易离岸外包的工作（比方说调酒、餐饮、园艺、家装修理等服务），廉价外国劳动力经由非法移民进入这些工作的劳动力市场，美国的雇主看起来非常欢迎这些非法移民。其中的绝大部分都是优秀而诚实的劳动者，愿意以很低的工资工作，而且由于非法移民所带来的非法地位，他们不会抱怨自己的劳动和工作条件。对于雇主而言，还有什么比工会解散、拉低美国工薪阶层的工资更好的事情呢？联邦政府对于雇主阶层的利益十分敏感，并且安排强制性的低薪工作岗位来使我们的移民法律生效。移民法律的改革涉及合法移民的数量、哪些人拥有移民的优先权。所有国家都是如此。大多数国家相比于美国都更加严苛地管制移民。无论我们进行什么样的改革，这些改革都是一纸空文，除非我们控制了边界并落实通过民主程序制定的法律。具有讽刺意味的是，我们对于非法移民的宽容看起来导致了补偿性的合法移民收紧——更加长时间的等待和更加严格的要求。针对合法移民执行移民法律，比起针对非法移民执行移民法律违反成本更低——事实上极不公平，并且很多合法移民者和尝试着合法移民的人都意识到了这一点。对于新居民而言，这是一个明显反常的选择过程。

第三，银行出纳员、加油站工作人员等服务的自动化过程都被作为节省劳动的技术进步而加以赞赏。这在某些层面上是如此，但是也代表着劳动正在向消费端转换。消费者甚至没有因其额外的劳动而获得最低限度工资，即使有人可能会说他们因为自己提供的服务而获得了更低的价格作为回报，这仍然十分可疑。传统人类的联系正在减少，商业正在变得更加流程化和无人操作化。尤其是不同社会—经济阶层中人们之间的相互联系减少。我记得，比方说，在世界银行，邮递员是银行的专业工作人员接触的仅有的当地工人阶级人士。即使这样，邮递员的数量也由于能将邮件分发到每一个办公间的自动车的出现而减少。虽然没有高效率的产出，这些工作仍然提供了服务，进入了劳动力市场，并且以比发放救济更加有尊严的方式分配收入。减少世界银行员工与工人阶级之间联系的做法，并不能增加人们对于世界上穷人的敏感性和凝聚力。当然，这样的情形也不只适用于世界银行。那些认为虽然加油站工作人员和邮递员减少了，但是能够通过再教育使这些失业人员成为石油工程师或投资银行家的观点，是完全的痴心妄想。

原谅我的民粹主义，但是美国的工人阶级和其他很多国家的工人阶级一样，是真实存在的，并且也难以实现阶层跃升。"增长和全球竞争力"外衣下的廉价劳动力政策是基于阶级统治的精英主义。即使打着自由贸易、全球化、开放边界和自动化的旗号，它们仍然坚持着通过廉价劳动力、推动就业等方式，实施降低工资，从而提高利润的一贯做法。我们很好奇，为什么美国的收入分配变得越来越不平等？"很明显，是因为增长太慢！"这是对我们所有问题最为简单的回答！

如果我们变得富裕了，我们会更好，这的确是不变的真理。但问题是，是否未来更多的经济增长真的会让我们变得更加富裕呢？抑或者那些不可见的成本比可衡量的收益事实上增长得更快，经济的增长让我们变得更贫穷？虽然这个问题极具价值，这却是经济学家和政治家共同的禁忌。

F. 货币改革

23. 商品货币、符号货币与法定货币

历史上，货币经过了三个演变阶段：（1）商品货币（例如黄金）；（2）符号货币（价值与黄金挂钩）；（3）法定货币（价值不与黄金挂钩）。

（1）除了作为货币的交换价值之外，黄金有作为商品的价值和实际的开采成本。黄金的货币价值和商品价值往往是相等的。如果黄金作为商品的价值超过其作为货币的价值，那么硬币将会被融成金块，作为商品销售，直到其商品价格再次与货币价值相等。因此，货币供给是由地质条件和采矿技术决定的，而不是由政府政策或私人银行借贷决定的。这避免了不负责任的政治家和银行家操控货币供给的情况，而代价则是耗费了大量的资源并付出了生态环境成本，并且不将货币供给与经济状况挂钩，而是与地质学和采矿技术等无关事实挂钩。历史上，金本位制也有提供国际资金的优势。贸易赤字是通过支付黄金来解决的，而贸易盈余则通过接受黄金解决。但由于黄金也是国家货币，贸易赤字使得国家的货币供给量下降，贸易盈余则使得货币供给量上涨。因此，贸易赤字国家的价格水平和就业下降（刺激出口并且抑制进口），而贸易盈余国家则相应上升（抑制出口和刺激进

205

口），从而使贸易趋于平衡。国家之间贸易的不平衡是可以自我调整的，如果我们记得黄金——作为平衡物，本身就是一种商品，我们甚至可能会说不平衡是不存在的。不过，国家价格水平和就业的增长与减少自然都是具有破坏性的。

（2）如果符号货币和黄金之间存在一一对应的关系，那么符号货币将几乎像金本位制一样运作。但是符号货币引出了部分准备金制度。金匠们曾向人们提供黄金借贷服务，但黄金实在太重了，携带起来又不方便，因此金匠向借款人提供一份文件，赋予持有人一定数量的虚拟黄金，这时符号货币便产生了。如果金匠得到人们广泛的信赖，那么符号货币将以与其所代表的黄金相同的价值流通。随着金匠演变成银行，他们开始以借款人的名义创造符号货币（活期存款）来偿还贷款，其数目超过他们本身所持有的黄金量。这种对银行有利的做法被合法化了。只要大多数存款人不在同一时间取出黄金，这种运行方式从理论上来说就是可行的。由于恐慌而导致的银行倒闭现象则催生了联邦存款保险公司（Federal Deposit Insurance Corporation, FDIC）为存款提供保险。但保险也有道德风险，它降低了存款人和股东对银行风险贷款的警觉性。部分准备金制度允许银行系统将这些符号货币（作为货币的活期存款）成倍增加，远远超出其对应的黄金储备量。

（3）当我们放弃了保持一定的黄金储备而由政府直接规定纸质货币为流通货币时，法定货币就产生了。与黄金不同，货币由政府印制，生产成本可以忽略不计。作为法定货币的发行人，政府从货币的商品价值（零）与其货币价值（1美元，5美元，……，100美元）之间的差额中获利（称为铸币税）。每个人都不得不放弃一美元的产品或服务来获得一美元——除了几乎不用放弃任何东西就能得到价值一美元财富的发行人。

如今，部分准备金银行体系将法定货币而不是黄金作为准备金。私人银行创造的活期存款金额是政府发行的法定货币数量的许多倍。这些从新的活期存款中创造的"铸币税"被谁收走了？首先是私人银行，但是其中有些收益在同行之间的高储蓄存款利率与低服务费（至少曾经发生过这种情况）之争中流失了。很难说在活期存款的情况下铸币收益流向哪里，但很显然在法定货币的情况下这部分收益是流向政府的。(商品货币时代铸币税为零，因为商品价值等于货币价值——除非铸币厂故意使金币贬值。)在我们目前的制度下，货币是由流通货币加活期存款组成的。货币由政府用纸制造，不收取利息；活期存款是由银行凭空创造的（只要有一小部分准备金，就可以释放出大量的活期存款），并对其收取利息。

例如，当你贷款买房的时候，你不是借原本存在银行里的别人的钱。银行借给你的实际上是原本不存在的钱。归还债务时，实际上就已经抹平了银行贷出去的钱。但是，在未来 30 年，你将偿还超出你借款本金许多倍的钱。虽然活期存款不断地被创造和销毁，但在任何时候，90％以上的货币供应都是以活期存款的形式存在的。然而存款乘数只是整个故事的一部分。进入存款乘数链的储备金额也很重要。这是由美联储决定的，主要是当它希望增加货币供给量并降低利率时，美联储会用刚刚创造出来的准备金在公开市场购买国债，就像所谓的"量化宽松"一样。美联储也可以以可变利率（通常称为贴现率）直接借钱给银行。当美联储购买国库券时，政府只是用新创造的储备购买自己的债务。这相当于印刷新的货币，然后使其进入银行系统存款乘数链。因此，美联储顺其自然是由它慷慨资助的商业银行所控制的。我在下面这篇文章《货币国家化，而非银行国家化》一文中提出了一个更好的制度。

24. 货币国家化，而非银行国家化

如果你觉得我们现在的银行体系除了欺诈和腐败外，似乎看起来非常荒谬，那么你的直觉是对的。为什么货币这项公共事业（作为价值尺度、流通手段和一般等价物）是私人贷款和借款的副产品？这样真的比在金本位制下货币作为金矿开采的副产品来说是一种进步吗？破坏一个系统的最好办法是将两个毫不相关的部分结合在一起，创造一个不必要却又碍事的联系。我们为什么要向私人银行支付利息来维持一个商品交换体系，而这个交换体系本是政府可以用很少的成本或免费提供的？为什么铸币税（法定货币发行人获得的收益）有很大一部分流向私人银行部门而不是全部流向政府（公共财富）？

有没有更好的方法？有。我们其实不需要回到金本位制，我们只需要保持法定货币，但从部分准备金制度转向活期存款的100％准备金制度。对于定期存款（储蓄账户）没有任何准备金要求，并可以随时借给借款人。我们不需要激烈的变化——我们可以循序渐进地将准备金率提高到100％。美联储有权改变准备金率，但它们很少使用这项权力。如果这样，控制货币供给和征收铸币税的权力将归于政府，而不是私人银行。银行将无法再做炼金术般的梦——凭空创造出财富并通过借贷赚钱。所有准银行金融机构均应像商业银行一样受到规定的约束——对活期存款实行100％准备金制度。

私人银行无法在100％的准备金制度下创造财富（准备金存款乘数将是1），银行只能通过金融中介服务赚取利润，即为人们提供借贷服务（收取比定期存款利率更高的费用），以及检查、保管和其他服务的费用。在100％的准备金制度下，借给借款人的每一美元都是由定期存款人存入的（而且在贷款期间不能随意取出）。这将重新建立谨慎节制与大胆投资之间的经典平衡。由于信贷受到存款的限制（存款是对消费的节制），贷款和借款将减少，并且将更加谨慎 ——不再轻易为利用贷款进行投机的行为提供资金。与其相信美联储不会用量化宽松的政策来突破这一限制，倒不如干脆取缔美联储，让财政部通过用新货币进行政府购买的方式直接控制货币供给，并在受到通货膨胀威胁时对公众征税。

为弥补银行创造的负有利息的资金的逐渐减少和最终消失，正如前面所提到的，财政部可以通过发行更多没有利息的法定货币来支付部分费用。不过，这只能是在不引起通货膨胀的严格前提下进行。如果政府发行了超出公众想要持有的货币量，公众就会用它购买商品，从而推动价格上涨。一旦价格指数开始上涨，政府必须减少印钞量并且增税。因此，维持价格指数不变的政策将控制美元的对内价值。

美元的对外价值将会受自由波动的汇率的影响。或者，假如我们建立凯恩斯的国际清算联盟，那么美元的对外价值，连同所有其他货币的对外价值可以根据班柯（bancor）[1] 来定。班柯将作为解决贸易不平衡的国际通用货币———一种"黄金替代品"。

美国之所以在布雷顿森林体系中反对该计划，正是因为在这种情况下美元将不会成为世界的储备货币，并且美国将失去其他国家由于必须以美元进行交易而储备美元带来的巨额补贴。支付联盟（payments union）会将多边贸易清算。每个国家将与世界其他地区（通过相同的货币单位）保持贸易平衡。任何持续出现贸易赤字的国家将被处以罚款，并且如果继续出现贸易赤字，其货币将会相对于班柯贬值。但是，持续贸易盈余的国家也将受到处罚，该国家如果持续贸易盈余，将会受到其货币相对于班柯升值的惩罚。由于目标是平衡贸易，因此不管贸易盈余或贸易赤字的国家都将被期望采取措施保持贸易平衡。随着贸易接近平衡，我们将几乎不需要世界储备货币，即便偶尔有调整的需求，也可以被班柯满足。自由波动的汇率也将在理论上保持平衡，减少或消除对世界储备货币的需求。至于哪个系统更好，这个问题太复杂，我们不在这里讨论。不过无论在哪一种情况下，国际货币基金组织（IMF）都可以被废除，因为在一个目标是消除贸易不平衡的制度中，一个主要目标是为贸易不平衡提供资金的世界组织是没有必要存在的。

回过头来看国内机构，财政部将取代由商业银行控制和经营的美联储。利率将不再是目标政策变量，而由市场力量决定。财政部的目标变量将是货币供给量和价格指数。财政部应当根据公众愿意持有的数量印制并且向市场投放货币。财政部由于有权力创造货币，因此不会面临传统的预算约束。但它确实面临维持价格水平稳定的任务。当价格指数开始上涨时，它必须停止印刷钞票并通过征税或从公众（而不是自己）借款来弥补财政缺口。维持价格指数不变的政策将有效地使一篮子商品成为法定货币价格指数的后盾。

20 世纪 20 年代，权威的学院派经济学家、芝加哥的弗兰克·奈特（Frank Knight）和耶鲁大学的欧文·费雪（Irving Fisher），以及包

---

① 班柯，即凯恩斯设想的代替黄金的国际结算单位，类似于所谓"纸黄金"，是法语"银行黄金"（banque or）的音译。这是凯恩斯和舒马赫在 20 世纪 40 年代二战结束之前对战后国际金融秩序设想的一部分。

括诺贝尔化学奖得主弗雷德里克·索迪在内的其他民间经济学家强烈建议实行商业银行 100％准备金制度。为什么这项金融改革措施从大众的讨论中消失了那么久，直到现在才再次浮出水面？我发现最合理的答案是，由于大萧条及随后的凯恩斯主义对增长的强调，这些讨论被搁置在一边，因为把贷款（借款）限制在实际储蓄水平（100％储蓄的关键特征）被认为对增长的限制过大，而增长被认为是万能灵药。更多的储蓄，即便是以投资为目标的储蓄，也会减少当前消费，而这被认为是增长的不可接受的阻碍。只要我们认为增长是"最大的收益"，那么我们永远都能找到通过寅吃卯粮的方式推动增长的方法。

为什么 100％准备金制度不会像以前一样在对高增长的痴迷中崩溃？一种答案是，我们可能已经认识到，现阶段的快速增长增加了无法测量的贫穷与不幸，从而使得我们的增长变得不经济。我们如何还清贷款产生的贫穷？我们难道不应该欢迎 100％银行准备金制度来抑制增长（不经济的增长）？另一种答案是，由于金融危机的发生，大众已经能够感知到并越来越厌烦私人银行通过向公众贷款创造财富的运作方式。20 世纪 30 年代之前，部分准备金制度已经造成了很大的危险，这同时也成为商业银行巨大的资金支持来源。

真正的增长遇到了满世界的社会和生物物理极限。为了拉动真正的经济增长，金融增长被前所未有地刺激，但实际上这只是在刺激"不经济"的增长——贫瘠的净增长。货币供给的量化宽松，并不能扭转经济增长受到资源"量化紧缩"限制的状况。

最初提出 100％准备金制度是希望有助于总量增长，但我们期望的是财富能够稳定增长，而不是激起投机热潮和经济危机。人们不必主张稳态经济来支持 100％准备金制度，但如果我们想要稳态经济，那么 100％准备金制度是一个更具吸引力的选项。索迪对不受控制的物理增长特别谨慎，但他的主要关注点在于象征性的金融体系，及其与实体经济的脱节。正如他所说："你不能永远陷入一个荒谬的人类惯例中，比如自发增加债务（复利），违背财富自发减少（熵）的自然规律。"财富是具有实体的物理性存在，受到物理法则的约束，而债务是纯数字性的，不受物理限制。

100％准备金制度如何为稳态经济服务？

第一，正如刚才提及的那样，它将限制使用现有的储蓄进行新投资的借款，从而大大减少了投机风险增长——例如利用大量借款（通过银行凭空创造的而不是从过去的收益中节省的货币）购买股票进行杠杆操作的行为将会大大减少。房屋首付将高得多，消费信贷将大大减少。信用卡将变成借记卡。长期借贷必须由长期存款作为资金来源，或者由滚动的短期存款提供资金供给。股权融资相对于债务融资将会增加。或许支持增长的经济学家将会强烈反对，但稳态经济的目标并不是增长，因为现在的经济总增长已经变得不经济了。

第二，货币供给不再需要在旧贷款被偿还后使用新贷款进行资金的不断更新。维持不断流入的新贷款需要借款人预计能够投资一个收益比银行贷款利率增长速度更快的项目。除非这种期望能够被持续的增长所维持，否则他们不会借款，而在部分准备金制度下，货币供应将会缩水。在100%准备金制度下，货币供给相对于增长是中性的；而部分准备金制度将会扭曲经济增长，因为它需要源源不断的新贷款的流入来代替流失的旧贷款。

第三，金融部门将不再能够攫取如此大的国家利润（约40%！），让更多有智慧的人去从事更加有创造性的而非寄生性的经济活动。

第四，货币供给量将不会随着经济增长暴涨；同样，也不会在经济衰退，即当银行希望收回大量贷款时暴跌，而上述现象都会强化经济的周期性趋势。

第五，在100%准备金制度下不会存在银行挤兑导致信用金字塔崩塌的情况，联邦存款保险公司连同与之相关的道德风险可能消失不见。由于一个或两个"大而不倒"的银行的破产而造成整个支付系统崩溃的危险将不复存在。国会不再会因为恐惧而给银行提供大量的补救资金来避免银行"传染性"（"链条式"）的倒闭，因为货币供给已经不再由私人银行控制了。任何一个银行都可能因为发行超出它准备金（与100%活期存款准备金相对应的）所能支持的贷款而倒闭，但即便是大银行的倒闭，也不会扰乱经济中的货币供给。以前银行用来威胁国会的棍棒这时将被没收。

第六，明确的价格指数不变的政策将会减少对通货膨胀的恐惧，并将成为一个避免通货膨胀的机制。此外，它实际上为我们的法定货币提供了多种商品支持。

第七，浮动汇率制度将自动平衡国际贸易账户，消除大量盈余和赤字。美国的消费增长将在没有赤字的情况下减少；中国的生产性增长将在没有盈余的情况下减少。由于维持国际收支平衡不再必要，浮动汇率（或凯恩斯国际清算联盟）将大大缩减国际货币基金组织的作用及其附带的条件。

我们目前的金融体系反复上演诈骗的现象，但这种健全的政策仍被视为"极端"是荒谬的。我们的想法并不是要将银行国家化，而是要使货币——本来就是天然的公共品——国家化。这显示了既得利益对好建议的完胜，同样也显示了对经济增长的狂热追求相对于经济学家的理性思考具有的绝对权力。货币，就像火和车轮，是一项人类基本的发明，没有它，现代世界是不可想象的。但是今天失控的货币正在威胁越来越多的人，比失控的火种和车轮造成的后果可怕千万倍。

25. 危机：债务和实际财富

当前（2008 年）的金融危机并不是人们常常委婉称之的"流动性危机"，而是实际财富相对于金融资产的增长危机——恰恰是"流动性不足"的完全对立面。金融资产的增长是实体经济增长的许多倍——钱钱交易现在是钱物交易的 20 倍。大量金融资产的实际价值相对于实物资产的价值已经下降了，这一点已不足为奇。实体财富是具体的，而金融资产是抽象的。实体财富可以用来抵押未来相同数量的债务，而现在实体财富的价值再也不足以抵押快速增长的债务了。因此相对于现存的财富，债务正在快速贬值。再也没有人急切地用现在的财富去交换债务——即便高利息也是如此。这是因为债务贬值太多，而不是因为没有足够的现金或信用，也不是像有些人说的那样因为银行不愿意借钱给别人。

实体经济能够增长得足够快从而偿还未来快速增长的债务吗？总的来说，不能。正如弗雷德里克·索迪很久以前指出的那样，"你不能永久满足人类的某些奇葩传统，比如说债务的自发增长（复利）就和财富的自发减少（熵）的自然规律相违背"。"负数猪群"①（债务）的数量是没有止境的，因为它只是数字而已；"正数猪群"（真正的财富）的数量受到严格的物理限制。人们突然意识到索迪的常识是正确的——尽管没有人公开承认这点，这也正是危机的真正原因。问题不是流动性太少，而是相对于有限的"正数猪群"（真正的财富），"负数猪群"（债务）增长太快，"正数猪群"（真正的增长）受实体经济的孕育时间（妊娠）、成长时间（消化吸收过程）以及物理空间（它们需要猪圈）的限制。况且，还有太多华尔街人士在捣乱——不过这是另外的问题了。

美国真正财富的增长受自然资源匮乏的制约，这种制约既包括源头端（石油耗尽），也包括接受端（大气吸收二氧化碳的能力）。另外，由于地球越来越拥挤了，因此为了给新的物品腾出空间从而对旧物进行空间转移的成本也在增加。同时，收入分配越来越不公平，这也阻止了大多数人购买新物品的行为——除非赊账（更多的债务）。现在边际成本的增长有可能超过边际效益，因此真正的物理增长反而使我们更穷了，而不是更富有了（喂养和照顾额外的猪的成本大于其额外的好处）。为了继续使自己沉湎于"增长使我们更富裕"的幻想，我们通过发行几乎没有上限的金融资产来拖延偿还的期限，让我们自己掩耳盗铃似的忘记，这些所谓的资产对于整个社会来说本是需要靠未来的实际增长来偿还的债务。因此，对未来实际增长的任何预期都变得十分令人怀疑，其承诺也要大打折扣——无论资产流动性如何。

到底是什么允许象征性的金融资产与实际财富如此脱节？第一，我们的货币是法定货币，而非商品货币。尽管商品货币（金银）具有很多缺点，但它至少与实际生产紧密挂钩。第二，我们的部分准备金

---

① 见《增长、负债与世界银行》这篇文章中索迪引用的形象例子，减免两头猪（债务）是没有物理存在的数学数量，负数猪群的总体可以无限制地增长。增加两头猪（财富）是物理量，其增长受到饲养猪的需要，处置它们的废弃物，为它们寻找空间等限制。两者都可以一定的百分比 X 增长一段时间，但是不久之后，负数猪的总数会大大超过正数猪的总数。因为正数猪的数量受限于有限的和"熵"世界的物理限制。负数猪的价值将下降到正数猪的零头。负数猪的拥有者尝试去交换正数猪时，他们会非常失望和愤怒。用这里的术语说，就不是负数猪了，而是"无资金预备的负债"或者"次级贷款"。

制度允许在政府发行的法定货币基础上堆积私人银行资金（活期存款）。第三，以保证金的形式购买股票和"衍生品"则是在已膨胀数倍的货币堆上继续累积金融资产。此外，正如为了打破有限的货币供给与商业银行的利息限制而出现的金融"创新品"一样，信用卡债务再次扩大了准货币的供应。我虽然不至于主张回到商品货币时代，但是我绝对支持（循序渐进地达到）100％准备金制度，此外，我认为使用定金购买股票的行为应当终结。所有的银行都应当是金融中介机构，而不是凭空创造货币并且通过向外借贷来为自己创造利润的机构。如果一美元的投资与一美元的储蓄相对应，那么我们将会恢复经典的投资与节制之间的平衡。如果投资之前先要通过节俭来积累资金，那么我们的社会将会越来越少地容忍愚蠢或心术不正的投资者。当然，支持增长的经济学家将因为这会减缓国内生产总值的增速而愤怒地加以反对。减缓就减缓吧——因为就我们目前的测算，现在的增长已经变得不经济了。

将质量参差不齐的贷款聚集在一起并且打包贷款应当被列为非法行为。有效市场的最基本的假设之一就是均质产品。比方说，我们可以说2号玉米有它的市场和相应的价格——而不是一堆散卖谷粒的市场和价格。只有那些根本不了解市场，或者故意实施欺诈的人才有可能售出或买下这些物非所值的商品。然而，华尔街里那些擅长数学的魔术师们却总能做到这一点，现在又因为自己无法更正自己所犯的愚蠢错误而感到惊讶。

非常重要的一点是，贸易平衡的赤字允许我们自己若无其事地消费，看起来我们的经济好像真的是在实质性地增长而非进行债务积累一样。到目前为止，与我们有贸易顺差的伙伴国愿意通过购买我们的国库券（用根本不存在的财富作为保证）将从我们这里挣来的钱再次借给我们。当然，他们也会购买实物资产并以此增加自己国家未来的盈利能力。与此同时，我们"英明"的经济学家们还在努力鼓吹减少政府对金融市场与国际商务的调控（换言之，实施"自由贸易"）。我们中的一些人长期以来一直强调这种行为是不明智的、不可持续的、不爱国的，甚至是犯罪的——也许我们是对的。接下来我们要面对的将是由银行破产或通货膨胀引致的无法挽救的债务危机。

G. 就 业

26. 充分就业与伴随失业的增长

1946 年颁布的《充分就业法案》(The Full Employment Act) 规定, 充分就业将是美国公共政策的主要目标, 而经济增长在当时被视为实现充分就业的手段。如今, 这对关系却被颠倒了。既然经济快速增长的时代已经结束, 那么如果实现机械化、离岸外包、过度移民将导致失业, 那就只能接受, 因为这只是需要实现"我们"伟大的目标——国内生产总值的增长——所必须牺牲的一个方面而已。现在, 如果我们真的想要实现充分就业, 我们必须扭转这一对颠倒的关系。在这个由不断增长的高薪所体现出的明显的劳动力短缺的时期, 我们可以通过限制机械化、离岸外包和移民的方式来实现充分就业的目标。此外, 我们还可以通过减少工作日、工作周或工作年的时长来达到充分就业, 并且换取更多闲暇时间, 而不是更多的国内生产总值。

真实工资已经连续下降了几十年, 然而公司仍然贪婪地想要得到更廉价的劳动力, 不停地哭诉劳动力短缺。其实, 公司真正想要的是劳动力过剩。一旦劳动力过剩, 工资一般就不会上涨, 而生产率上涨所带来的收益就会全部进入公司的口袋, 而不是作为工资归工人所有。

正是因为这个原因，精英们才会支持生产自动化与离岸外包，并且通过由他们控制的民主体系颁布移民法。

传统的刺激经济的方式对减少失业几乎没有任何作用，原因有以下几点。第一，随着雇主寻求更便宜的海外劳动力，大部分工人的工作将被剥夺。第二，本国的雇主非常欢迎非法偷渡的移民者来填充本国剩余不多的工作岗位。第三，许多人类的工作现在都被机器人承包——机器人现在已经成为收银员、机票代理商、行李搬运者、银行出纳员、加油站服务员等等。第四，为了让公司的财务报表更好看而不是为了实现更好的就业率，量化宽松政策保证了低利息率和高债券价格。公众虽然可以从更低的贷款利率中受益，不过由低存款利率导致的损失更大。

这些事实支持回归1946年《充分就业法案》的最初目的——明确说明目标应该是充分就业，而非经济增长。让我们考虑另外四个应该支持回归该法案的原因。

第一，离岸外包生产不能美其名曰"贸易"。这些现在在海外生产的商品，原本应当在本国生产并用以满足国内市场。海外生产增加了美国的进口量，由于并没有与之交换的出口商品，这又增加了美国的贸易赤字。但由于商品的生产现在是在海外进行的，美国采取的刺激消费措施主要是刺激了美国的进口和海外就业，因此美国劳动力需求降低，从而降低了美国的就业率和工资。以"自由贸易"的名义为海外生产做辩护是荒谬的——因为并没有发生商品的交换。离岸外包必然伴随着资本的外流，而比较优势正是建立在资本不能跨境流动的基础上，自由贸易又建立在比较优势之上！这是多么的荒谬！如果我们真的相信比较优势和自由贸易的好处，那么我们必须限制资金的自由流动和离岸外包。

第二，对于还没有或者不能轻易地进行离岸外包的那些工作（比如像酒吧侍者、餐馆服务人员、园艺工人、医护人员等服务人员），非法移民已经提供了廉价的劳动力。许多美国雇主似乎欢迎非法移民。大多数非法移民都是善良诚实的工人，愿意拿少量的报酬，由于他们的非法身份，非法移民也不能投诉他们的生活状况。对于美国政府来说哪种情况更好，使美国工人阶级，包括许多合法移民的工资增长，还是使他们的工资降低？联邦政府一直声称关心劳动人民的利益，对移民法的执行却非常不力。

第三，工厂、银行出纳、加油站的自动化工作等经常被称赞为节省劳动力的技术进步。在某种程度上情况确实是这样的，但这也表明资本代替了劳动，以及劳动转移到了消费者身上。即便已考虑到消费者享受"自己动手"的过程这一可疑的假设，消费者的额外劳动甚至都没有获得最低工资报酬。人与人之间的，特别是不同社会阶层之间的接触与交易越来越少，并逐渐变得僵硬与数字化。

第四，"托宾税"（Tobin tax）——一种对股票市场、证券市场和外汇交易征收的小比例税，会减缓过度贸易、投机和华尔街赌博行为，同时还能增加用于公共开支的收入。这种税收政策可以快速实施。从长远来看，我们应该采用活期存款 100％准备金制度，并且停止商业银行的"炼金术"行为，即创造货币不需要成本但借贷要收取利息的行为。银行借出去的每一美元都是定期存款户主之前存入的，这就实现了古典经济学主张的节制消费和投资之间的平衡。大多数人认为银行现在就是这样运作的，但事实并非如此。货币供给将不是主要来自私人银行的有息贷款，而是来自政府的无息贷款。货币应该是公共品（价值尺度、流通手段和一般等价物），而不应该被银行用作从大众榨取不合理利息的工具——就像在公共道路上设置私人收费亭一样。打着经济增长和全球竞争力的旗号而采取的廉价劳动力和滑稽的货币政策是以阶级为基础的，是有利于精英阶层的政策。尽管这些政策穿上了华丽的皇帝外衣——自由贸易、全球化、开放边境、金融创新和自动化，它们仍然是借廉价劳动力和金融欺诈来实现增长的。我们想知道为什么美国的收入分配变得如此不公平。我们被经常告知的原因是经济增长太慢了！"如果更富裕些我们的生活就会更好"是老掉牙的说法。问题是国内生产总值的增长真的能使我们更富吗？还是由于经济增长所需的难以估量的成本比有限的收益增长得更快，从而让我们变得更穷？经济学家和政治家们对这个简单的问题闭口不谈，因为害怕我们发现越来越少的收益被百分之一的富人攫取，而上升的成本需要由穷人、未来和其他物种共同分担。

27. 增长与自由贸易：死而不僵的经济教条

新古典经济学家为避免被踢出新古典经济学的殿堂，以下两条信条是他们永远也不会公开质疑的：第一，国内生产总值的增长永远是好的，并且它是解决大多数问题的良药；第二，在有利于增长的比较优势的原则上，国际的自由贸易对贸易双方是互惠互利的。这两根已经出现裂痕的柱子几乎支撑着所有主流经济学家给政府提的建议。

哪怕是像保罗·克鲁格曼（Paul Krugman）这样头脑清晰的经济学家都没有在他的《纽约时报》（*New York Times*）专栏中质疑这两个神圣无比的教义。然而通过一些可观察到的证据和引用古典经济学的基本原理，这两条教义可以很轻易地被证明是错误的。

（1）所有的微观经济体（公司与家庭）都受到"什么时候停下"的最优化准则的束缚，即当上升的边际成本等于下降的边际收益的时候。这为什么对维持宏观经济——所有家庭和企业的总的物质—能量吞吐量不适用呢？既然真实国内生产总值是衡量生产能力的最佳数据，那么它为什么对国内生产总值的增长不适用？一定是因为经济学家将经济体看成能够无限增长的整个系统，而非一个属于有限的、无法生长的生态系统的子系统，从中源源不断地攫取资源并"回馈"以废弃物。当经济体的生产能力或者国内生产总值增长时，它也相对于整个生态系统不断增大，并且将会破坏生态系统的更多功能。为什么经济学家假设经济体永远也不会增长超过限度，直至所带来的贫穷多于财富？也许因为贫穷没有市场价格因而是无形的。但是，作为财富的联合产物，不幸到处都是：核废料、墨西哥湾的死亡地带、海洋的白色垃圾、臭氧空洞、生物多样性的丧失、过多的碳排放带来的全球变暖、矿产资源的枯竭、被侵蚀的土壤、干涸的水井、令人精疲力竭又危险的工作、爆炸式增长的债务等等。经济学家认为，解决贫穷问题的方法是更快的增长——而完全忽视经济增长是否像人类发展之初时那样让我们更富有，还是或许在这个被我们和我们所创造出来的东西占满的世界中，经济增长已经开始使我们变得更加贫穷了。这是一个日益严峻的问题，如果经济增长现在已经变得"不经济"了，那么解决贫穷的方法便是现在开始分享，而不是未来继续增长。现在我们却把分享称为"阶级斗争"。

（2）那些将经济增长扩大到本国地理疆域之外并延伸到其他地区的国家受到主流经济学家们的推崇与鼓励，并且在强调自由贸易与专业化的比较优势的旗帜下继续这样做。让世界上其他国家像我们一样进口资源吧，我们只要向他们回馈资本、专利技术、有版权的娱乐产品以及金融服务就好了。比较优势保证了我们只要生产制造那些我们更擅长的东西，并进口其他东西，便能使我们的福利增进（并且增长更快）。比较优势的逻辑是毫无瑕疵的——在它给定的前提下。然而，比较优势的前提之一是资本在国内虽然是流动的，但是在国家之间不是流动的。而在今天的世界，资本在国际之间能够比商品更自由地流动，因此决定专业化与贸易的应当是绝对优势而非比较优势。拥有绝对优势的国家仍然可以从专业化生产与贸易当中获利，但是获利不一定是相互的——换句话说，贸易将会使国家之间存在得失的关系。"自由贸易"实际上的意思是"取消管制的国际商务"，这在说法和效果上与放松管制的金融是相同的。另外，专业化程度如果过细则意味着贸易是必不可少的。如果某国只集中专业化生产几样商品，这意味着它需要进口其他所有的商品。这时，贸易就不再是自愿的了。如果贸易不再是自愿的，那么贸易的互惠互利性则不一定成立，自由贸易的另外一个前提就被推翻了。如果经济学家想为贸易和比较优势创造一个安全的环境，那么他们必须要限制国际资本流动；而如果要保持国际资本流动，那么他们必须放弃比较优势和自由贸易。如何选择？答案是两个都不选。他们似乎认为，如果商品之间的自由贸易是好的，那么资本的自由流动就是更好的。如果自愿的贸易是互惠互利的，那么让它成为强制性的有什么坏处呢？你该怎么和一个用结论去推翻其前提的人争辩呢？他们的伪逻辑是不可辩驳的！

就像有些人是色盲那样，也许新古典经济学家们并不能看到由于自由贸易和资本的自由流动带来的增长所造成的不幸和给国家带来的灾难。但是一个"经验主义科学"是如何忽视两个如此显而易见的问题的呢？为何理论经济学家如此迷恋高深的数学方法，却忽视了如此简单的逻辑漏洞？

如果要是我的批评有什么问题的话，那么我的新古典主义经济学同事们应该出来纠正我一下。相反，他们只是弱弱地针对几个据说推崇贫穷和孤立主义的无名氏口诛笔伐。富裕当然比贫穷更好，问题是增长让我们变得更加富裕，抑或者增长已经超过了经济规模的最优规模并开始让我们变得更加贫穷？贸易当然比与世隔绝与自给自足更好，但是不加管制的贸易和资本流动偏离了不同国家之间自愿贸易与互惠互利的原则。被贸易捆绑的全球经济走上了僵硬的分工道路，使得贸易最终成了一个"你无法拒绝的邀请"。

正统经济学家们会抛弃这些过时的经济教条吗？

28. 负自然利率与不经济的增长

经济学家劳伦斯·萨默斯（Larry Summers）最近在国际货币基金组织的讲话中说道，既然我们目前已经接近于零的利率并没有足够有效地刺激国内生产总值的增长，那么我们也许需要负利率了。负利率的意思是，由美联储设定的使计划储蓄与计划投资相等的，且与负的自然利率相呼应的负利率。通货膨胀已经将我们目前的利率推向负数的边界，但在萨默斯的眼中，要使计划储蓄等于计划投资，从而刺激国内生产总值增长以实现充分就业，这还远远不够。

我们暂且假设国内生产总值增长——我们美其名曰"经济增长"，如果将成本和收益全面考虑进去其实是非经济的增长。现在，国内生产总值增长已经开始进入成本大于收益的阶段。其中，成本和收益都包括能够计算的部分和不能够计算的部分。因此我们将变得越来越贫穷，而不是越来越富裕。如果情况是这样，并且我们有充足的理由相信情况确实是这样，我们不就和萨默斯一样可以期望自然利率是负数吗？为了保持国内生产总值增长（即使和国内生产总值增长相关的生产会减少实际财富），我们需要保证资金的顺利循环，这就意味着要增加投资，而要增加投资，资金利率就必须是负数——也就是把钱用于投资比持有现金损失更少。如果目标是保持国内生产总值不断增长

（即使从收入的角度来看，这种增长让我们变得越来越贫穷），负利率是"有意义"的。换言之，经济增长已经使我们超过了相对于生态系统安全的宏观经济的最佳规模——这种增长变得不经济。

萨默斯（以及其他主流经济学家）既不接受宏观经济最优规模的概念，也不接受依靠资源消耗的经济增长会减少实际财富和幸福从而导致非经济增长的可能性。尽管如此，他仍然赞成自然利率是负数。

正利率制约投资量，但是可以将资金分配到生产率最高的项目上。负利率增加投资量，但是会把资金投向任何项目，从而增加非经济增长的可能性。为了维持充分就业，我们就要变成亢奋的凯恩斯主义的支持者来推动国内生产总值增加吗，即便增长是不经济的？（记住，国内生产总值和其他指标一起，也是吞吐量的最好指数。）还是说，我们可以从增长中退出，通过工作岗位的分享实现充分就业，通过再分配实现分配平等，从而创造更多的闲暇和公共品？

我们为什么要允许经济体增长超过其最优规模？因为国内生产总值增长被看作是"至善"（summum bonum）的，而反对者则会被认为是异教徒。即便我们知道国内生产总值的增长会使我们的福利不增反降，我们也不愿意承认这样的事实，反而通过更快的经济增长去适应这种不健康的状态。不增长被看作是经济的停滞，而不是一个根据经济最优规模的经济稳态。通过削减储蓄、增加消费与投资来刺激经济，似乎是凯恩斯主义经济学家们能够想到的实现充分就业这一崇高目标的唯一方法了。其实，这并不是唯一的方法，况且人们真的需要一定的存款以备养老和不时之需。然而，美联储却建议以负利率遏制储蓄。这纯粹是为了经济模型的需要，而并非出于人民的利益。

实行负利率似乎也是保罗·克鲁格曼的最新建议，他也赞成萨默斯的看法。在他们看来，经济不是生态系统的子系统，即便是，与整个生态母系统比起来，经济系统的规模也微不足道。他们认为经济可以在一个没有边界的空间中无限增长，因为它不存在于一个有限的空间中，因此在这个没有任何约束的环境中没有最佳规模。其总体增长不会产生机会成本，也永远不会是不经济的。不幸的是，这种对增长模式的默认假设是严重错误的。

负货币利率意味着人们将消费而不是储蓄，因此储蓄存款无法再为不经济增长的非生产性投资提供资金。新的投资资金将来自美联储。量化宽松政策的使用频率将会增加，不过也许偶尔会"减少"。人们的信念是，不断扩大的货币量使得原本闲置的资源被利用起来，因而将会拉动实体经济并推动实际收入和就业率的增长。但实际上，由此产生的国内生产总值增长是不经济的，因为"闲置"的资源其实本不是无用的——它们在整个生态系统中起着重要的作用。动用这些资源使之为国内生产总值的增长服务，所要付出的环境和社会机会成本要大于产生的收益。虽然狂热的凯恩斯主义宏观经济学家不相信，但参与经济运行的个体却能够认识到这一点，因此很难遵循他们所设定的无限制增长的方案。

欢迎来到生产过剩的世界。在原本的空世界中，萨默斯和克鲁格曼的宏观模式认为增长总是经济的。所以他们主张发行越来越多的美元来扩大经济，并使用生态系统中更多的"闲置"资源和空间。如果临时的流动性陷阱或正利率妨碍了钱被花出去，那么负货币利率会打开消费的闸门。"空世界"假设保证了新的生产所带来的价值总是大于其所替代的自然财富。昨天的空世界可能是如此，但是在今天的满世界中却已经不再适用了。

这对增长型经济学家来说是一个令人不安的前景——充分就业需要经济持续增长，但现在增长却使我们更加贫穷。排除了经济增长这种方式，我们必须通过重新分配财富和稳定人口规模——两个政治家最厌恶的方式来解决贫穷问题，而且未来的投资只能以减少消费的方式提供资金，这又是一个政治家反感的方式，以及通过内部化外部成本（矫正价格）的方式来将财富重新分配到更有效率的部门的微观经济政策。虽然不应被忽视，但这并不是美联储追求的宏观经济增长。

这些痛苦的选择只要通过变得更富有就可以避免。那么让我们只关注怎样变得更富有吧。如何做到？当然是通过国内生产总值增长了！什么？你说国内生产总值增长现在已经是不经济的了？那怎么可能呢！这其实是一个经验问题。我们可以将国内生产总值中的收益与成本分开，然后发展一套能够更加准确衡量二者的方法，并观察随着国内生产总值的增长哪一个增长更快。其实人们已经这样做过了〔可持续经济福利指数（ISEW）、真实发展指数（GPI）、生态足迹（Ecological

Footprint）]，并且结果支持增长不经济的观点。如果经济学家认为这些研究做得很差劲，那他们应该想办法开展更好的研究，而不是直接忽视这个问题。

虽然经济学家认为量化宽松政策会刺激需求，但银行因为常常遇到（用世界银行的术语来说）"缺乏可投资项目"的情况，因此并不能提供借出的新资金。这就让经济学家们失望了。这种情况现在应该被预料到。这些新货币并不是真正创造新的财富，并不是像在空世界时代一样通过所谓的"闲置资源"来创造新的财富，只是在这个满世界的时代提高了现有的资产价格而已。大多数资产价格并不计入消费者价格指数（更不用说排除食物和能源），所以经济学家们不够理直气壮地声称量化宽松不会引起通货膨胀，因此他们继续原来的做法。即便这会导致一些通货膨胀，至少也能让利率变成负的。

即使利率变成负的，人们也不会马上回到物物交换的时代。物物交换如此不方便以至于即使货币以惊人的速度贬值（正如我们在几次恶性通货膨胀中看到的那样），使用货币仍然更有效率。但是，交易额将被最小化，投机和储存的价值将转移到房地产、黄金、艺术品、郁金香、比特币和豆豆娃，从而造成投机泡沫。但不要担心，萨默斯和克鲁格曼说，即便在未来可能会留有遗憾，在这个认可负利率的新时代，泡沫也是必要的促进支出和增长的手段。当然，他们是不会承认非经济增长的。

整个事情中唯一的好处在于，承认负自然利率可能是承认潜在的不经济增长的前奏。不过这肯定还没有发生，因为到目前为止，负自然利率被认为是以货币政策推动增长的原因，而不是经济增长已经成为败局的信号。但这样的认识意味着希望。萨默斯建议，阿尔文·汉森（Alvin Hansen）长期停滞的观点可能值得我们关注。也许这正是万里长征第一步。

应用于负利率的逻辑也同样适用于负工资，即以降低成本的方式来增加投资。为了保证通过国内生产总值增长来维持充分就业，不仅利率需要是负的，而且工资也需要是负的。到目前为止还没有人公开提出负工资的想法，那是因为现实情况给经济学家们出了一个难题——工人们至少需要一个能够维持生存的最低工资。但是，不经济增长的逻辑把我们推向负的"自然"工资的方向，就像负的"自然"利率一样。所以我们通过食品券、住房补贴和无薪实习来补贴那些拿着低于可维持生存的工资的人，人为地降低"就业创造者"的工资成本。负利率也补贴了替代工人的资本设备的投资，从而进一步降低了工资。负利率和低于生存需要的工资助长了不经济增长。

狂热的凯恩斯主义者告诉我们，付钱让人在地上挖洞，然后填补空洞，比没有收入和失业更好。但是，为了将经济体扩大到超过其最优甚至可持续发展的规模，与其付钱让人们剥削和污染人类赖以生存的地方，远不如向人们支付最低工资并提供一些闲暇时间。

通过量化宽松政策将货币利率人为地调整到非经济增长所引起的负自然利率并不是解决办法，只是绑架工具。但是，只要人们被囚禁在只适用于旧世界的增长模式中，这便是我们最优秀和最聪明的经济学家能够想到的唯一解决措施。摆脱这个陷阱的方式是认识到增长时代已经结束，而不是硬撑着继续增长，我们必须寻求在接近最优规模的地方维持一个稳定的国家经济。由于我们超越了宏观经济的最优规模，我们将需要一段时间的紧缩调整，并且伴随着更加平等的再分配，提倡节俭和注重效率。分享意味着在我们允许的不平等范围中增加一个限度；节俭意味着使用更少的资源；效率意味着牺牲一些给定的经济吞吐量，用于生命支持的需要并提升满足感。经济学家需要用新版本的稳态经济来代替凯恩斯新古典主义的增长模型。

H. 税收政策

29. 我们应该对什么征税?

前一段时间一直有一些生态经济学家号召将税基从收入(通过劳动和资本附加到自然资源上的价值)转移到自然资源上。人们总认为,更多的资源附加值是我们都想要的,所以最好不要对它征税(无论是在欧洲的每一个生产环节,还是在美国的最终收入环节)。资源吞吐量,从输入资源到输出污染的过程(两个都是真实成本),都是我们在现实世界中想要减少东西,所以让我们对它们征税吧——即便大地提供的资源和分解垃圾的能力是自然提供给我们的慷慨馈赠,而这些礼物在现今这个越来越满的世界中也已经变得越来越匮乏了。它们需要一个合理的价格来约束人们,人们才不过于滥用这些有限的资源。所以让我们对它们征税吧,然后用税收收入来弥补不再对资源的增加值征税所造成的损失。资源税应该在开采资源时收取,因为较高的价格会促使企业在生产的各个环节以及消费和回收的最后阶段都想方设法提高资源的使用效率。另外,消耗在空间上比污染更集中,因此大多数情况下消耗税比污染税更容易监管。从经济角度看,应该征收资源税。

225

其实，从政治角度看也应如此。人们不希望看到对资源的增加值部分征税。政府这样做令人们十分不满，尽管他们为了公共利益接受征税。但是对于没有增加值的原始资源，即自然资源和服务的自身价值，许多人把它们看作公共财产，大多数人认为，为了公共利益应该对这种资源征税。如果人们有不满，也只是针对资源的拥有者，他们得到的收入（稀缺租金）超过了他们通过开采资源而真正使资源增加的价值（亨利·乔治就支持这种观点）。当然，石油和煤炭公司以及其他资源开采企业会拒绝资源税（它们目前除了收取稀缺租金外还享受政府的补贴），尽管人们知道它们会在市场许可的范围内把税收合法地转移给消费者。因此消费者和生产者有必要意识到征税使资源的价格提高了，这样会促使人们更有效和更节俭地使用资源。

有人说我们不能用资源税取代增值税，因为资源租金只占国内生产总值很小的一部分，而增值税几乎是国内生产总值的全部。有人说应该对钱多的地方征税，但是这种观点混淆了应对什么征税和税收应来自何处。所有的税收都来自收入（货币的替代物）。但问题是，税收应该和什么成正比？相对于税收和收入成正比，税收和资源使用量成正比更合理。所有公民都根据其消耗资源的数量被征税，也就是说，征税的依据是他们为生态圈增加的负荷，而不是根据他们为这些资源增加了多少价值。此外，逃避资源税要比逃避收入税的难度大，因为资源使用量容易测量，而收入并不容易测量，因为收入是一个很抽象的概念，容易受律师和会计师的操控。

有人反对征收资源税，原因在于资源税相对于收入是累退的，这种反对意见有一定道理，但是通过下面几种方式的结合可以矫正这种弊端：（1）对高收入继续征收收入税；（2）增加累进税，包括取消现有的像工资税这样的累退收入税；（3）征收大额累进的遗产继承税。还有一种不太合理的反对资源税的理由是，资源税会提高资源价格，从而使我们在国际贸易竞争中处于不利的地位。其实，收入税也会产生这种效果，而且从竞争优势角度来说，最终两者之间并没有什么差别。实际上，任何环境和社会成本核算内部化都会提高价格，因此与那些没有环境核算和社会成本的国家相比，我们总是处于不利的竞争地位。然而，效率最重要的规则是将所有的成本都计算在内，而不是将贸易盈余建立在通过不计算成本来降低竞争标准之上。

因此，为何不将税基从对增值的部分（所得收入）征税转移到对资源增值之前的价值（资源使用量）征税？这样会促使我们计算所有的成本并将消耗和污染保持在最低限度，而且不会用税收来惩罚创造有用价值的行为，同时失业率也会降低。自然资源税将替代被取消的增值税。首先要取消的增值税是那些最具有累退性质的税收，从而提高效率和促进公平。这种征税方法显然是一种改进，因此人们不禁要问，为什么经济学家仍然痴迷于增值税？

30. 亨利·乔治思想的现代化

经济学家之前总是传统地认为大自然的资源相对于我们的经济体是无穷无尽的，因此应当被定价为零。但是事实上，生物圈的资源现在已经非常匮乏，而这正是因为依赖于它的子系统——经济体的不断增长。经济体增长的同时也在不停地替代生物系统原有的东西，比如其他物种（以及我们可怜的土著居民）。因此，生物多样性的减少是自然与资源越来越稀缺的重要证据，人们因为筑坝、开矿、养殖动物、开垦农田或污染而被迫迁移的事实也反映了这个问题。牺牲自然资源意味着经济增长的机会成本增加，因此我们需要显性或者隐性地为自然资源定价。

但是钱应支付给谁呢？大自然母亲当然不希望她自己拥有的这些东西被定价卖出，但是在被经济增长逼迫而必须为之的情况下，她至少希望卖出珍贵东西而得到的这些钱能够在她的孩子中间平摊。从效率的角度讲，谁得到这些钱无关紧要，只要资源的使用者计算并支付了相应的成本。不过从公正的角度来说谁得到这些钱至关重要——它们应该被投入到公共建设当中，或通过再分配的方式分发给穷人。

"增加值"应当属于使这个东西增加价值的人。但是这些"增加值"所依附的"原始价值"却应当属于大自然——也就是所有人原始的共有财产。这些"付给大自然的报酬"应采用再分配的方法予以处理。因其稀缺性而不能免费发放的东西的报酬在市场上被定义为稀缺租金（超出必要的供给成本的部分）。租金属于非劳动所得，但是有效的分配却需要使用资源的人付费。对劳动和资本的增加值征税当然是合法的，但是在我们对自然资源征税之后，对劳动和资本征税变得更合法，却也更不必要了，因为我们已经对自然资源的租金征税，以为公共福利服务。

上述论述其实是早期美国经济学家亨利·乔治（Henry George，1839—1897）的观点，只不过他将这套理论运用于稀缺土地资源的租金问题上，而不是广泛意义上的自然资源。我们难道不能将他的理论推而广之吗？对于资源来说，必要的价格是开采的成本，所以任何高于开采成本的报酬就是稀缺租金。既然土地没有开采的价格，所有的报酬就都应当被视为租金。不交租金，土地也不会消失。新古典经济学家认可了亨利·乔治关于租金的定义，但是否定了他关于租金是不应得的收入的道德观点。

将乔治的观点应用到现实生活中就是对地租和自然资源征税，然后用这些钱来提供公共品与解决贫困问题。或者我们可以创立一个信托基金，然后直接将基金中的钱分配给人们，就像阿拉斯加永久基金（Alaska Permanent Fund）一样。我们现在的税收体系是对人们的劳动和资本征税，这容易引起人们的不满，从而减少劳动与投资的积极性。通过征税拿走的并非人类增加的价值，而只是大自然的礼物，其实并不会造成人们的不满，即便有一些人不满意，这些不满情绪也很难摆上台面。实际上，正是因为没有通过税收的方式拿走这些增加值，钱都进入了地主阶层的口袋，这才是一个社会的主要矛盾冲突。再者，对地租和资源征税并不会降低土地和资源的数量。苏联共产党曾经有一段时间尝试废除地租，因为它象征着"不劳而获"的财富——像利润和收益一样的"剩余价值"的一部分。他们直接得出土地和资源应当是免费的这一结论。但是这让合理分配资源成为不可能的事情。还是亨利·乔治的办法好，将这些税视为土地和资源的机会成本的合理价格，之后再通过征税的方式从地主那里拿走。对土地和资源征收更多的税意味着我们对人力劳动和资本征的税将会越来越少。

我们可以通过生态税收系统或者限量拍卖交易系统（cap-auction-trade systems）对自然资源征税并进行再分配。这两种方法可以用不同的方式限制经济体向生物圈的不断扩张，从而保护生物多样性，并且增加了一个为大众提供福利的渠道。我不在这里过多讨论它们的优点，但是我想强调一下它们和现有系统相比的好处。如果我们认为这两种系统是以"节俭至上"为原则，那我们现有的系统则可以被称为推崇"效率至上"的。

"效率至上"听起来非常不错，特别是将其称为"双赢策略"的时候，或者更形象地说就是"摘最容易摘到的果子"。而"效率至上"的后果则是追求效率所导致的后果。提升经济增长效率意味着开采资源的效率也在提升，而这种资源的价格将会逐渐下降，越来越便宜的资源也将被越来越多地利用。结果将是我们使用的资源比以前还要多——尽管是在更有效率地利用方面。正如 19 世纪的经济学家威廉·斯坦利·杰文斯（William Stanley Jevons）所说，"认为有效地使用石油资源就等于是减少其消费这种观点完全是混淆概念，事实正是相反的"（*The Coal Question*，1866，p. 123）。

比起效率而言，我们更需要节省（降低消费）。在追求"节俭至上"的过程中，我们自然而然就能达到高效率；而高效率却不能导致节俭，因为高效使得节俭变得不那么必要，并且追求高效也不会带来对我们有利的稀缺租金。因此让我们把节俭放在第一位吧，通过生态税或者限量拍卖交易系统来减缓经济增长，从而减少杰文斯效应并收取稀缺租金来服务大众。

如果我们能够直接将资源的使用量控制在一个大自然可以维持的状态，那么这些资源可以是免费的。但是如果我们坚持人口和人均消费量应当自由增长的话，那么我们必须使用间接的手段约束增长。这些税收的所有权归谁（谁拥有自然）的问题变得越来越紧迫，而亨利·乔治的思想也愈发与我们息息相关。或者，我们可以继续不顾一切地违背自然意愿地增长，直到某一点，所有这些稀缺租金的应得者都灰飞烟灭了，这个问题也就无所谓了！当一艘船沉没时，船上没有人能幸免——即便那些超载的东西是均衡并最优配置的！

I. 零敲碎打

31. 名副其实

或许有些人认为有一个与"稳态经济"相比更好的名字，但是不论是古典经济学家（特别是约翰·斯图亚特·穆勒）还是过去持续了几十年的讨论，更不用提稳态经济促进中心（Center for the Advancement of the Steady-State Economy）所做的出色工作，都从概念和名称上使"稳态经济"（steady-state economy）得到了相当多的关注。而且，"稳态"这个名词已经为人口学家、人口生物学家和物理学家所熟知。古典经济学家使用静态经济一词，但是实际上它的意思和我们所说的稳态经济是一样的，简单地说，就是恒定的人口和财富存量。我们在此基础上又增加了这样一个条件，即这些存量应该保持在一个低熵的状态，一个在生态系统的再生能力和吸收能力范围内的吞吐量。这个想法的任何新名称难免会失去历史连续性和跨学科熟悉度的优势。同时，稳态经济认可了生物物理限制，并且表达了在生物物理限制之内经济地生活的希望。这也正是在这个增长至上的世界中，"稳态经济"概念引发无数反对的原因。我们需要用真诚和坦率的态度去澄清"稳态经济"，而不应为了短期的政治利益把这个概念模糊化。

当新古典增长经济学家们用"稳态经济"一词来指下面这种情形时,十分容易产生误解——他们用"稳态增长"指劳动和资本以相同的速度增长,从而保持两者相对不变的情况。然而,两者的绝对数量却是在不断增加的,从而保持了不变的资本比率。这其实应该被称为"比例性增长",或者是"稳定的增长"。"稳态增长"用在这里是非常不恰当的,因为这里的增长是一个过程,而不是一个状态,甚至不是一个动态均衡的状态。

澄清我的术语喜好之后,我要补充说明一下,只要意思相同,我不反对其他人用别的术语。稳态、静态、动态均衡、微观动态—宏观静态经济、无增长的发展、反增长、后增长经济、持久经济、新经济、成熟经济,这些其实已经被很多人使用过了,包括我在内。英语词汇是在不断发展的,而像许多其他人一样,我也努力与时俱进地发展自己的词汇,使之更加清晰明了。如果其他的术语成为主流,只要它传达了同样的意思,那么我完全不反对,让各种词汇百花齐放吧,语言的选择过程自然会选出最好的那一个。而且有必要提醒那些兄弟组织,最后选出来的那个术语很可能是与"稳态经济"极为相近的一个词。如果不是的话,那么这可能意味着我们之间有本质上的区别,而不仅仅是术语上的差别了。

法国现在出现了"反增长"(decroissance)运动。这是因为认识到目前的经济规模已经太大而不能维持目前的稳定状态——其所需要的吞吐量超过了作为其母系统的生态系统的再生能力和同化能力(assimilative capacities)。这几乎就是事实。然而,"反增长"就像增长一样,是达到最佳或至少可持续规模的一个阶段性过程,达到这个规模之后,我们则应该努力维持在这个稳定的状态。

有人说,除非我们首先定义一个能够处于稳定状态的最优规模,否则倡导稳态经济是毫无意义的。我认为恰恰相反,除非我们首先知道如何生活在稳态中,否则知道最优规模是无用的。否则即便我们知道最优规模,我们只会在达到最优规模的时候向它挥挥手,然后继续增长到超过这个状态,或继续"反增长"到低于这个状态。最优规模是一回事,最优增速是另外一回事。我们一旦达到最优水平,则最优增长率为零;如果低于该水平,我们至少知道最优增速应该是正值;

如果我们超过最优规模，我们至少知道短期增长率应该是负数。但是现在第一要紧的是认识到长期稳态的必要性，并且阻止积极的增长（positive growth）。当我们这样做之后，我们可以再次担心如何以及多快地"下降"到一个更可持续的水平。

既然没有人提倡把减少增长看作一个永久的过程，也没有人提倡把目前的人口和消费不可持续发展的状态维持在稳定之中，那么稳态经济和减少增长之间实际上并没有什么冲突。但是许多人确实提倡超过我们目前的过度规模，维持正增长。他们处于主导地位，我们应该要联合起来反对他们。

杰库洛根逝世后被人们追认为是反增长运动的创立者，他根据熵定律和地球最终会消亡的理论，确实认识到长期增长率必须是负数。但是他并不提倡通过采用负增长率的经济政策来加快宇宙消亡的结果，他也压根没有提倡稳态经济。实际上他猜测，人类的命运也许会是一个短暂而热烈的过程，而不是漫长而毫无激情的过程。不过，他倒是确实曾尝试提出一个"最低的生态经济计划"[1]。总的来说，和人们到底想要什么相比，他对什么有可能更感兴趣。什么是人类最想要的政策？考虑到可能的极限，这个问题并不是他研究的重点，尽管他并没有完全忽略它。对于这个问题，他最明确提过的就是下面这个注释。[2] 人类的问题是为了养活尽可能多的生命而节约 S（财富的存量），这就意味着为了一种更好的生活，尽量减少 s_i（财富的流量）。事实不就是这样吗？换句话说，我们难道不应该努力通过以较低的年率 s_i 消耗 S（地球上的低熵储存）来养活尽可能多的生命？s_i 比较低，但足以维持美好的生活。尽可能延长过得痛苦的日子毫无意义。因此对什么是美好的生活的定义十分重要。我常想，杰库洛根应该把这个问题在文中用黑体标出来，而不是把它藏在一个注释里。诚然，最终 S 一定会用完，人类又会回到被他称为"摘草莓经济"时代，直到太阳燃尽——如果没有因其他的事件更早灭亡的话。但同时，努力使保证美好生活（不是奢侈生活）的资源使用率保持在稳定的状态似乎是一个值得追求的目标，一个在有限的资源总量的约束下养活尽可能多的生命的目标。这个目标使得下面这些问题成为经济学最核心的问题：

- 人均资源使用量为多少才可以维持一个比较好的生活？

● 我们如何保证每个人都能得到同样的数量？

● 在不牺牲承载能力和未来生命的前提下，这样的消耗标准能养活多大的人口？

当然，这些问题还没有成为经济学的主要问题，实际上连边缘问题都算不上。

杰库洛根既不喜欢"可持续"这一概念，也不喜欢稳态经济，因为他认为两者都意味着"生态救赎"，或者地球上人类的永生——这当然不符合熵定理。他在这一点上是正确的。因此，可持续应该理解成长寿，而不是物种的永生。有意思的是，对于"永恒"进行科学、清楚的思考似乎会导向死亡和复活这一宗教模式，是创造新的生命，而不是生命的永远继续。这个世界上的永恒只是被美化了的永动机！思考永恒，我们必须跨过科学进入神学领域。但是长寿（对个体和人类整体来说，较长且较好的生活）尽管不是永远，或者是"生态救赎"，但对科学家、神学家，更不用说经济学家来说却是值得追求的目标。不管我们把它叫作什么，对于取得长寿而言，稳态经济可以说是最好的策略。

32. 水力压裂技术和增长的极限

人到了一定的年纪就会更认真地阅读讣告栏，这也许就是我注意到了 94 岁的乔治·米切尔（George P. Mitchell）的死讯的原因。另外一个原因是，他来自得克萨斯湾海岸（休斯敦和加尔维斯敦），那儿是我长大的地方。讣告称米切尔先生是非常成功的石油大亨和地质学家，他是水力压裂技术的主要发明者——这项技术保证了美国能源的自给自足和持续的经济增长。

等等，我想——这位乔治·米切尔会不会是于 1975 年组织林地会议讨论《增长的极限》的那位乔治·米切尔？他为那本书的推广做了许多工作。是的，就是他！真奇怪，一方面他积极关心增长对地球造成破坏的可能性，另一方面他又在最近几十年来大力推动经济增长，还是破坏地球技术的主要研发者。

我的第一个想法是这种矛盾是不可调和的。但是再次思考之后，我开始认为有调和的可能。这是一个先后次序的问题。新的开采技术会在资源吞吐量受到限制之前还是之后出现？如果我们首先实行对资源吞吐量增长进行限制，那么即便像水力压裂这样具有破坏性的开采技术在大规模的破坏地球方面也会受到限制。低碳天然气有可能降低全球变暖的速度，这足以弥补额外的开采对地球造成的伤害。然而，如果我们坚持无限制的增长是我们的主要目标，那么水力压裂的技术就只会增加温室气体的总排放量，更不用说会造成地下水的消耗和污染。如果把经济增长放在第一位，即使是软技术——能够提高资源运用效率的技术，也有可能（根据杰文斯悖论）使资源吞吐量增长达到有害的规模（如果把所有因素都考虑在内）。

对米切尔的这种自相矛盾的一种比较体谅的看法是，也许在他研发水力压裂技术之前，他也曾努力接受增长极限的概念，但是他的努力失败了。或许，他并没有看到技术发展和增长极限之间的矛盾，而是独立地进行每一项活动——作为私人企业家促进新经济增长，作为公民提倡增长极限。因此他最少可以算得上是对水力压裂技术实施强硬环境法规的支持者。但是，只要把增长放在第一位，这样的法规在约束水力压裂技术造成伤害方面就成效不大，就像林地会议最终在推广增长极限思想方面没有成效一样。

在林地会议上发生了什么？米切尔受到了丹尼斯·梅多斯（Dennis Meadows）和德内拉·梅多斯（Donella Meadows）撰写的《增长的极限》一书的激励，赞助并组织了五次会议，这些会议每两年在林地举办一次。林地是米切尔在休斯敦北部开发并精心规划的一个社区。于1975 年召开的第一次林地会议取得了很大的成功。会议主题是“增长的替代方案”。除了米切尔，会议发言者还包括舒马赫、杰伊·福里斯特（Jay Forrester）、温德尔·拜瑞、莱斯特·布朗（Lester Brown）、艾默里·洛文斯（Amory Lovins）、布鲁斯·班农（Bruce Bannon）、杰拉尔德·巴尼（Gerald Barney）和我自己。虽然以赫尔曼·卡恩（Herman Kahn）为代表的人反对增长的极限，不过稳态经济的思想被人们认真聆听——这是极好的开端。之后关于这个主题，又召开了四次会议。

不知为什么到第三次会议的时候，主题就从“约束增长和增长的替代"变为"管理可持续增长"。领导权从丹尼斯·梅多斯和德内拉·梅多斯的手上移交到了阿斯彭研究所和休斯敦大学。不再像以前一样质疑企业，重点已经转移到了关注企业利益方面。这个新的"更平衡"（更中庸）的观点就是，我们真的不能限制增长，而是要强调有利的增长而不是有害的增长。增长突然变成可持续的了，这和《增长的极限》得出的主要结论完全相反。这种转变背后的原因并不是很清楚。科学家们尤其是经济学家们完全没有勇气去面对由乔治·米切尔和梅多斯发起的持续的挑战。确实，实际上根本就没有经济学家参加这次会议。限制增长这个思想药丸太大了，经济学家、政治学家以及大多数科学家们难以咽下它，他们把它咳出来，悄悄地吐到会议宴会的餐巾上。

我与乔治·米切尔有过一面之缘，但是并没有和他有真正的交往。也许关于增长的极限，他改变了他的想法。或许他认为，更多的能源总是可以克服极限。或者他认为对于增长的极限这个话题，他已经很好地尝试了，但是结果令人失望，因此他只好关注其他事情。和化石燃料行业的其他领导相比，乔治·米切尔是一座灯塔，也是公民领袖和慈善家。自 1975 年以来，化石燃料行业的领袖们出现了严重的倒退，只需将乔治·米切尔和科赫兄弟①比较一下就知道了。

坏消息是，很显然，在我们有勇气和智慧改善局面之前，情况将会变得糟糕得多。"好消息"就是不出所料，情况真的是变得越来越坏——由于我们错误地认为国内生产总值以及和它紧密相关的资源吞吐量的增长，即便在这个已经很拥挤的世界里，一定会使财富比不幸增长得更快。

33. 一个医学传教士关于环境方面的顿悟

保罗·布兰德（Paul Brand）医生在印度南部长大，父母都是英国传教士。保罗长大后到英国学习医学，然后又回到印度治疗麻风病人，主要是做四肢的外科手术，在这些年中差不多做了 3 000 台手术。他在

---

① 指查尔斯·科赫（Charles G. Koch，1935—）和大卫·科赫（David H. Koch，1940—），美国第二大私人企业科氏工业集团（Koch Industries）的掌门人。

埃塞俄比亚也待过一段时间，从事类似的工作，后来担任美国路易斯安那州卡维尔（Carville）唯一的麻风病医院的主任。保罗·布兰德医生于 2003 年去世。他的儿子在路易斯安那州立大学上学，恰巧是我的学生，这也是我认识布兰德医生的原因。他在医学上取得的成就是他确定了麻风病不是造成病人身上普遍能看到的手脚腐烂或坏死的直接原因，而是麻风病人自己造成了对自己四肢的伤害，因为失去知觉，感觉不到疼痛，因而也就没有反馈信息告诉病人他伤害了自己的身体。布兰德医生研发了规范的治疗程序和手段来避免病人对自己身体造成伤害。他写了一本书，书名是《痛苦——没人想要的礼物》（*Pain: the Gift Nobody Wants*）。他还撰写了四肢手术方面的标准医学教科书。

路易斯安那州立大学是一所很大的橄榄球学校，一位橄榄球助理教练发明了一种能缓冲撞击的头盔，能够在很大程度上减轻碰撞造成的头疼。这个头盔被认为是一个了不起的发明，直到布兰德医生指出正是头疼才使得橄榄球运动员不会折断他们的脖子。你是愿意头疼还是折断脖子？

关于背景知识就介绍这么多。我想重点讨论布兰德医生在 1985 年写的一段话：

> 如果我能对土壤方面的政策产生一定的影响，我将非常乐意明天就放弃医学生涯。世界也许会因为缺乏抗生素或者外科技术而灭亡，但是在这之前世界早就因为缺乏干净的水源和土壤灭亡了。如果地球的毁灭者们明知他们正在做的事情的后果，而仍然这么做，那该怎么办呢？如果人们真的认为自由企业必然意味着对那些不关心未来的人绝对不能加以限制，那又该怎么办呢？

是什么促使他写下这段话的？他在印度、埃塞俄比亚和路易斯安那这些地方生活的时候，都见证了同样的事情。

他六岁时在印度从一位老农夫那里上了土壤管理方面的第一课，老农夫训斥了他和其他的男孩，因为他们在有水的梯田中捕捉青蛙时，不小心把山坡上梯形稻田旁边的草皮堤坝破坏了。老人捧起一把泥土，说道："这土壤一年又一年地养活了我的家人，土壤必须留在这儿，而水想把土壤从山上带到河中，然后带到大海。你认为水会把土壤带回来吗？"

"不会,"他们回答道。

"你能把土壤带回来吗?"

"不能,爷爷。"

"没有土壤的石头山坡会养活我的家人吗?"

"不能。"

"好了,这就是为什么土壤必须得到保护的原因,你明白吗?"

"明白了,爷爷,对不起!"多年以后布兰德回到这个地区,看到的是荒芜的石头山坡——政府让从监狱出来的人员在这里种植西红柿,可惜没先教给他们老农夫的智慧结晶。

在埃塞俄比亚,布兰德医生的大多数麻风病病人都是农民,这就是他为什么又回到了那里的农田,在那里他见证了曾经种有绿树和青草的土壤都被严重的侵蚀了。尼罗河把埃塞俄比亚的土壤带到了埃及,因此,埃塞俄比亚农田的收成很差,田里都是大石块。但是这些石块也不是大得不能把它们撬起来并滚到田地的边缘,然后用这些大石块做成有用的围墙而非开垦和收获的障碍。这样简单的改进措施为什么没人做? 布兰德询问。农民解释说,如果他们使得田地平整、多产,统治阶级就会把这些土地从他们手里夺走。会有城里人说他们的祖先曾经拥有这些田地——农民在法庭上是不可能胜诉的。因此,不公平的待遇、水流和风导致了土壤的侵蚀。尽管麻风病现在已经得到控制,但麻风病人回到了被侵蚀的农田却并没有美好的未来。

位于路易斯安那州卡维尔的麻风病院距离密西西比河只有一步之遥,它是在建设河堤遏制河水之前就建成的,因此所有的楼房都是建在 4~8 英尺高的支柱上的。每年有一个星期左右,河水在房屋下面急流而过,不过你可以乘坐小艇或者是用挖空的树干出行(如今,路易斯安那港湾标准的交通方式是纤维玻璃渔船,船舷上装有 200 马力的水星牌发动机)。同时,水在回到河岸之前,淤泥会沉淀下来,把中西部的表层土壤带到路易斯安那的三角洲,或者沉积在已经侵蚀的沼泽地或堰洲岛上。现在,河水被限制在堤坝内,阻挡了每年都会发的洪水。因此淤泥堆积在河床里,而不是陆地上,这样河堤就会被抬高。或者淤泥将一直流到墨西哥海湾,越过大陆架,而不再补充沿岸的沼泽带,这些沼泽本该是新奥尔良抵御卡特里娜飓风的缓冲带。除了淤泥，密西西比河还将把从中西部农田里带来的化肥和农药带到港湾，造成了面积相当于新泽西州的死亡区。廉价的玉米和大豆并没有把海湾损失的海产品的成本计算在内。

根据布兰德医生的这些生活经历，我们再来重读前面提到的他写的第一部分的内容：

> 如果我能对土壤方面的政策产生一定的影响，我将非常乐意明天就放弃医学生涯。世界也许会因为缺乏抗生素或者外科技术而灭亡，但是在这之前世界早就因为缺乏干净的水源和土壤灭亡了。

内科医生治疗我们的内在器官——心、肺、肝和肾等，这样我们可以活得更长和更好。但是我们的生活同样依赖外在的器官——支撑生命的环境系统。如果没有能够进行光合作用的树和草，我们的肺又有什么用处呢？如果土地不能生长出食物，我们的消化道又有什么用处呢？如果河流干涸或者被污染，我们的肾又有什么用处呢？我想一个好的医生不难认识到健康和幸福不只依赖个体的内在器官的养护，同样也依赖集体的外在器官的维护。治疗病人的四肢然后让他们因为农田被侵蚀而慢慢饿死，最多只能算作部分治疗。

布兰德医生所说的另一部分，也就是他提的问题，同样重要：

> 如果地球的毁灭者们明知他们正在做的事情的后果，而仍然这么做，那该怎么办呢？如果人们真的认为自由企业必然意味着对那些不关心未来的人绝对不能有限制，那又该怎么办呢？

破坏环境像其他罪行一样，不仅仅是无知的后果。肯定也有无知的原因，但是多数情况下我们知道我们在做什么。我们陷入了这样一种体制之中，这种体制要求经济快速增长、产量快速增长、利润快速增长。对环境成本的无知和将这些成本转移到其他人身上的意愿加速了情形的恶化。另外，拒绝接受现实也起了很重要的作用——通过向外太空移民来拯救我们这样天上掉馅饼式的幻想，以及相信能够造出永动机，我把它称作技术迷信。

我们好像都表现出了麻风病人的症状，我们感觉不到我们外在器官和结构的痛苦（我们的环境四肢），因此我们无法停止伤害自己的行为。这部分是由于破坏行为带来的好处经常由破坏者去享受，而代价却是别人去承担——反馈的疼痛信息转移到无辜者身上。在墨西哥湾捕鱼的渔夫承担了不计后果使用农药化肥所造成的损失。环境的成本从那些破坏者身上转移到了无辜者身上。

人们会轻松地说，"好吧，这没有什么新鲜的。只不过是同样的古老悲观预言穿上了现代外衣——太阳底下无新事"。但是这里确实有新鲜的东西——地球上到处都是人类和我们人类的东西。在我的有生之年，世界人口增长了两倍，牲畜、汽车和冰箱的增长还不止两倍，与此同时，地球的大小还是一样的，因此地球比以前要拥挤得多。不断增长的经济规模意味着环境和社会的转移成本越来越大、越来越危险。

因此，除了土壤侵蚀之外，还有其他许多环境问题。我强调土壤侵蚀，因为正是土壤侵蚀让布兰德医生意识到了环境问题的严重性。其他较新的环境问题，包括气候变化、生物多样性的丧失、臭氧层空洞、过多的人口、石油耗尽等，都是互相影响的，更不用说现代战争。我就不一一列举了。

许多环境学者们看到这些会感到绝望。他们说人类毕竟只不过是一种生物罢了——他们会过度消费和过度繁殖，直到地球垮掉，就像岛上的鹿和瓶子里的细菌一样。但是布兰德医生和其他有思想的人们却无法持这种态度。是的，我们是宇宙的一部分，和其他生物有许多共同点，我们是由同样的祖先进化而来的，但我们却拥有上帝那样的能力和责任，不可避免地成为地球的主宰者。布兰德医生就是这一事实的代表与见证者。

【注释】

[1] N. Georgescu-Roegen (1993), Energy and economic myths, reprinted in H. Daly and K. Townsend, *Valuing the Earth*, Cambridge, MA: MIT Press, pp. 103-4.

[2] Ibid. p. 107, fn 11.

图书在版编目（CIP）数据

稳态经济新论/（美）赫尔曼·E. 戴利著；季曦，骆臻译. —北京：中国人民大学出版社，2020.1

（当代世界学术名著. 经济学系列）

ISBN 978-7-300-27632-8

Ⅰ．①稳… Ⅱ．①赫… ②季… ③骆… Ⅲ．①经济学 Ⅳ．①F0

中国版本图书馆 CIP 数据核字（2019）第 263406 号

当代世界学术名著·经济学系列

稳态经济新论

赫尔曼·E. 戴利　著

季曦　骆臻　译

Wentai Jingji Xinlun

出版发行	中国人民大学出版社			
社　　址	北京中关村大街 31 号		**邮政编码**	100080
电　　话	010—62511242（总编室）		010—62511770（质管部）	
	010—82501766（邮购部）		010—62514148（门市部）	
	010—62515195（发行公司）		010—62515275（盗版举报）	
网　　址	http://www.crup.com.cn			
经　　销	新华书店			
印　　刷	北京昌联印刷有限公司			
规　　格	155mm×235mm 16 开本		**版　　次**	2020 年 1 月第 1 版
印　　张	16.5		**印　　次**	2020 年 1 月第 1 次印刷
字　　数	237 000		**定　　价**	56.00 元